天 津 社 会 科 学 院　中 国 城 市 史 研 究 会　主 办

城市史研究

（第32辑）

URBAN HISTORY
RESEARCH

张利民　主编

社会科学文献出版社
SOCIAL SCIENCES ACADEMIC PRESS (CHINA)

《城市史研究》 编委会

目　录

中国古代聚落筑城演变探析 *

王茂华　姚建根

内容提要： 中国古代城池数量众多，修城筑堡，是由来已久的共识。城池城墙从土城到砖石城演变是一个重要现象。处在冷兵器与火器并用时代，城池防御体系得以继续存在且稳步发展，到明末清初时达到完善。影响城池分布与沿革的因素主要有降雨、地震、地势等自然因素，战争、民变、政争、经济状况及城市化等人文因素。竹城建造成本远低于土城、砖城和石城的成本，石城的性价比最高。

关键词： 筑城　统计分析　时空分布　促动力　城池成本

在中国古代，城池为地利之一。在这个古老的国度及其周边的土地上，先人彼此厮守与厮杀。城池便是他们生存的据点、争夺的对象和存在的见证之一。筑城浚池，便成为古代社会一个重要而持续的现象。近些年来，学界已开始关注中国古代城池的研究，《中国筑城史》① 分析了中国不同时期的筑城活动，尤其是注意到近现代史上的筑城活动；《中国城池史》② 考察了从原始社会到清朝典型城池的建设；《中国の城郭都市》③ 描述了从古代到清末，特别是自唐至宋城市的变迁；《古代城市形态研究方

＊ 本文为教育部人文社会科学规划基金项目"辽宋夏金时期筑城研究"（编号：14YJA770014）、中国博士后科学基金资助项目"辽宋夏金时期城池体系研究"（编号：2014M552474）的阶段性成果。

① 工程兵工程学院"中国筑城史"研究组：《中国筑城史》，军事谊文出版社，1999。
② 张驭寰：《中国城池史》，百花文艺出版社，2003。
③ 爱宕元：《中国の城郭都市——殷周から明清まで》，中央公论社，1991。

法新探》① 探讨了唐末至明中叶中国地方建制城市外部形态演变的过程
和变化原因、城墙修筑和废弃原因，以及城市规模和等级之间的联系
等。学界还探讨了以下问题：先秦都城复原、中国史前城址考察、先
秦城市史、先秦巴蜀城市史等；汉代城市、西汉城市地理；两汉魏晋
南北朝的坞壁，北魏洛阳、村落，六代帝邑，挹娄、勿吉所建城址；
唐朝两都，州县城郭的规模与构造，东北边、北边、西北边、西南边
的边城，高句丽渤海古城址等；辽金元时代辖区内的城址、城市类型、
城郭营建制度等；宋朝两都，一些州县城市、边地军事要塞、城堡等；
明朝都城，以及明朝九边，即今贵州、甘肃东部、云南、福建、河北
北部等地的城池或城堡；清朝府城营建，以及台湾地区筑城情况。还
有一些论著，或涉及个别区域、个别城市或个别中小城镇等地的兴建
与变迁，或涉及砖窑与城砖生产等。② 对中国古代城池与现存城址的研
究成果已很丰富，对历朝都城的研究已臻成熟；区域研究成果多集中于个
别区域，较少通盘视野下的成果，且有时多与研究对象的城市布局、经济
状况、军防与战争、社会生活等内容相糅合。断代研究以先秦城市综合研
究最为突出，魏晋南北朝时期的研究最为薄弱，而对明清城池的研究与其
庞大的规模极其不相当。近年来对明清城池的研究，数量有所增加，但与
前代的研究相比，热度依然不够。就通论性的研究而言，有待重点关注的
是中国古代及其各个时期城池或城址总量统计与分析、城池群时空分布和
城池规模与形制的演变等问题。另外，加藤繁先生曾指出，"城壁开始时
是用土来筑造。秦汉以后，首都用的是专瓦（后作土专、砖），其他一般
是用土；及至唐宋时期，京师以及一些重要府州用的是砖；然而明代在筑
造修缮南北都市时大抵是用砖或石头，即使清朝也一样。砖筑城墙在明嘉
靖以后增多，万历以后更盛，清康熙、乾隆以后，城墙几乎全部用砖所造
（至今仍有少量土城存世）"。③ 在前辈学者研究的基础上，本文对中国古代
聚落城池修筑演变及其墙体从土城到砖石城演变进行探索，笔者认为这是
一个有意义的尝试。

---

① 成一农：《古代城市形态研究方法新探》，社会科学文献出版社，2009。
② 除上述几部专著外，鉴于涉及该领域研究的著述颇多，在此不再枚举，可参见拙文《中国古代城市城墙史研究综述》，（韩国）《亚洲研究》2008年第2期，第209~232页。
③ 加藤繁：《支那学杂草》，生活社，1944，第114页。

一 筑城概述

（一）史前至魏晋南北朝时期

中国境内已发现的史前城址有 108 座。其中有石城 47 座，它们主要分布在今内蒙古、陕西境内。[①] 已发现的夏商周时期城址有数千座，主要分布于内蒙古自治区、陕西省、黄河中下游地区以及长江流域。[②] 据研究，春秋时代 1131 个城邑，分属于当时的 52 个国，遍布在今河南、山东、河北、陕西、山西、湖北、安徽、甘肃、江苏、浙江、江西、四川、湖南、广东等省。兴起于春秋时代的城市，在战国时代得到较充分的发展，"三里之城，七里之郭"，已是泛指常数，"万家之邑"也成为常见现象。[③] 迄今，被发现的春秋战国城址有 450 处，空间分布情况见表 1。

表 1　春秋战国城址空间分布统计分析表

	今所在省市自治区								
	吉林省	辽宁省	内蒙古自治区	北京市	天津市	河北省	山东省	山西省	陕西省
数量	1	6	12	3	1	90	48	36	17
百分比（%）	0.22	1.32	2.64	0.66	0.22	19.78	10.55	7.91	3.74

---

① 参见曲英杰《先秦都城复原研究》，黑龙江人民出版社，1991；杜正胜：《古代社会与国家》，允晨文化出版公司，1992；任式楠：《中国史前城址考察》，《考古》1998 年第 1 期，第 1～16 页；钱耀鹏：《中国史前城址与文明起源研究》，西北大学出版社，2001；曲英杰：《史记都城考》，商务印书馆，2007；许宏：《先秦城市考古学研究》，北京燕山出版社，2000；马世之：《中国史前古城》，湖北教育出版社，2003；毛曦：《先秦巴蜀城市史研究》，人民出版社，2008 等。另外，网络报刊信息搜集截止时间为 2011 年 8 月 15 日。
② 许宏：《先秦城市考古学研究》，北京燕山出版社，2000，第 142 页。
③ 参见潘英《中国上古史新探》，明文书局，1985，第 230～262 页；潘英：《中国上古国名地名辞汇及索引》，明文书局，1986；佐原康夫：《汉代都市机构の研究》，汲古书院，2002，第 13～55 页。

续表

	今所在省市自治区									合计
	甘肃省	河南省	安徽省	江苏省	浙江省	江西省	湖北省	湖南省	福建省	
数量	1	149	28	10	4	6	19	23	1	455
百分比（%）	0.22	32.75	6.15	2.20	0.88	1.32	4.18	5.05	0.22	100

资料来源：许宏著《先秦城市考古学研究》，第146～170页。另外网络报刊信息搜集时间截止到2011年9月23日。

由表1可知，现存城址多分布在今河南、河北、山东等省，分别占32.75%、19.78%和10.55%。

秦始皇堕城给人以深刻印象，但秦时也有筑城行为。秦皇攻岭南百越之地时，筑"秦城"，① 在北击匈奴后，"因河为塞，筑四十四县城临河"。② 今沿秦长城、直道遗址，发现10余座秦代城址，包头市境内秦长城内外，留有八九座古城遗址；③ 今鄂尔多斯市东胜区境内秦直道遗迹东侧，自北至南，依次有城梁、苗齐圪尖、大顺壕3座秦城址。④ 前代修筑，经秦至汉仍沿用的城址有52座，分布在今辽宁、内蒙古、北京、天津、河北、山东、山西、陕西、河南、安徽、江苏、浙江、江西、湖北、湖南、福建等省市自治区境内。⑤

汉高帝六年（前201），"令天下县邑城"，⑥ 自此，全国普遍筑城。魏晋南北朝时期的坞、垒、堡、壁、固，是汉末以降筑城运动的产物，十六国时期则是它们的极盛时期。晋中地区有垒壁300余座，冀州郡县有堡壁

---

① 参见中国社会科学院考古所广西工作队《广西兴安秦城遗址七里圩王城城址的勘探与发掘》，《考古》1998年第11期，第46页。
② （汉）司马迁：《史记》卷110《匈奴列传》，中华书局，1959，第2886页。另参见《史记》卷6《秦始皇本纪第六》，第253页。
③ 《秦长城遗址》，人民网，http://unn.people.com.cn/GB/22220/53596/53599/3726773.html.
④ 丁铭：《考古发现：秦直道沿线古城遗址与直道遗迹有密切关联》，新华网，http://www.nmg.xinhuanet.com/zt/2007—04/05/content_9709628.htm；《〈秦直道〉遗址概况》，内蒙古新闻网，http://news.nmgnews.com.cn/nmgmszt/article/20050722/62519_1.html；杨泽蒙：《回眸旷世考古道》，《北方周末报》2011年6月30日。
⑤ 参见许宏《先秦城市考古学研究》，第146～170页。
⑥ 班固：《汉书》卷1下《高帝纪第一下》，中华书局，1962，第59页。参见陈桥驿《〈水经注〉研究之〈水经注〉记载的城市地理》，天津古籍出版社，1985，第164～171页。

100 余座，关中地区则有 3000 余座。① 坞壁多属山城性质，② 坞壁的规模
从几百到数千家不等，"永嘉大乱，中夏残荒。保壁大师，数不盈册。多
者不过四、五千家，少者千家、五百家"。③ 此外，肃慎、挹娄、勿吉各部
先后活动在今长白山以北，松花江、黑龙江和乌苏里江的广大地区。在佳
木斯境内，发现该时段文化遗存有 509 处，其中山城城址 94 处，有土筑、
土石混筑、石筑三类。④

（二）隋唐五代时期

隋朝除营建长安城与东都洛阳城外，还修筑郡县城池，隋炀帝大业九
年（613），诏"郡县城去道过五里已（以）上者，徙就之"。⑤ 隋朝也建
城堡，隋文帝开皇三年（583），"于河西，勒百姓立堡，营田，积谷"。⑥ 从
隋末唐初的征战中，也可看出境内城堡的情况，如唐高祖武德二年（619），
陕州刺史李育德曾攻下"王世充河内堡聚三十一所"。⑦ 岭南地区也兴建了
很多城邑。隋文帝时，岭南"州县生梗，长吏多不得之官，寄政于总管
府"；⑧ 桂林总管令狐熙上任后，将寄政的地方官下派，"为建城邑"。⑨ 隋
末，刘洎略地岭表，"得五十余城"，⑩ 由此可知该地城池数量不少。

唐及五代诸国、突厥、渤海、契丹、吐蕃、南诏等政权都有筑城活

① 任重、陈仪：《魏晋南北朝城市管理研究》，中国社会科学出版社，2003，第 18～27 页。
② 具圣姬：《两汉魏晋南北朝的坞壁》，民族出版社，2006。参见赵克尧《论魏晋南北朝的坞壁》，《历史研究》1980 年第 6 期，第 77～90 页；欧源熙：《魏晋时期坞壁组织的性质及其作用》，《广州师院学报》1981 年第 4 期，第 25～34 页；黄宽重：《从坞壁到山水寨——地方自卫武力》，杜正胜编《中国文化新论社会篇：吾土与吾民》，联经出版事业公司，1982，第 227～280 页。
③ 罗振玉编纂《鸣沙石室佚书正续编》，北京图书馆出版社，2004，第 182～183 页。
④ 高波：《东北三江流域古代城址——佳木斯地区汉魏时期城址》，黑龙江教育出版社，2011，第 65～213 页。
⑤ （唐）李延寿：《北史》卷 12《炀帝杨广》，中华书局，1974，第 462 页。又参见（唐）魏徵等撰《隋书》卷 4《炀帝杨广》下，中华书局，1973，第 85 页。
⑥ （唐）魏徵等撰《隋书》卷 24《食货》，第 681 页。
⑦ （宋）司马光：《资治通鉴》卷 187，武德二年，中华书局，1956，第 5846 页。
⑧ （唐）魏徵等撰《隋书》卷 56《令狐熙传》，第 1386 页。
⑨ （唐）魏徵等撰《隋书》卷 56《令狐熙传》，第 1386 页。参见甘宁《治桂能臣令狐熙》，《南国早报》2009 年 6 月 28 日。此时桂林总管十七州诸军事。
⑩ （后晋）刘昫：《旧唐书》卷 74《刘洎传》，中华书局，1975，第 2607 页。参见《资治通鉴》卷 189，武德四年九月，第 5936 页。

动。日人爱宕元《唐代州县城郭一览》一文，便列有 331 座州县城郭。[1]
除渤海国 281 座现存城址外，经统计，唐五代十国时期另有城池至少 741
座。大部分文献对这些城池的记载不是筑城信息，而是能够证明某时间某
城池业已存在的信息，故试析如下：在 741 座城池中，确定为前代遗留至
唐朝的有 179 座，至迟唐朝出现的有 504 座城池，至迟五代时期出现的城
池有 58 座；其中砖石城有 31 座：唐朝 21 座、五代十国 10 座；州郡（都
护府）级别城池 264 座、县级城池 326 座、城堡等 151 座。

表 2　唐五代十国时期城池时间、级别分布统计分析表

时　间	时间分布			
	城池		砖石城	
	城池数	百分比（%）	城池数	百分比（%）
前　代	124	16.73		
隋	55	7.42		
唐	504	68.02	21	67.74
五代十国	58	7.83	10	32.26
合　计	741	100	31	100

级　别	级别分布	
	城池数	百分比（%）
州郡（都护府）	264	35.63
县	326	43.99
其　他	151	20.38
合　计	741	100

资料来源：主要依据《旧唐书》《新唐书》《旧五代史》《新五代史》《资治通鉴》《唐会要》
《五代会要》《通典》《元和郡县图志》《长安志》《郡国县道记》《宋元方志丛刊》，以及明清民国
方志，《入唐求法巡礼行记》《太平广记》等游记与笔记小说，《全唐文》、唐人墓志，考古报告等
文献资料中的信息进行统计和分析。

以唐朝诸道为基础，当时地域可分为关内、河北、河东、陇右、河
南、淮南、江东、江西、山南、剑南、岭南、黔中、南诏、突厥等 14 个区
域；以区域为变量进行统计，城池数量位列前三的分别是河南、关内、河
北。不同级别与类别的城池区域分布情况详见表 3。

---

① 　爱宕元：《唐代州县城郭一览》，《唐代地域社会史研究》，同朋舍，1997，第 451～488 页。

表3　唐五代十国时期城池级别与类型空间分布统计分析表

		级别			合计	百分比（%）	砖石城				合计	百分比（%）
		州郡（都护府）	县	其他			砖石城类型					
							石城	砖城	砖石城			
区域	关内	27	51	26	104	14.04	1	1	0		2	6.45
	河北	34	46	19	99	13.36	2	0	1		3	9.68
	河东	23	39	18	80	10.8	0	1	0		1	3.23
	陇右	16	23	17	56	7.56	0	0	0		0	0
	河南	33	65	22	120	16.19	1	1	0		2	6.45
	淮南	13	7	2	22	2.97	0	4	0		4	12.9
	江东	19	35	7	61	8.23	0	5	3		8	25.81
	江西	19	17	0	36	4.86	0	4	0		4	12.9
	山南	21	16	11	48	6.48	0	1	0		1	3.23
	剑南	29	12	18	59	7.96	1	1	0		2	6.45
	岭南	25	12	5	42	5.67	0	3	1		4	12.9
	黔中	2	1	2	5	0.67	0	0	0		0	0
	南诏	3	2	1	6	0.81	0	0	0		0	0
	突厥	0	0	3	3	0.4	0	0	0		0	0
合计		264	326	151	741	100	5	21	5		31	100

资料来源：主要依据《旧唐书》《新唐书》《旧五代史》《新五代史》《资治通鉴》《唐会要》《五代会要》《通典》《元和郡县图志》《长安志》《郡国县道记》《宋元方志丛刊》，以及明清民国方志，《入唐求法巡礼记》《太平广记》等游记与笔记小说，《全唐文》、唐人墓志，考古报告等文献资料中的信息进行统计和分析。

（三）辽宋西夏金元时期

南北朝是中国历史上又一个分裂的时期，在痛苦的磨合中，辽、宋、西夏、金等政权纷纷筑城。从统计情况看，有据可查的辽、金城池多集中于现在的东北与内蒙古地区，其他区域也有零星分布。近年来，在俄罗斯远东滨海地区先后发现几十座古代城址。2011年8月，据王曾瑜先生转述的俄罗斯学者尼基京的演讲称，该地有数十座金代城址。因尚未查询到相关资料，故不能将之纳入统计。① 辽、金至少有城池 887 座，以现在所在国家或省区为划分依据，其区域分布情况详见表 4。

宋朝城市城墙由土墙向砖石墙演变趋向普遍。据黄宽重先生研究，砖城有广州、潭州、梧州、杭州、汀州、襄阳、蕲州、和州、庐州、衡州、洪州、泸州、福州、永州、六合、秀州、潮州、邕州、静江府、兴化军、泉州、安庆府、真州、江陵府、潼川府、宁都县城等 26 处，另广南西路宜州为石城。黄登峰博士指出，宋朝石城主要分布在西南地区，并列举了小宁城遗址、钓鱼城、涪州治所 3 例。② 据本文统计，宋朝修筑城市城池至少 363 座，以第一次修筑时间为统计标准，北宋为 224 座、南宋为 117 座、年代不详的为 22 座。其中，砖石城共计 84 座。

宋朝的砖石城前代遗留的有 15 座、北宋 23 座、南宋 46 座。其中河北 2 座，淮南 11 座，两浙 9 座，江东 5 座，江西 11 座，京西 2 座，荆湖 9 座，四川 5 座，福建 8 座，广东 4 座，广西 15 座，可见宋朝特别是南宋东南地区修筑砖石城的比较常见。另有一些城池的城墙部分包砖或城基为石，这类城池也主要集中在南宋时期南方地区。如泗州城基为石甃。宋宁宗开禧二年（1206），"（岳珂）至盱、泗，招抚郭倪招宴泗之凝云楼。楼据城而高，城不甃，址以石。北望中原，无障蔽焉"。③ 也有疑似为砖石城的城墙，如楚州等，但证据不足。此外，宋朝还修筑了大量堡寨，详见表 6。

其中特殊者有山水寨与山城。山水寨主要分布在两浙、江西、福建、淮南、广西等区域，山城则集中在四川。山水寨的特点是"阻险为固"。④ 为抵御元军，宋人在四川地区筑有许多山城。胡昭曦先生考证出山城 44

---

① 参见呆文川《远东滨海考古行》，《中国社会科学院院报》2003 年 7 月 2 日；赵春青、陈春生等：《俄罗斯滨海地区 2002 年考古考察纪要》，《考古》2005 年第 8 期，第 74～90 页；王禹浪、孙慧：《俄罗斯滨海地区及黑龙江流域的渤海古城遗迹》，《哈尔滨学院学报》2009 年第 2 期，第 1～15 页。

② 参见黄宽重《宋代城郭的防御设施及材料》，吴企明点校，《南宋军政与文献探索》，台北，新文丰出版公司，1990，第 182～223 页；斯波义信：《宋代江南经济史研究》，方健、何忠礼译，江苏人民出版社，2001；黄登峰：《宋代城池建设研究》，河北大学博士学位论文，2007。

③ （宋）岳珂：《桯史》卷 14《开禧北征》，中华书局，1981，第 164 页。

④ （宋）袁甫：《蒙斋集》卷 7《论流民札子》，文渊阁《四库全书》本，第 1175 册，第 413 页。

表 4　辽金时期城池与城址的时间空间分布统计分析表

今所在国家	今所在省区	合计		城池与城址的时间与空间分布			是否为砖石城的时间与空间分布							
				时间			否				是			
							时间				时间			
		座数	百分比（%）	辽	辽金	金或齐刘豫	辽	辽金	金或齐刘豫	合计	辽	辽金	金或齐刘豫	合计
中国	黑龙江省	227	25.59	2	26	199	2	25	198	225	0	1	1	2
	吉林省	209	23.56	14	146	49	14	145	49	208	0	1	0	1
	辽宁省	157	17.7	130	21	6	122	21	6	149	8	0	0	8
	内蒙古自治区	171	19.28	72	37	62	72	36	62	170	0	1	0	1
	河北省	44	4.96	8	0	36	7	0	36	43	1	0	0	1
	山西省	12	1.35	2	0	10	2	0	10	12	0	0	0	0
	陕西省	13	1.47	0	0	13	0	0	13	13	0	0	0	0
	甘肃省	1	0.11	1	0	0	1	0	0	1	0	0	0	0
	山东省	17	1.92	0	0	17	0	0	17	17	0	0	2	2
	河南省	10	1.13	0	0	10	0	0	8	8	0	0	2	2
	安徽省	5	0.56	0	0	5	0	0	3	3	0	0	0	0
	东北（具体省份不详）	3	0.34	3	0	0	3	0	3	3	0	0	0	0
	小计	869	97.97	232	230	407	223	227	402	852	9	3	5	17
蒙古国		17	1.92	14	0	3	14	0	3	17	0	0	0	0
俄罗斯		1	0.11	0	0	1	0	0	1	1	0	0	0	0
合计		887	100	246	230	411	237	227	406	870	9	3	5	17

资料来源：依据东北史地专家的考古报告，《辽史》《宋史》《金史》《长编》等正史，时人使北笔记，时人文集等文献资料中的信息进行统计。本表是对这些统计信息进行计量分析的结果之一。

表5　宋朝城市城池砖石城时间与空间分布统计分析表

是否砖石城		京畿	京东	京西	河北	河东	陕西	淮南	两浙	江东	江西	荆湖	四川	福建	广东	广西	合计	百分比(%)	百分比(%)
是	前代	0	0	1	0	0	0	1	4	0	2	2	1	1	0	3	15	4.13	17.86
是	北宋	0	0	0	2	0	0	0	2	1	2	2	2	2	3	7	23	6.34	27.38
是	南宋	0	0	1	0	0	0	10	3	4	7	5	5	5	1	5	46	12.67	54.76
小计		0	0	2	2	0	0	11	9	5	11	9	8	8	4	15	84		
百分比(%)		0	0	14.29	5.41	0	0	35.48	31.03	25.00	33.33	28.13	24.24	36.36	23.53	45.45	23.08		
否		3	13	12	35	20	26	20	20	15	22	23	25	14	13	18	279		
百分比(%)		100	100	85.71	94.59	100	100	64.52	68.97	75.00	66.67	71.87	75.76	63.64	76.47	54.55	76.86		
合计		3	13	14	37	20	26	31	29	20	33	32	33	22	17	33	363		
百分比(%)		0.83	3.58	3.86	10.19	5.51	7.16	8.54	7.99	5.51	9.09	8.82	9.09	6.06	4.68	9.09			

注：①该百分比指各区域内砖石城总数与城池总数的百分比。

②该百分比指各区域内非砖石城总数与城池总数的百分比。

③该百分比指各区域内城池数与宋朝全境城池总数的百分比。

资料来源：主要是对正史（主要是《宋史》地理志）、《宋会要辑稿》《元丰九域志》《武经总要》《玉海》《元丰方志丛刊》，宋人文集、笔记小说与碑刻，以天一阁明代方志、《永乐大典》为代表的后世文献、考古报告等资料中的信息进行统计。本表是对这些统计数据进行计量分析的结果之一。

表6　宋朝堡寨时间与空间分布统计分析表

时　间	区　域							
	京东	京西	河北	河东	陕西	淮南	两浙	江东
北　宋	1	0	79	121	624	5	0	1
南　宋	0	1	1	0	7	49	78	10
年代不详的	0	0	0	0	0	0	0	0
合　计	1	1	80	121	631	54	78	11

时　间	区　域							合　计
	江西	荆湖	四川	福建	广东	广西	不详	
北　宋	0	181	200	5	1	53	1	1272
南　宋	48	33	90	43	8	27	0	395
年代不详的	0	8	11	0	10	13	2	44
合　计	48	222	301	48	19	93	3	1711

资料来源：主要对正史（主要是《宋史》地理志），《武经总要》《元丰九域志》《玉海》《宋会要辑稿》《宋元方志丛刊》，宋人文集、笔记小说与碑刻，以天一阁明代方志、《永乐大典》为代表的后世文献，考古报告等文献资料中的信息进行统计。本表是对这些统计数据进行计量分析的结果之一。

处，薛玉树先生考得72处。[1]

西夏筑城见诸史书者寥寥。宋真宗天禧四年（1020），"赵德明始城怀远镇而居之，号兴州"。[2] 西夏也修筑为数不少的堡寨。宋朝陕西经略安抚判官田况说："昊贼弄兵，侵噬西蕃，开拓封境，借叛之迹，固非朝夕，始于汉界缘边山险之地三百余处，修筑堡寨，欲以收集老幼，并驱壮健，为入寇之谋。"[3] 可见，西夏当时已修筑了300座以上的堡寨。西夏修筑堡寨不是一时一地之事。夏毅宗拱化三年（宋英宗治平二年，1065），"夏人数扰代州边，多筑堡境上"。[4] 除《宋会要辑稿》收录80余座堡寨外，西夏修筑堡寨的具体名称与位置已难考证。《党项西夏文献研究》地理卷列

[1]　胡昭曦：《略论南宋末年四川军民抗击蒙古贵族的斗争》，《宋史研究论文集》，上海古籍出版社，1982；薛玉树：《宋元战争中的四川的宋军山城及其现状》，《四川文物》1993年第1期，第29~36页。

[2]　（宋）李焘：《续资治通鉴长编》卷96，天禧四年，中华书局，1992，第2234页。

[3]　（宋）李焘：《续资治通鉴长编》卷132，庆历元年五月甲戌，第3129页。

[4]　（元）脱脱等：《宋史》卷316《唐介传》，中华书局，1977，第10329页。

出辽、宋、金三朝与西夏交界相关城镇堡寨及其他地名的资料索引，《宋
夏沿边堡寨兴废升降年表》《宋夏沿边同名堡寨一览表》不惧繁难，制表
细密，堪供参考。①

元代在其政权建立之初，无疑对南宋军民利用城池等地利进行的顽抗
有着深刻印象，故销毁原宋辖区内几乎所有的城池。但应指出的是，元灭
宋后，保留了川蜀地区一部分城池，占该地原有城寨总数的39%以上。此
外，其他地方也有零星城池得以幸免，如宿州、江浙行省的嘉兴路、富
阳、兰溪州、台州，江西行省的龙兴，湖广行省的邕州、贺州等地。② 因
各地民变迭起，元末又陆续修筑城池。《宋、元以及明前中期城市城墙政
策的演变及其原因》主要依据天一阁方志，统计出元末地方建制城市修城
共72次。③ 截至目前，经统计，元代至少修筑465座城池，其中有59座砖
石城，占总数的12.69%，其区域分布情况详见表7。

表7 元代城池空间分布统计分析表

区　域	城池座数	百分比（%）	砖石城座数	百分比（%）	筑城次数	百分比（%）
中书省	170	36.56	4	6.78	194	34.95
辽阳行省	7	1.51	0	0	7	1.26
岭北行省	6	1.29	0	0	6	1.08
陕西行省	39	8.39	1	1.69	40	7.21

---

① 杜建录主编，彭向前、李晓玉编校《党项西夏文献研究》，中华书局，2011。另参见李华
瑞《宋夏关系史》，河北人民出版社，1998；王天顺：《西夏地理研究》，甘肃文化出版社，
2002；孙伟：《北宋时期黄土高原城寨堡体系演变研究》，陕西师范大学硕士学位论文，
2005 等。

② （元）胡祗遹：《紫山大全集》卷10《静胜堂记》，文渊阁《四库全书》本，第1196册，
第194页。（清）陈梦雷：《古今图书集成》"职方典"卷958《嘉兴府城池考》，中华书
局、巴蜀书社，1985，第14册，第16302页；（清）叶广居：《重修城隍庙记》，汪文炳
修，蒋敬时、何镕纂《富阳县志》卷11，中国方志丛书本，第908~910页；（明）冀
权：《兰溪县记记》，王懋德修，陆凤仪纂《金华府志》卷26，四库全书存目丛书本，史
部第177册，第109页；（清）周润祖：《重修捍城江岸记》，洪若皋等纂修《临海县志》
卷12，中国方志丛书本，第1178页；（明）宋濂：《元史》卷9《世祖六》，中华书局，
1976；（明）林富、黄佐纂修《广西通志》卷32《兵防》，北京图书馆古籍珍本丛刊本，
第41册，第405页；（清）张良金：《南宁府城隍庙碑》，汪森编《粤西文载》卷38，渊
阁四库全书本，第1466册，第310页。

③ 成一农：《宋、元以及明前中期城市城墙政策的演变及其原因》，中村圭尔、辛德勇编《中
日古代城市研究》，中国社会科学出版社，2004。

区　　域	城池座数	百分比（%）	砖石城座数	百分比（%）	筑城次数	百分比（%）
甘肃行省	12	2.58	0	0	13	2.34
河南江北行省	46	9.89	9	15.25	51	9.19
江浙行省	83	17.85	24	40.68	111	20.00
江西行省	43	9.25	10	16.95	66	11.89
湖广行省	32	6.88	11	18.64	38	6.85
四川行省	6	1.29	0	0	6	1.08
云南行省	18	3.87	0	0	20	3.60
宣政院辖地	3	0.65	0	0	3	0.54
合　　计	465	100	59	100	555	100

资料来源：主要对正史（主要是《元史》地理志），《宋元方志丛刊》，元人文集、笔记小说与碑刻，以天一阁明代方志、《永乐大典》为代表的后世文献，考古报告等文献资料中的信息进行统计。本表是对这些统计数据分析的结果。

59座砖石城主要修筑于元顺帝至正年间，其中砖包砌城墙者16座，砖石包砌者17座，石包砌者23座，不知是砖还是石包砌者3座。将城墙甃筑砖石最多的是江浙行省、湖广行省、江西行省。

（四）明清时期

明代筑城最为频繁，砖石城大量涌现。截至目前统计，明代至少修筑4514座城池，其中砖石城1422座，占31.5%。将明代辖区划分为北直隶、南直隶、山东、山西、陕西、河南、湖广、江西、浙江、广西、广东、四川、云南、贵州、福建、哈密等卫16个区域，以区域为变量进行统计，城池数量位列前三的分别是山西、陕西、北直隶；砖石城数量位列前三的分别是北直隶、山西、四川；筑城次数位列前三的分别是山西、北直隶、陕西。具体情况详见表8。

表8　明代城池空间分布统计分析表

区　　域	城池座数	百分比（%）	砖石城座数	百分比（%）	筑城次数	百分比（%）
北　直　隶	476	10.54	247	17.37	1568	13.49
山　　东	411	9.11	111	7.81	1043	8.97
山　　西	1316	29.15	154	10.83	2129	18.31

续表

区　　域	城池座数	百分比（%）	砖石城座数	百分比（%）	筑城次数	百分比（%）
陕　　西	557	12.34	62	4.36	1156	9.94
南 直 隶	148	3.28	91	6.40	714	6.14
河　　南	114	2.53	86	6.05	719	6.18
浙　　江	178	3.94	36	2.53	390	3.35
江　　西	98	2.17	52	3.66	509	4.38
四　　川	171	3.79	141	9.92	425	3.66
湖　　广	186	4.12	110	7.74	711	6.12
贵　　州	104	2.30	54	3.80	214	1.84
云　　南	193	4.28	57	4.01	314	2.70
福　　建	183	4.05	56	3.94	543	4.67
广　　东	189	4.19	96	6.75	782	6.73
广　　西	184	4.08	69	4.85	400	3.44
哈密等卫	5	0.11	0	0	8	0.07
不　　详	1	0.02	0	0	1	0.01
合　　计	4514	100	1422	100	11626	100

资料来源：主要对《明史》（主要是地理志）、《明实录》与《清实录》，明人文集与奏疏、笔记小说与碑刻，明、清、民国时期的省、府、州、县通志与方志，《四镇三关志》《宣大山西三镇图说》《卢龙塞略》《辽东志》《延绥镇志》《西镇志》等边镇志书，《读史方舆纪要》《古今图书集成》和考古报告等文献资料中的信息进行统计。本表是对这些数据统计分析的结果。

　　以第一次修筑时间为统计标准，以区域与在位帝王为变量，砖石城分布情况详见表9。

　　以区域为变量进行统计，砖石城数量分布情况为：北直隶247座，占砖石城总量的17.37%；山西154座，占砖石城总量的10.83%；四川141座，占砖石城总量的9.92%；山东111座，占砖石城总量的7.81%；湖广110座，占砖石城总量的7.74%；广东96座，占砖石城总量的6.75%；南直隶91座，占砖石城总量的6.4%；河南86座，占砖石城总量的6.05%；广西69座，占砖石城总量的4.85%；陕西62座，占砖石城总量的4.36%；云南57座，占砖石城总量的4.01%；福建56座，占砖石城总量的3.94%；贵州54座，占砖石城总量的3.8%；江西52座，占砖石城总量的3.66%；浙江36座，占砖石城总量的2.53%。

表9　明代砖石城时间与空间分布统计分析表

在位帝王	区　域																	合计
	北直隶	山东	山西	陕西	南直隶	河南	浙江	江西	四川	湖广	贵州	云南	福建	广东	广西	哈密等卫	不详	
明太祖	66	28	10	5	22	7	11	3	21	21	21	15	13	24	9	0	0	276
明建文帝	0	1	0	0	0	0	0	0	0	1	1	0	0	0	0	0	0	3
明成祖	6	5	0	0	4	0	1	4	5	3	0	3	0	5	3	0	0	39
明宣宗	4	2	1	0	2	0	1	0	2	0	0	0	0	1	2	0	0	14
明英宗	13	2	4	0	2	0	3	1	10	5	1	1	1	12	7	0	0	62
明代宗	9	1	1	0	0	1	0	0	0	0	0	0	1	1	1	0	0	15
明宪宗	10	2	0	0	1	1	0	6	43	18	1	1	2	10	18	0	0	114
明孝宗	12	1	0	1	1	0	1	3	7	4	0	2	10	5	5	0	0	51
明武宗	2	7	2	5	9	24	0	13	36	17	0	0	10	3	5	0	0	133
明世宗	12	8	10	8	33	10	14	16	5	12	6	1	9	26	4	0	0	174
明穆宗	26	1	25	3	0	6	1	0	2	1	0	3	2	4	0	0	0	74
明神宗	38	24	85	36	14	8	3	5	8	18	9	13	3	2	11	0	0	277
明熹宗	1	2	0	0	0	0	0	0	0	0	0	3	2	0	0	0	0	9
明毅宗	23	6	14	2	3	28	1	0	1	7	15	14	2	1	1	0	0	118
不详	25	21	2	2	0	1	0	1	1	3	0	1	1	2	3	0	0	63
合计	247	111	154	62	91	86	36	52	141	110	54	57	56	96	69	0	0	1422

资料来源：主要对《明史》(主要是地理志)、《明实录》与《清实录》，笔记小说与碑刻，明人文集与奏疏，明、清、民国时期的省、府、州、县通志，《四镇三关志》《宣大山西三镇图说》《卢龙塞略》《辽东志》《延绥镇志》等边镇志书，《读史方舆纪要》《古今图书集成》和考古报告等古书文献资料中的信息进行统计。本表是对这些数据统计分析的结果。

表10　明代布政司县州级别以上治所筑城与否统计分析表

	区　域																
	北直隶	山东	山西	陕西	南直隶	河南	浙江	江西	四川	湖广	贵州	云南	福建	广东	广西	哈密等卫	合计
与都司卫所同治者砖石城座数	19	16	14	9	24	14	8	7	13	27	7	17	10	31	19	0	235
与都司卫所同治者城池座数	22	18	15	18	26	16	14	15	13	35	7	17	13	45	27	0	301
与都司卫所同治者筑城次数	202	110	107	91	240	104	75	135	38	198	33	63	105	327	135	0	1963
与都司卫所同治者砖石城/城池百分比（%）	81.82	88.89	93.33	50.00	92.31	87.50	87.14	46.67	100	77.14	100	100	76.92	68.89	70.37	0	78.07
与都司卫所同治者筑城次数平均值	9	6	7	5	9	6	5	9	3	6	5	4	8	7	5	0	7
修筑砖石城座数	77	65	59	34	81	84	27	51	123	99	23	50	38	66	50	0	927
修筑城池座数	135	104	98	114	112	107	62	77	134	126	31	79	56	94	73	1	1403
筑城次数	1026	648	722	535	639	712	216	487	373	638	89	185	361	656	281	1	7569
砖石城/城池百分比（%）	57.04	62.50	60.20	29.82	72.32	78.50	43.55	66.23	91.79	78.57	74.19	42.70	67.86	70.21	68.49	0	66.07
筑城次数平均值	7	6	7	4	5	6	6	6	2	5	2	2	6	6	3	1	5
附郭州县	9	6	5	9	16	8	15	14	10	15	8	11	10	11	8	0	155
无城或城池无考	2	0	0	1	0	0	11	0	11	4	63	65	1	0	35	0	193
前代遗留明无修筑记录城池	0	0	0	0	1	0	0	0	0	0	0	0	0	0	1	0	0
城池总数	135	104	98	115	112	107	62	77	134	126	31	79	57	94	73	1	1405

续表

	区 域																合计
	北直隶	山东	山西	陕西	南直隶	河南	浙江	江西	四川	湖广	贵州	云南	福建	广东	广西	哈密等卫	
同一府县等修筑2座以上城池者/同一府州县等修筑城池座数	1/2	0	0	0	1/3	0	0	0	0	1/3	1/2	7/19	1/3	2/4	3/6	0	15/42
府县等数	145	110	103	124	128	115	89	91	155	142	102	143	65	103	115	1	1731
城池数/府州县等数百分比(%)	93.10	94.55	95.15	92.74	87.50	93.04	69.66	84.62	86.45	88.73	30.39	55.24	87.69	91.26	63.48	100	81.17

注:集中于西南地区的宣慰司、招讨司、长官司等土司有些隶属都司卫所,有些隶属郡布政司,本表参考周振鹤主编,郭红、靳润成著《中国行政区划通史》（明代卷）（复旦大学出版社,2007）的归属划分,并进行统计分析。

资料来源:主要对《明史》(尤其是地理志)、《明实录》与《清实录》、明人文集与奏疏、笔记小说与碑刻,明、清、民国时期的省、府、州、县通志与方志,《四镇三关志》《宣大山西三镇图说》《卢龙塞略》《卢龙图说》《辽东志》《西镇志》《延绥镇志》等边镇志书,《古今图书集成》《读史方舆纪要》,考古报告等文献资料中的信息进行统计。本表是对这些数据统计分析的结果。

截至目前统计，明代县州级别以上城池至少修筑了 1403 座。其中有 927 座砖石城，占 66.07%。另有前代遗留无修筑记录城池 2 座，附郭州县 155 个；县州长官司级别以上无城或城池无考者 198 个，且绝大部分分布在云南、贵州、广西的宣慰司与长官司。

由统计可知，明代砖石城数量远远超过前代。以在位帝王为变量，以第一次修筑时间为统计标准，砖石城数量列前三位的是明神宗、明太祖、明世宗时期。以区域为变量进行统计，县州所级别以上砖石城数量列前三位的分别是四川、湖广、河南。王兆春先生曾评价，以南京、北京等城市和长城的修建和改建为代表的军事筑城技术，以及以郑和下西洋为代表的战船建造技术，成为当时军事技术的两大世界之最。① 在后金（清朝）军队拥有火器之前，明朝拥有精良的武器装备，同时辖区内城池林立，可谓天下无敌、高枕无忧。

明朝时，东察合台汗国（亦力把里）境内多有城池，如鲁陈城（柳城）、火州城、盐泽城、土尔番（土鲁番）城、崖儿城等。② 明人张海称，"土鲁番在哈密迤西七百里，土城大如营者三，小如堡者十六"。③

清代在继承明代的城池遗产后，多有修补，稍有添筑，并在西北与台湾等地新筑少数城池。值得注意的是，绝大多数省通志完成于清高宗乾隆年间之前，府州县方志虽数量多，但远没有涵盖全部的府州县，这意味着收集的筑城信息并不完整。

二　砖石城出现的原因

对于南宋江南出现许多砖石城的原因，斯波义信先生认为华北黄土质地较好，直立性强，凝固性能好，以之夯土城墙相当坚实，再加上降雨量相对较少，自然力的破坏相应也小；江南雨多，土质较松，易于塌坏，加

---

① 王兆春：《中国古代军事工程技术史》，山西教育出版社，2007，第 189 页。
② 参见（明）陈诚《西域行程记·西域番国志·咸宾录》，中华书局，2000。
③ （明）张海：《安边方略疏》，陈子龙等编《明经世文编》卷 49，中华书局，1962，第 1 册，第 384 页。

上南宋社会较富裕,有足够经济实力来支持大规模的烧砖筑城。[1] 黄宽重先生认为除以上因素外,尚需考虑另外两个因素。一是战争形态的改变。自宋金战争爆发以来,火炮投入战场,产生相当大的破坏力,而江南土质较松软,城郭防御设施落后,则城墙更容易塌坏。以砖包砌的城壁,防御功能比土垣更好。二是有大批的人力尤其是军队加入烧砖筑城的行列,加上丰厚的社会、经济条件,以及专门技术相配合等。[2] 下文仅对促进砖石城出现的主要因素略做探析。

(一) 个案分析

在 11626 条关于明代筑城活动的有效信息中,共 1409 条记载有筑城诱因,占 12.12%,尽管不能反映问题总体原貌,但可作为探讨筑城诱因的参照,故笔者据此对明代筑城原因予以整理与分析。详见表 11。

表 11 筑城诱因分析表

诱　因	次　数	百分比（%）
人为因素	686	48.69
自然力量	504	35.77
城池自身	172	12.21
风水学	14	0.99
地理位置	11	0.78
自然力量 + 人为因素	10	0.71
地理环境	8	0.57
城池自身 + 人为因素	3	0.21
城池自身 + 地理位置	1	0.07
合　计	1409	100

资料来源:主要是《明实录》与《清实录》,相关省、府、州、县方志,《四镇三关志》《宣大山西三镇图说》《卢龙塞略》《辽东志》《延绥镇志》《西镇志》等边镇志书,《读史方舆纪要》《古今图书集成》等,当时相关守臣的文集与奏疏（如《筹辽硕画》）等。

---

[1]　斯波义信:《宋代的都市城廓》,《中岛敏先生古稀纪念文集》,江苏人民出版社,2001,第 203 页;斯波义信:《宋代江南经济史研究》。
[2]　黄宽重:《宋代城郭的防御设施及材料》,第 195 ~ 196 页。火炮当时只是起燃烧的效果,破坏城壁的则是石炮。

在这些原因中，单纯因城池自身致使筑城 172 次，占 12.21%；单纯因自然力量对城墙破坏致使筑城计 504 次，占 35.77%；单纯因人为因素致使筑城 686 次，占 48.69%。可见这三者是筑城的主要诱因。在 172 次由城池自身原因致使筑城的记载中，159 次筑城均与墙体不坚固有关，低薄、崩、倾、裂、坏、颓和陵（凌）等字词足可印证。在单纯因自然力量对城墙的破坏致使筑城计 504 次中，高居首位的是降水冲决或海水侵蚀原因引起的筑城，共计 434 次，占 86.11%。倘若加上因飓风带来降水的 6 次，则占 87.30%。显而易见，降水冲决或海水侵蚀是自然力量中对修筑城池影响最大的因素。在单纯因人为因素致使筑城 686 次的记载中，为防备民乱筑城 447 次，占 65.16%；为抵御外敌（北方来敌、倭寇和海寇）168 次，占 24.49%；政府命令或地方军政机构申请 57 次，占 8.31%。为抵御外敌而筑城，主要分布于北边和沿海地区，这当然是不言而喻的。关于"防备民乱"，上述比例可能与事实出入很大，但也可看出为防御外敌与抵制内部各类民乱的筑城是大量存在的。

抛开政治、军事、经济等条件不谈，就单纯筑城本身而言，提升城墙坚固度，应对降水等自然力的破坏，以备军事防御，是必然趋向。本文仅分析促使砖石城出现与普及的两个主要外在因素，即自然力和攻城武器。

（二）两个因素

1. 自然力

土质影响城墙的稳固。《成都文类》卷 3《龟化》记载："君不见秦时张仪筑少城，土恶易败还颠倾，力疲智竭筑未就。"唐敬宗宝历年间（825～826），鄂州城墙土恶善圮，年年修筑，"城土疏恶"，"土恶亟圮，岁增筑"，① 类似情况还有陈州城，唐僖宗中和年间（881～885），"陈州土壤卑疏，每岁壁垒摧圮，工役不暇"。② 南宋黄斡称安庆"郡无城壁，累政以土恶不可

---

① （唐）杜牧：《樊川文集》卷 7《唐故太子少师奇章郡开国公赠太尉牛公（僧孺）墓志铭》，上海古籍出版社，1978，第 116 页；（宋）欧阳修：《新唐书》卷 174《牛僧孺传》，中华书局，1975，第 5230 页。

② （宋）薛居正：《旧五代史》卷 14《赵犨传》，中华书局，1976，第 197 页。赵珝为时任陈州刺史赵犨的儿子。

筑"。① 明初，增修甘肃徽县城时，"土疏善圮"。② 明武宗正德年间（1506
～1521），邹县城"增筑高厚，沙土不坚。岁加修补，邑人病之"。③ 明神
宗万历五年（1577），徐闻县加修城墙，"见土性易塌，实以粗石，重加筑
建"。④ 再如蒙自县城"土性不坚，随修随圮"，⑤ 太平府城"土恶善溃，
不必淫霖而隳也"。⑥ 潜江县城"土善崩，且易越"。⑦ 古人所提到的土恶、
土疏、沙土不坚、土善崩，这些是无论南方还是北方都必须面对的难题。

　　水文因素对城墙的影响也是比较严重。台州州治介于天台、栝苍两山
之间，北达大海，山洪时常暴发，海水潮汐可溯江薄城，这座城池经常是
汪洋一片，"每遇海潮大泛，与山水迎合，则城外之水，已常及街，或值
淫霖，山水暴涨，则城中圜阓之水，便溢半壁"。⑧ 宋人的相关记载颇多。
如宋理宗"绍定二年九月丙辰之水，陷城吞原，隩嚅官民庐居，杀禾稼，
环百余里，漫为涛川"。⑨ 元代毁天下城郭，"独台城不隳，备水患也"。⑩

　　除土质、水文之外，对城墙有破坏作用的自然因素还有地震、海啸、
飓风、雷电等，它们无一不促使城墙从土墙向砖石墙演变，且这些因素往
往互相关联，同时出现。宋朝"化州并海，亡城郭，岁赋竹苇为藩，飓风
至，飘卷为虚，居者不安，民疲于赋，且土疏不可城"。⑪

① （宋）黄榦：《勉斋先生黄文肃公文集》卷3《与李敬子司直书》（安庆），《宋集珍本丛刊》本，第67册，第572页。
② （清）许容监修、李迪编纂《甘肃通志》卷7《城池》，文渊阁《四库全书》本，第557册，第280页。
③ （清）陈梦雷：《古今图书集成》职方典卷214《兖州府部汇考六·兖州府城池考》，中华书局、巴蜀书社，1985，第9692页。
④ （清）陈梦雷：《古今图书集成》职方典卷1368《雷州府部汇考二·雷州府城池考》，第20199页。
⑤ （清）陈梦雷：《古今图书集成》职方典卷1472《临安府部汇考二·临安府城池考》，第21206页。
⑥ （明）王世贞：《弇州四部稿》续稿卷56，文渊阁《四库全书》本，第1282册，第732页。
⑦ （明）娄坚：《学古绪言》卷9《故贵州按察司副使朱府君墓志铭》，文渊阁《四库全书》本，第1295册，第122页。
⑧ （宋）陈耆卿：《上丞相论台州城筑事》，林表民编《赤城集》卷1，《北京图书馆古籍珍本丛刊》本，第114册，第19页。
⑨ （宋）吴子良：《临海县重建县治记》，林表民编《赤城集》卷3，第38页。
⑩ （清）周润祖：《重修捍城江岸记》《临海县志稿》卷12，《中国方志丛书》，第1178页。
⑪ （宋）晁补之：《鸡肋集》卷64《朝奉大夫提举京东路保马兼保甲事杨（景芬）公墓志铭》，《四部丛刊》本。

2. 攻城武器

李约瑟的论著对中国古代抛射武器、攻城及其辅助器械等的形制与作用有详细介绍。① 国内学者对中国古代火器的研制和使用也有详细探讨。② 在此不再赘述，仅就宋以后日臻成熟的攻守技术略做探讨。明人茅元仪评论攻守城池器具时，认为"前乎宋，该于宋，后乎宋，稍有益也"。③ 辽宋金对峙时期攻守城技术与器械日臻成熟完善。辽军的攻城术似习自后唐时期的幽州人。五代后唐天祐十四年（917），后唐新州将卢文进叛入契丹，"招诱幽州亡命之人，教契丹为攻城之具，飞梯、冲车之类，毕陈于城下。凿地道，起土山，四面攻城，半月之间，机变百端"。④ 北宋范仲淹称，"契丹素善攻城，今探得点集床子弩并炮手，皆攻城之具，与昔时不同"。⑤ 宋高宗时，吕颐浩上奏："自古外裔，不善攻城，惟金人剽勇坚悍，轻生不畏死，长于攻城。"⑥ 南宋陈规也慨叹"城池之制作可以自谓坚固，前古所未有，奈何虏人攻械之备，亦前古所未有"。⑦

在诸多攻守器械之中，最有威力的是炮与爆炸式武器，"攻守利器，皆莫如炮，攻者得用炮之术，则城无不拔；守者得用炮之术，则可以制敌"。⑧ 炮又有抛石机与管状火炮之别。

抛石机也称发石车、炮车等。张晏曰："范蠡兵法，飞石重十二斤，为机发，行三百步。"⑨ 唐朝军队"有抛车，飞三百觔石于一里之外者"。⑩ 抛石机种类丰富：有炮车，"大木为床，下施四轮，上建独竿，竿首施罗匡木，上置炮梢，高下约城为准，推徙往来，以逐便利，其施放及用物，

---

① 李约瑟：《中国科学技术史》第5卷第6分册，科学出版社、上海古籍出版社，2002。
② 王兆春：《中国火器史》，军事科学出版社，1991；刘旭：《中国古代火药火器史》，大象出版社，2004；王兆春：《中国古代军事工程技术史》，山西教育出版社，2007。
③ （明）茅元仪：《武备志》卷108《攻》，续修《四库全书》本，第964册，第372页。
④ （宋）薛居正等：《旧五代史》卷28唐书4《庄宗李存勖纪第二》，第389~390页。
⑤ （宋）李焘：《续资治通鉴长编》卷149，庆历四年六月壬子，第3636页。
⑥ （宋）吕颐浩：《忠穆集》卷1《收民心》，《宋集珍本丛刊》本，第31册，第734页。
⑦ （宋）陈规、汤璹：《守城录》卷1，《丛书集成初编》本，第957册，第8页。参见《永乐大典》卷8335，中华书局，1986，第4册，第3878页。
⑧ （宋）陈规、汤璹：《守城录》卷2，第16页。
⑨ （汉）班固：《汉书》卷70《甘延寿传》，第3007页。
⑩ （后晋）刘昫：《旧唐书》卷199上《高丽》，中华书局，1975，第5323页。

一准常炮法"；① 有单梢炮、双梢炮、三梢炮、五梢炮、七梢炮、挂腹炮、旋风炮、独脚旋风炮、旋风车炮、旋风五炮、卧车炮、虎蹲炮。② 这些抛石机威力不小，如七梢炮，"凡一炮，用二百五十人拽，二人定放，放五十步外，石重九十、一百斤"。③ 旋风五炮当有连续发放炮石的功能。宋人魏胜曾改良炮车，"炮车在阵中，施火、石炮，亦二百步"。④ 宋人陈规称"攻城用大炮，有重百斤以上者，若用旧制，楼橹无有不被摧毁者"。⑤ 金人攻太原城，"每攻城，先列炮三十座，凡举一炮，听鼓声齐发，炮石入城者，大可如斗，楼橹中炮，无不坏者"。⑥ 元兵攻开封，"用炮则不然，破大砲或碌碡为二三，皆用之，攒竹炮有至十三稍（梢）者，余炮称是，每城一角置炮百余，炮更递下上，昼夜不息，不数日，石几与里城平"。⑦ 此类都是石炮。蒙古人开始从西域引入所谓回回炮，是一种平衡锤式抛石机，无论在炮石重量还是射程方面，都胜过传统石炮，在攻樊城、襄阳战中发挥了关键作用。"为炮攻樊，破之"，"既破樊，移其攻具以向襄阳，一炮中其谯楼，声如雷霆，震城中。城中汹汹，诸将多逾城降者"，⑧ "相地势置炮于城东南隅，重一百五十斤，机发，声震天地，所击无不摧陷，入地七尺"。⑨

关于管状火炮，《明史》卷 92《兵四》记载："古所谓炮，皆以机发石。元初，得西域炮，攻金蔡州城，始用火，然造法不传，后亦罕用。"明神宗万历年间（1573～1620），士兵"用红夷火药炮，赍以攻城，此炮一发，而流血成沟，骨肉糜烂，虽有韩岳之将，百万之师，无所用其巧

---

① （宋）曾公亮：《武经总要》前集卷 12，《中国古代版画丛刊》本（即明正德刊本），第639 页。

② （宋）曾公亮：《武经总要》前集卷 12，第 640～647 页。

③ （宋）曾公亮：《武经总要》前集卷 12，第 643 页。（清）陆世仪《思辨录辑要》卷 17（文渊阁《四库全书》本，第 724 册，第 144 页）记载："国初火炮起，而石炮遂废，然亦是近时始废耳"，"大约炮梢如人臂，炮窝如人手指，妙在虿尾活索，能开张如意耳，以之攻守最妙"。

④ （元）脱脱：《宋史》卷 368《王彦传》，第 11461 页。

⑤ （宋）陈规、汤璹：《守城录》卷 2，第 16 页。《永乐大典》（第 3880 页）写作"守者得术"。

⑥ （宋）徐梦莘：《三朝北盟会编》卷 53，上海古籍出版社，1987，第 397 页。

⑦ （元）脱脱：《金史》卷 113《赤盏合喜传》，中华书局，1975，第 2496 页。

⑧ （明）宋濂等：《元史》卷 138《阿里海牙传》，中华书局，1976，第 3125 页。

⑨ （明）宋濂等：《元史》卷 203《亦思马因传》，第 4544 页。

矣"。① 《筹海图编》卷13记载了火炮"铜发矿"的威力，"其石弹如小斗，大石之所击触者，无能留存，墙遇之即透，屋遇之即摧，树遇之即折，人畜遇之，即成血漕，山遇之，即深入几尺。不但石不可犯而已，凡石所击之物，转相搏击物，亦无不毁者，甚至人之支（肢）体血肉，被石溅去，亦伤坏"。"又不但石子利害而已，火药一热之后，其气能毒杀乎人，其风能煽杀乎人，其声能震杀乎人"。②

爆炸性武器，也称为火炮。古人可利用炮石机车，抛射火药球，以实施火攻。③ 在对辽宋战争中，金军已学会使用火药兵器，如使用铁火炮，"每一炮继以一铁火炮，其声大如霹雳"。④ 金朝末期有震天雷："其攻城之具，有火炮名'震天雷'者，铁罐盛药，以火点之，炮起火发，其声如雷，闻百里外，所爇围半亩之上，火点，着甲铁皆透。"⑤ 宋元双方均使用火炮于城池攻守。元攻沙洋，"顺风以火炮攻之，烟焰燎天，俄而城陷"。⑥ 元世祖至元十四年（1277），宋军固守静江府月城，最后"拥一火炮，坐燃之，声发如合数百雷霆为一，城土震落，烟焰蔽空"，"火灭，骨尽，无圭撮遗"。⑦ 可见火炮威力也不小。

在管状火炮出现前，威力最大的攻城兵器是石炮，而非火炮。抛石机抛射火药包，只是起燃烧作用，没有石炮重要。城墙的加固是为适应石炮威力的增大，而后又是为适应管状火器。⑧ 甃筑砖石以提高墙体强度，是必然的要务。同时，为减少城墙的被弹面，城墙应不再一味向高、厚发展。

三　城池城墙墙体类型与经济成本

砖石城是中国古代城池的成熟形态，相较而言，因险而建的山城，因

---

① （清）姜宸英：《湛园札记》卷3，文渊阁《四库全书》本，第859册，第625页。

② （明）郑若曾撰《筹海图编》，李致忠点校，中华书局，2007，第899～900页。

③ （宋）曾公亮：《武经总要》前集卷12《攻城法》，第647页。

④ （宋）赵与（上容下衣）：《辛巳泣蕲录》，《历代笔记小说集成》本，第21册，第172～173页。

⑤ （元）脱脱：《金史》卷113《赤盏合喜传》，第2496页。

⑥ 《宋季三朝政要》卷4，《丛书集成新编》本，第116册，第696页。

⑦ （元）姚燧：《牧庵集》卷21《少中大夫静江路总管王公神道碑》，《四部丛刊》本。

⑧ 王曾瑜：《致王茂华》，2010年3月8日，参见氏著《宋朝军制初探》，中华书局，2011，第381～388页。

陋就简的木城、竹城是中国古代城池的未成熟形态；夯筑土城则是其亚成熟形态。

（一）城池城墙墙体类型

1. 山城

山城均利用陡峭的悬崖，辅以人工凭险而筑城墙，多采用土石混筑、石块砌筑与外壁贴砌石块的构筑方法。考古发现的先秦城址，大都为夯筑城墙。除夯筑城墙外，长城沿线的内蒙古中南部、陕北、内蒙古东南部、辽宁西部等地分布有若干石城带。这些石城的墙基多建在生黄土上，墙基上以大小不等的石头错缝垒砌石墙，缝间填以碎石块或黄泥。如河套城址群，主要分布在今内蒙古自治区境内阴山山脉以南的丘陵地带，集中分布于河套地区，即凉城岱海周围、包头大青山南麓和准格尔与清水河之间的黄河两岸三个地区，有老虎山、西白玉、板城、大庙坡、园子沟、威俊、阿善、西园、沙木佳、黑麻板、寨子塔、寨子上、马路塔、后城嘴等遗址。这批先秦城址距今5000～4300年，均为石城聚落，如夏家店下层文化石城群。夏家店文化是与夏王朝同时期的东北地区的文化类型。在流经河北、内蒙古和辽宁西部的阴河和英金河两岸的河谷台地上，考古工作者调查发现了几十座夏家店下层文化的先民修筑的城堡。这些城堡的围墙都是用大石块垒砌的，往往或是面朝深沟险壑，或是修筑在陡峭的山坡上。再如最近发现的神木石峁古城遗址，位于榆林市神木县高家堡镇，这座古城总面积超过400万平方米，年代在龙山晚期至夏代早期阶段，由"皇城台"、内城、外城三座基本完整并相对独立的石城组成。专家一致认为：石峁古城远大于年代相近的浙江良渚遗址和山西陶寺遗址等已知城址，是目前中国发现的最大的史前古城，为中华文明早期形成史提供了新的图示。更有专家推断，石峁古城可能是黄帝部族的居邑，是真正意义上的华夏第一城。公元前37年夫（扶）余人朱蒙（亦称邹牟）建高句丽国，辖地约为今鸭绿江及其支流浑江流域一带。东汉、魏晋南北朝也修建了为数不少的山城。

现存遗迹证明，自史前至辽、宋、金时期，在今东北与内蒙古及其周边地区一直存在着筑城活动，这是非农耕民族所为。上述区域自始至终均筑有石城或山城，这类城池城墙仰仗山体等天然屏障，只需对其稍作加工，是中国古代城池的未成熟形态。

2. 木城、竹城

土质疏松、水资源充沛的筑城策略是因陋就简，故筑城历史中，有在聚落四周树立藩篱以为城者。有学者研究认为，商周时期古蜀国的城址可能是用木栅（木材、藩篱等）来代替城垣作为城市的防御设施。[1] 建元六年（前135），汉武帝平两越前夕，淮南王上书曰："臣闻越非有城郭邑里也，处溪谷之间，篁竹之中。"[2] 东汉零陵郡"下湿，编木为城，不可守备"。[3] 自晋以来，建康外城为竹篱环绕而成。至齐太祖建元二年（480），有人曾说："白门三重关，竹篱穿不完。"[4] 因此，萧道成下令建外城城墙。唐朝岳州绕篁为垣，有张说诗为证："山郡不沟郭，荒居无羀壅。爱人忠主利，善守闭为勇。苟非小勤瘁，安得期逸宠。版筑恐土疏，襄城嫌役重。藩栅聊可固，筠篁近易奉。差池截浦沙，缭绕缘隄垄。蠢似长云亘，森如高戟耸。预绝豺狼忧，知免牛羊恐。闾里宽矫步，榛丛恣踏踵。始果游处心，终日成闲拱。"[5] 张说另有诗《岳州城西》："水国何辽旷，风波遂极天，西江三氾合，南浦二湖连，危堞临清境，烦忧暂豁然。"由此可知，之所以绕篁为城，是由地处泽国、土质疏松、就地取材便利、避免增加民众劳动负担等因素促成的。五代时，汉州"无城堙，树木为栅"。[6] 至宋朝，此类竹城、木城依然存在。迟至宋仁宗时，这类现象在四川地区比

---

① 杨华：《长江三峡地区夏、商、周时期房屋建筑的考古发现与研究》，《三峡学院学报》2000年第4期，第16~19页。

② （汉）班固：《汉书》卷64上《严助传》，第2778页。据高东辉、李珍、覃玉东先生研究（参见高东辉《岭南地区秦汉城邑试探》，江门市博物馆，http：//www.jmbwg.cn/en/xsyj.asp？ArticleId=402；李珍、覃玉东：《广西汉代城址初探》，广西壮族自治区博物馆，http：//www.gxmuseum.com/a/science/31/2011/1014.html），关于淮南王的描述具有一定的可信性，这也显示岭南地区郡县城邑没有城墙。但据考古发现，岭南地区的秦汉政治性城邑又是有城墙的。广西目前发现的汉代城址有10余处，规模较小，其性质主要为郡县治所和军事城堡，以郡县治所为主。

③ （宋）范晔：《后汉书》卷56《陈球传》，中华书局，1993，第1831页。

④ （宋）司马光：《资治通鉴》卷135《齐纪一》，建元二年夏四月，中华书局，1956，第4238页。

⑤ （唐）张说：《张燕公集》卷8《岳州行郡竹篱》，文渊阁《四库全书》本，第1065册，第715页。参见同卷赵冬曦《陪燕公行郡竹篱》《岳州山城》《奉和山城》《岳州晚景》等诗。

⑥ （宋）司马光：《资治通鉴》卷274，天成元年三月，第8966页。

较普遍。宋仁宗时，下诏该地区筑府州县治所城池，但知昌州单煦对此持反对意见，他说："以蜀地负山带江，一旦毁篱垣，而兴板筑，其费巨万，非民力所堪，请但筑子城。"① 转运使遂采纳他的意见。宋高宗绍兴二十年（1150），新州外城建竹城，"夷凹凸，裨狭虚，基址既坚，取野竹骈植之，环袤一千二百八十四丈，再旬而毕"。② 由张说诗"矗似长云亘，森如高戟耸。预绝豺狼忧，知免牛羊恐"可知，竹城的视觉效果和防御性能还不错。这也为南宋人胡寅所证："孰谓竹不可恃哉？凡物有同类而殊材者，斯竹也，引梢如针，分枝如棘，既众且多，森如蒺藜。其丛则轇轕致密，望隔表里，及岁久而愈繁，鸡鹜羔豚，不能道也。或者火之，叶毁干存，乃益悍劲。呜呼异哉！"③

3. 砖石城

除以竹城、木城为权宜之计外，古人还认识到水性及其与城郭等的关系，提出水应因势利导、城郭不宜离水太近、城墙宜修筑坚固的看法："盖水为发生导祥之源，静则利，激则害，顺则善下，逆则横流。城郭于江宜远不宜逼，宜坚不宜瑕，为水也计者，导其势。为城也计者，厚其基，裁成功力，固两相需也。"④ 砖石城便是既可取水利之便，又可克服土质疏松、易遭侵蚀的好办法，所谓"厥土为城，不易之道也，恐其未坚，则有登而筑之者矣。虞其易圮，则有甓而石之者矣"。⑤ 明人徐光启认为建造水库应因地制宜，以决定是否用砖石甓筑其墙。"江海之滨，平原易野，土疏善坏，必以甓墙。处于山者，如秦如晋，厥土骍刚，陶复陶穴，壁立不堕，若斯之处，掘地为池，虽无甓墙，而径涂之，不亦可乎！"⑥ 这与是否用砖石甓筑城墙相类。

由上文可知，宋朝砖石城较前代增多，其在区域分布上，位居前五的分别是广西、淮南与江西、荆湖与两浙、四川与福建、江东，都分布在降

---

① （元）脱脱：《宋史》卷333《单煦传》，第10714页。
② （宋）胡寅：《斐然集》卷21《新州竹城记》，中华书局，1993，第454页。
③ （宋）胡寅：《斐然集》卷21《新州竹城记》，第454页。
④ （清）萧云举：《重修南宁府江城记》，《广西通志》卷106，文渊阁《四库全书》本，第568册，第211页。
⑤ （宋）胡寅：《斐然集》卷21《新州竹城记》，第454页。
⑥ （明）徐光启著，石汉英校注《农政全书校注》卷20《泰西水法下》，上海古籍出版社，1979，第510页。

水充沛、土质疏松的南方地区。明代砖石城较前代大幅增加，据表 10，其中布政司县州级别以上治所砖石城在区域分布上，高于平均百分比 66.07% 的区域依次有四川、湖广、河南、贵州、南直隶、广东、广西与福建，也是分布在降水充沛、土质疏松的南方地区。统治者对此有深刻认识。宋徽宗在大观元年（1107）时说："东南城壁土恶，易于沦塌，往往作砖城、石城，或为木栅，或施瓦为屋，以覆城身，非西北比。可令帅府置壮城兵士四百人，望郡三百人，依元丰法制，以土起筑，仍开壕。如土恶，乃以砖石随宜施行。"① 南宋朱熹曾说："中原土密，虽城壁亦不用砖，今南方土疏，不砌恐易坏。"② 对于南方地区多砖石城的原因，政府官员也存在不同认识。清圣祖康熙三十三年（1694）左右，官员黄六鸿说："鸿尝观北方州县，多无城郭，有亦间多土筑。斯岂村庄畏盗，而州邑独不畏贼邪？盖北方之土善碱，烧砖多窳裂无用，故惟筑不砌耳。东南土皆胶固，无地不窑，且村庄之外，每多池沼，若于空隙，实以砖垣，较之北方碱碛，濠墙不更坚久乎。"③ 这谈的是南方修筑砖石城的有利条件。

（二）城池经济成本

一座城池的成功修建，需具备防御需求、政府允许、建材生产与工程技术成熟、人力与物资充足等条件。研究显示，基于内外矛盾，修城几乎是历代特别是宋明两朝政府的共识，古代建材生产、城池工程设计、计量与计价、施工技术早已成熟。④ 那么修筑城池经济成本的多寡及古代经济与财力对其支撑的情况又如何呢？鉴于有关前代筑城成本材料的缺乏，本文以清代台湾地区修筑噶玛兰厅竹城、嘉义县土城、彰化县砖城、淡防（水）厅石城为例，略谈不同材质城池的修筑成本。清宣宗道光十年

---

① （宋）梁克家：《淳熙三山志》卷 18《壮城指挥》，《宋元方志丛刊》本，第 8 册，第 7934 页。
② （宋）朱熹：《晦庵先生朱文公文集》卷 68《坛饰》，《四部丛刊》本。
③ （清）黄六鸿：《保甲三论》，贺长龄辑《皇朝经世文编》卷 74 上，兵政五保甲，清道光年间刻本，亦参见黄六鸿《福惠全书》卷 22，清康熙三十八年金陵濂溪书屋刻本。
④ 参见拙文《宋代城池修筑管理体系与规范化述略》，（韩国）《亚洲研究》2009 年第 5 期，第 227～259 页；《明代城池修筑管理述略》，《文史》2010 年第 3 辑，第 195～223 页；《中国古代建材生产述略——以烧砖、采石、煅烧石灰为中心的考察》，（韩国）《宋辽金元史研究》2009 年第 15 号，第 37～70 页；《中国古代城池工程的计量与计价初探》，《中国科技史杂志》2012 年第 2 期。

（1830），杨文显、吴尚新和蔡国香三人一同先后采集嘉义县土城、彰化县砖城、凤山县石城、淡防厅（即淡水厅）石城和噶玛兰厅竹城的信息，分别涉及这些城池修筑原因、筑城时间、城池规模与形制、筑城工料银等。这些信息的记录时间基本相同、计量单位相同，且这些城池筑城时间最早为清高宗乾隆五十五年（1790），最晚为清宣宗道光七年（1827），时间上也较近（38年间），以及生产技术、经济状况大体一致。故暂以此5城为例，对四种类别即竹城、土城、砖城、石城的修筑成本进行粗略比较。

1. 刺竹城

清仁宗嘉庆二十四年（1819），噶玛兰厅栽种刺竹以成城：

> 嘉庆十七年收入版图之后，善后事宜案内条列：五围地方应建城垣，挑挖濠沟，春筑城基。时前台湾府杨廷理议将该处土产九芎树栽种为城。嗣通判翟淦莅任，以九芎树木过大，一时不能生根，而另栽之小树，又须十余年后方能成林，饬令该总理结首人等，于城基之上遍插刺竹，已经全活，再于城台之旁另栽小九芎树，将来树竹茂盛，多有空隙，亦可将竹枝编排城垣，愈形巩固。嘉庆二十四年，通判高大镛建门楼四座，于是年四月十八日兴工，八月初十日完竣，共用工料银六百一十二两八钱零二厘五毫。其城垣濠沟周围计六百五十丈，分为漳、泉、粤三籍民人按作五股捐建。[①]

修筑该竹城仅建门楼四座耗时不足5个月，耗费工料银612.825两。利用刺竹编排成城垣，用工省、成本低。单位工程价格为：612.825 ÷ 650 ≈ 0.9428两/丈。

2. 土城

清高宗乾隆五十五年（1790）至乾隆五十八年（1793），台湾府嘉义县修筑土城：

> 估建土城一座，东、西、南、北四门，除城楼、座券台外，城身通长七百四十四丈二尺，高一丈八尺，底厚二丈，顶厚一丈五尺，海漫筑打灰土×。城上改砌垛子七百七十九垛，各宽七尺、高七尺、厚

---

① 《台湾采访册》之《噶玛兰厅城》，《台湾文献丛刊》本，第55册，第22～23页。

一尺五寸。每垛内空枪眼二个，各宽七寸、高八寸。又砌垛门口座七百七十九个，各宽二尺四寸、高二尺四寸。砌垛基高一尺，内面加砌战廊，长七百三十二丈二尺、高一尺二寸、厚一尺二寸。又帮筑卡房座四处，建盖卡房四座，城下看守兵房四座，并砌盖城楼、座券台、上城马道及门楼、水洞等项，共估需工料银四万四千零七十八两四钱一分八厘七毫，就于军需存留工程银内给发。①

嘉义县土城工料银共计 44078.4187 两，单位工程价格为：44078.4187 ÷ [744.2 × （2 + 1.5）× 1.8 ÷ 2] ≈18.8029 两/立方丈。

3. 砖城

清仁宗嘉庆十六年（1811）至嘉庆二十年（1815），台湾府彰化县修筑砖城：

城身俱砌以砖，周围计九百二十二丈二尺八寸、高一丈八尺、基厚一丈五尺，上宽一丈，建城楼四、炮台一十有二、城垛七百八十有三、水洞六、守城兵房四。又于城东八卦山建寨设兵，以为犄（掎）角之势。计费工料银一十九万零。②

彰化县砖城工料银共计 190000 两，单位工程价格为：190000 ÷ [922.28 × （1.5 + 1）× 1.8 ÷ 2] ≈91.5605 两/立方丈。

4. 石城

清宣宗道光五年（1825）至道光六年（1826），台湾府凤山县筑石城：

城身俱用打鼓山石砌筑，计丈周围八百六十四丈，城基挖深三尺，用石填砌，以固根本。平地度以弓步量明，底宽一丈五尺，顶宽一丈三尺，自地至顶，筑高一丈四尺，雉堞高五尺四寸，统计一千四百六十八堵，并细按方隅，分筑东、西、南、北四门。建城楼，并筑水洞，以通城内沟洫；仍相度扼要之区，建筑炮台四座，以当其冲。即于是年七月十五日兴工，至道光六年八月十五日一律完竣，计费工料番镪银九万二千有奇。③

① 《台湾采访册》之《嘉义县城》，《台湾文献丛刊》本，第 55 册，第 14～15 页。
② 《台湾采访册》之《彰化县城》，《台湾文献丛刊》本，第 55 册，第 15～16 页。
③ 《台湾采访册》之《凤山县城》，《台湾文献丛刊》本，第 55 册，第 29 页。

凤山县石城工料银共计约 92000 两，单位工程价格为：92000 ÷ ［864 ×（1.5 + 1.3）×1.4 ÷ 2］ ≈ 54.3273 两/立方丈。

清宣宗道光七年（1827）至九年（1829），淡水厅筑石城。整个工程的总费用："统合全城四门工程，共享工料银一十四万七千四百九十两零八钱七分八厘；以一四折番银，二十万零六千四百八十七元二角二瓣九周二尖。"①

> 自东门至南门计二百五十丈，南门至西门计一百八十丈，西门至北门计一百八十丈，北门至东门计二百五十丈，周围合共八百六十丈，城墙内外俱用石砌成，城基底宽一丈六尺，入土深三尺，以资稳固。城面宽一丈二尺，高一丈五尺，城堞高三尺二寸，共高一丈八尺二寸。其四门城楼及看守兵房、出水洞，俱如式砌筑，以壮观瞻。于道光七年六月初十日兴工，迨九年八月二十日竣工，计费工料番镪银一十五万零。②

淡水厅石城工料银共计 147490.878 两，单位工程价格为：147490.878 ÷［860 ×（1.6 + 1.2）×1.5 ÷ 2］ ≈ 81.6671 两/立方丈。

不同类型单位工程价格比为土城：砖城：石城 ≈ 18.8029：91.5605：54.3273 ~ 81.6671。结合修筑竹城单位工程价格 0.9428 两/丈，可得出以下结论：在同等生产技术水平下，竹城成本最低、防御性能最弱，土城成本远远低于砖石城的成本，砖城与石城成本略有差别，石城性价比最高，但受石材供应限制。投入高，收益与保障必大。就不同材质的城墙坚固程度不同、筑砖城成本高，古人也有相关论述。"环植刺竹，编棘为篱，聊蔽内外而已"；③ 土城"台（湾）地彻底粉沙，筑之不坚，胶之不实"，"即使勉强堆筑，风雨一至，立见崩溃，将徒劳而罔功"。④ "易土城为砖城，此诚一劳永逸之计，无奈工费浩繁，措办非易。"⑤

---

① 《淡水厅筑城案卷》之《淡水同知造送工料细数银两清册》，《台湾文献丛刊》本，第 171 册，第 86 页。
② 《台湾采访册》之《淡防厅城》，《台湾文献丛刊》本，第 55 册，第 21 ~ 22 页。
③ 《凤山县采访册》丁部规制《城池》，《台湾文献丛刊》本，第 73 册，第 135 页。
④ （清）蓝鼎元：《东征集》卷 3《复制军论筑城书》，《台湾文献丛刊》本，第 12 册，第 27 ~ 28 页。
⑤ （明）孙传庭：《白谷集》卷 3《题覆华阴议修砖城疏》，文渊阁《四库全书》本，第 1296 册，第 288 页。

筑城者需要对筑城成本、军事需求、政治环境、经济条件、自然环境等综合考量，量入为出，方可建造适合自身条件的城池。因成本高，砖石城的普及只能是在经济较为发达的地区。唐敬宗时，鄂州土城易圮，当地财力不佳，以至修筑砖石城花费了 5 年的时间。至宋朝，筑城工期也十分漫长。宋哲宗元祐七年（1092），宿州欲夯土修筑外城 11 余宋里，"役兵及雇夫共五十七万有余工，每夫用七十省钱，召（招）募雇夫及物料，合用钱一万九千余贯，约五年毕工"。① 因土城不坚，砖城难继，该地官员忧虑"若待五年毕工，则东城未了，西城已坏。或更用砖，其费不赀"。② 至明朝，筑城耗费仍是一项重大负担。明毅宗崇祯十年（1637），繁昌县筑砖石城，工料银共计约 28059.3496 两，筹自该县地亩田赋、厂田正税、群田正课，以及官地、屋基、官沟、火巷、州厂等加价。③ 当时该县有地 206591 亩，以每亩该银 0.13 两为准，共筹银 26856.83 两，占 95.71%，也即凭借当年田赋，几乎可以支撑整个筑城经费。这与前代相比，有所进步。但全国的情况似乎并不乐观，明神宗万历三十七年（1609），工部署部事右侍郎刘元霖曾谈道："臣署部两年，适当铺商重困，兼之各工，并帑藏已穷。以大工待用数十万金，而十万边饷，八万修城，十余万为婚礼内供借发，至于今几欲炊而无米。"④ 工部两年内用于修城的费用为 8 万。据本文统计，明神宗万历三十五年至三十七年（1607~1609）3 年，全国境内共计修城 85 次，仅占明代筑城次数的 0.74%，且地方修城经费、物资与人力多来自于地方与民众自筹，"各省修河、筑城，名虽动官银，其实民自陪补甚多"。⑤ 据此大约可窥见明代筑城耗财之巨、民众负担之繁。清代以官员捐俸、民众捐助等作为筹措修城经费的主要方式。时人《筑城谣》，"城垣塌尽土没隍，盗贼夜上县君堂。县君闻之色仓黄，慨捐清俸筑城墙。三百青铜木尺五，三分雪花一板土。良吏分明特辛苦，恶役骚扰恶

---

① （宋）苏轼：《苏轼文集》卷 62《乞罢宿州修城状》，中华书局，1986，第 3 册，第 987 页。
② （宋）苏轼：《苏轼文集》卷 62《乞罢宿州修城状》，第 987 页。
③ 道光《繁昌县志书》卷 3，《中国方志丛书》本，第 177 页。
④ （明）何士晋：《工部厂库须知》卷 2《工部署部事右侍郎刘元霖题》，续修《四库全书》本，第 432 页。
⑤ （明）温纯：《温恭毅集》卷 26《与申瑶泉相国条议抚浙事宜》（二），文渊阁《四库全书》本，第 1288 册，第 728 页。

如虎。役衣裘，百姓愁，役食肉，百姓哭。筑城卫民民先死，盗贼仍在公门里"，透露出筑城花费大、百姓负担重等事实。[1]

结　语

中国古代聚落筑城数量众多。截至目前，中国境内已发现的史前城址已有108座，其中有石城47座。夏商周时期城址主要分布于内蒙古自治区、陕西省、黄河中下游以及长江上中下游地区。兴起于春秋时代的城市，在战国时代得到较充分的发展。魏晋南北朝时期，仅坞、垒、堡、壁、固等已超过3400座。唐五代时期境内城池有据可查者逾千座。据笔者初步统计，宋朝至少修筑了363座城市城池，其中有84座砖石城；修筑堡寨等共计1711座。辽金城池共计887座，其中有17座砖石城。居于西北一隅的夏政权也修筑了大量堡寨。元代至少修筑465座城池，分布于辖区内绝大多数的行省，其中有59座砖石城。明代至少修筑4514座城池，至少有1422座砖石城。

城池城墙从土城到砖石城演变是一个重要现象。先秦时期的城池遗存基本不存在砖石包砌的城墙。秦代秦城有砌砖现象，至三国，城墙砌筑砖石的现象增多。有据可查的隋唐至五代时期砖石城较魏晋时期增多，比重继续增加，但主要分布于南方地区。中国古代城墙由土城向砖城演变，宋辽金为重要的转变期。大批砖城的兴筑，对防城有重要作用。在消极防御的战略影响之下，修筑更加坚固的砖石城以发挥守城战之长，这也不能不说是一个战术上的优点。处在冷兵器与火器并用时代，城池防御体系得以继续存在且稳步发展，到明末清初时达到完善。此时期构筑的城池城墙多以砖石包砌，附属设施如敌台、战台、垛城、悬眼、牛马墙、濠外品坑、附城敌台更加完备，构成有层次的防御工事，加上运用火器，城池的防御性能大为加强。

据《台湾采访册》5座不同类型城池成本记载，经分析可知，在同等生产水平下，竹城成本远远低于土城、砖城和石城的成本。石城的性价比最高，但无疑受到相关石材生产地域分布限制。基于抵挡频仍的内外战争

---

① （清）钱九韶：《筑城谣》，张应昌编《清诗铎》卷8，中华书局，1960，第234页。

与冲突之需求，限于以防御为主的国策，宋明两朝尤其是明朝政府不得不修筑更多更加坚固的城池。宋朝经济强于前代，但支持较大规模筑城活动，似乎显得捉襟见肘。尽管明朝经济和财力强于宋朝，但因需修筑更多的城池，尤其是砖石城，这一优势亦被消弭。因此，筑城是古代中国国家与民众的沉重负担之一。在冷兵器时代，筑城确有必要，但要完整地评价筑城，又不能单纯从军事着眼，还需综合政治、经济、环境等因素，必是有利有弊的。

（作者：王茂华，河北大学宋史研究中心；姚建根，浙江师范大学江南文化研究中心）

清末民国上海水产市场的
演变特征与动力机制

伍振华

内容提要：1936 年上海鱼市场成立以前，批发销售的鱼行和零售的菜市、腌腊店、卖鱼店等支撑着上海繁荣的水产市场，通过地域空间选择的不断优化，总体上呈现出聚集分布态势。在空间选择过程中，鱼行基本延续传统的经营方式，但在空间分布上经历了"集中—分散—集中"的演变过程，其主要原因在于对水运交通的高依赖度，其中码头影响最大；近代化菜市在地域选择上表现为城区内部空间的充实和逐渐向西、向东北扩张，聚集的人口是其演变的首要动力因素，其次则受城市建设的影响；腌腊店和卖鱼店等水产零售商店的分布则与商业中心高度相关。

关键词：上海　水产市场　空间演变　动力机制

一　引言

上海滨海临江，水产品生产量巨大。20 世纪初，上海已跃升为全国第一大工商业城市，城市建设和人口规模也随之快速发展，加之上海素有食鱼习俗，水产品消费量日趋增大；而其海内外经济辐射力的增强，更使得上海成为全国最大的水产品集散中心。1904 年，张謇主张发展中国的新式捕捞渔业，并收购了德国人的一艘拖网渔轮，定名为"福海"。他在上海吴淞成立"江浙渔业公司"，开创了上海的机轮海洋捕捞渔业，随之而来的是水产市场供应量的加大和水产市场结构的变化。1906 年，中国还首次以渔业为主要内容参加于意大利米兰举办的国际博览会。① 在水产品消费量剧增和渔业现代化的大背景下，20世纪初期的上海水产市场已颇具规模。

20世纪90年代，学界相继出现了与上海水产渔业相关的研究成果，② 这些成果对上海水产史实进行了较为详实的记载，为上海水产业发展状况的专题研究提供了基础史料。上海水产市场的相关研究则散见于渔业经济史、城市社会生活史、零售商业史等领域。③ 但总体来说，上海水产业相关研究十分薄弱，更缺乏对上海水产市场的细致考察。近年来，近代上海城市空间研究继续向深层次发展，运用历史地理学的时空变迁理论和数据库GIS方法即是其有益的探索。基于以上已有的学术基础，本文主要利用方志、调查统计资料、报刊文集及部分档案资料，对1900~1935年水产市场在上海城市中的发展与空间演变过程进行初步的解释性研究。

本文的"水产"为海水和淡水中出产的经济动植物的总称，主要指鱼、虾、蟹、贝四种动物水产品及其加工品，也包括海带、海苔等水产植物及其加工品。"市场"包括市场贸易行为和商品的交换场所。

二 清末民国上海的水产市场

（一）上海水产市场的要素构成

上海水产品通过各级水产交易场所最终成为市民的消费品，因此，上海水产市场随着时间演进呈现的空间演变过程主要以水产品交易场所（狭义的水产市场）为载体。为了便于从空间维度对水产品交易场所进行细致考量，基于研究资料以及当时的实际状况，根据水产品交易方式及交易场

---

① 顾惠庭主编《上海渔业志》，上海社会科学院出版社，1998，第546页。
② 主要包括上海市水产供销史编纂委员会编《上海市水产供销史》，上海市水产供销公司，1991；顾惠庭主编《上海渔业志》；黄振世：《旧上海的鱼市》，上海市政协文史资料委员会编《上海文史资料存稿汇编》第6卷，上海古籍出版社，2001。
③ 相关研究著作参见尹玲玲《明清长江中下游渔业经济研究》，齐鲁书社，2004；唐艳香、褚晓琦：《近代上海饭店与菜场》，上海辞书出版社，2008。另外，研究论文参见李勇《近代苏南渔业发展与渔民生活》，苏州大学博士学位论文，2007。吴敏：《民国时期江苏沿海地区海洋渔业研究》，南京农业大学硕士学位论文，2008。

所规模、水产市场的发育程度和在水产贸易中所占份额等，笔者将作为水产品交换场所的市场分为三级，一级市场为大型的、专业的水产批发交易场所，在 1936 年上海鱼市场成立前，该级市场在上海是缺失的；二级市场介于一级和三级之间，最显著的特点即具有居间性质，在 1900～1935 年表现为鱼行，分冰鲜业、咸鱼业、淡水渔业、海味业四种，这四类鱼行属于水产中间商，均系水产品批发交易的场所；三级市场，即水产消费者直接购买水产的市场，这类直接面对消费者的水产经营实体是最低级的市场组织形式，主要表现为菜市、卖鱼店和腌腊店。菜市是鱼贩贩卖各类水产品的交易场所；卖鱼店主要经营淡水产品；腌腊店则主要经营咸干类水产品。由它们组成的水产市场之空间演变状况有别，并不同程度地影响了整个上海水产市场的内部构架。

（二）鱼行的创始及其经营方式

尽管牙行在中国已有 2000 年左右的历史，但属牙行性质的上海鱼行的历史却是比较短的。清康熙六年（1667），青村人王福"于海沙中拾鳇鱼数尾，投于新场（今浦东新区西南部）吴寿家鱼行"。[1] 这可能是上海地区出现鱼行的最早记录，故约 17 世纪中叶，上海地区才出现鱼行。在此之前，渔民捕到的河鱼就在沿黄浦江一带直接出售给鱼贩或居民。鱼行产生后，渔民或运销商运来的水产品需要委托鱼行代销。

鱼行最初的形式是露天设摊，代为过称鱼货，被称为"称主任"，[2] 此举便利了买卖双方，因此逐渐发展为鱼行。那时的鱼行可能还没有淡水、海水之分，但已经具有了中间商的性质。到清同治年间，鱼行逐渐发展起来，1823 年 6 月，瞿小仓创设瞿长顺鱼行，是为淡水鱼行（俗称河鱼行或鲜鱼行）之创始。[3] 1844 年，海水鱼行兴号仁记开业，[4] 海水鱼行和淡水鱼行从此开始分开。海水鱼行（也称冰鲜鱼行或海鲜鱼行）大多专营渔轮和渔民、运销商（鱼客）来来的海水冰鲜鱼以及各地到沪的冰鲜桶件鱼

① 曾羽王：《乙酉笔记》（旧抄本），《清代日记汇抄》，上海人民出版社，1982，第 4 页。
② 黄振世：《旧上海的鱼市》，第 215 页。
③ 顾惠庭主编《上海渔业志》，第 217 页。黄振世在《旧上海的鱼市》中误言上海鱼行系镇海人武庆宝于清同治年间（1862～1875）创始。
④ 顾惠庭主编《上海渔业志》，第 9 页。

货，也有兼营腌腊、蔬菜的。咸干鱼行（俗称咸鱼行）以经营咸干鱼为主要业务，有的名义上经营咸干鱼，实际上兼营冰鲜鱼，也有兼营腌腊、蔬菜的，往往与海水鱼行混淆不清。兼营冰鲜鱼的咸干鱼行以经营国外进口的咸干鱼为主，专营咸干鱼者基本上以经营国产的咸干鱼为主。① 狭义的鱼行即指淡水、海水、咸干鱼行三类。

淡水鱼行和海水鱼行大部分代客买卖，在渔民、运销商与鱼贩之间作居间媒介，从中收取佣金和其他费用。咸干鱼行则多自购自销。② 渔民如向鱼行借贷，贷款不收利息，但必须到借贷的鱼行委托代销，这种交易方式称为"对卖"，即渔民将渔获物一次性全部交给鱼行，由鱼行进行零售。"对卖"是上海水产经济发展和水产业分工不断深化的产物，提高了水产交易的效率。

海味行是广义鱼行的一种，始于清乾隆年间（1736～1796），原为设在小东门一带专营收购棉花的花号。后来有人运来鱼翅、海参等委托其代销，遂将花号改成字号，海味行开始萌芽。"代销"也成为海味行最初的经营方式。1843 年上海开埠后，浙江宁波海水渔业者竞相来沪设行。至1845 年前后，洋货大量输入，海味行初具规模。19 世纪 40 年代起，英商来沪时随行带来了大批海货售给字号，字号改名为海味行或号，较早的海味商号是 1855 年开业的福裕南海味洋货号。③ 海味行也习称海味店，主要经营各种海味杂货，他们以采购和批发为主，一般统一向产地商帮开设的"号"家进货，"号"家都要将来货兜售给"行"家。这样，"行"家就依靠这种同产地和来货"号"家的固定联系不断地取得货源。④

上海的水产品贸易量巨大，据 20 世纪 30 年代的统计，上海经销的鱼类等水产品约占全国水产品销售量的 1/3。1933～1936 年，上海平均每年进口约 6 万吨的水产品。⑤ 然而，直到 1935 年，"鱼行（或鱼市）的设备和交易方法依然按照百年以前的成规"，⑥ 可见，上海的水产品交易仍依靠

---

① 上海市水产供销史编纂委员会编《上海市水产供销史》，第 32 页。
② 顾惠庭主编《上海渔业志》，第 217 页。
③ 顾惠庭主编《上海渔业志》，第 217 页。
④ 潘君祥：《近代上海牙行的产生、发展和演变》，《中国经济史研究》1993 年第 1 期，第 95 页。
⑤ 上海市水产供销史编纂委员会编《上海市水产供销史》，第 145 页
⑥ 严慎予：《一个集体营业的实验》，《水产月刊》第 4 卷第 5 期，1935，第 1 页。

传统的鱼行，他们的经营方式也基本处于延续状态，销售链条也相对固定，没有实现突破，此时的传统鱼行大多是分散的小规模经营，但在市场结构中仍为最重要的中间商。

（三）近代化菜市的设置

近代的菜市场是鱼贩贩卖各种水产品的交易场所，它是随着上海开埠逐渐发展而来的，最初产生于 1864 年的法租界，当时即有鱼贩。[①] 而后，鱼贩开始于北京路、福建路至浙江路一带设摊，与肉、禽、蛋、蔬菜等摊贩形成了副食品菜市场，成为固定的营业场所，但产生之初因人口较少，消费市场较小，几经波折。到清光绪二十六年（1900）前后，上海人口迅速增加，在人口较密集的地区逐步建立起室内菜市场（三角地、铁马路、福州路、陕西北路等菜市场），以及宁海东路、菜市街等地的马路菜市场。[②] 菜市场内鱼贩的产生对水产市场的供应、流通和消费影响甚大。1910 年，菜市"华界及租界俱有之，以九江路蓬路及小东门附近为最繁盛"，包括西门外、南门外水神阁、宝山路、旧江桥、九江路、天津路、蓬路、爱而近路、提篮桥、爱文义、马霍路、八仙桥等菜市。[③] 从地理空间上看，菜市场分布分散；从经济空间上看，英租界、美租界和法租界各有一个繁盛中心，它们分别以九江路菜市、蓬路菜市和小东门附近菜市为中心。

三　鱼行的空间演变过程："集中—分散—集中"

鱼行是水产批发交易的场所，20 世纪初，属于相对成熟的二级水产市场，在类别上分为海水、淡水、咸干鱼行和海味行四类。除海味行外，前三类鱼行的地点分布信息表现为片段性和模糊性。另外，鱼行的空间演变有其自身的特殊性，反映了上海水产市场重心的变化过程与一级水产市场（如 1936 年成立的上海鱼市场）的空间选择紧密相关，故笔者将鱼行从水产市场中析出，梳理其空间演变过程。

---

① 梅朋、傅立德：《上海法租界史》，倪静兰译，上海译文出版社，1983，第 365 页。
② 上海市水产供销史编纂委员会编《上海市水产供销史》，第 47 页；顾惠庭主编《上海渔业志》，第 218 页。
③ 商务印书馆编译所编纂《上海指南》，商务印书馆，1910，第 8 页。

（一）初期分布的集中态势

海味行自乾隆始，主要由福建客商在十六铺一带经营，同治初年海禁开放后，海味杂货贸易十分兴盛，据载，单就鱼翅一项，年销达两万斤之多。[①] 淡水鱼行最初是以摊的形式在南市关桥码头一带出现的，[②] 并在清末逐渐发展起来。后来发展成鱼行时，集中于小东门大街（因系鱼行发源地，曾俗称鱼行街），即今方浜东路十六铺[③]一段。光绪年间设渔业敦和公所时，已有鱼行大都在十六铺，并设有专用码头。[④] 包括奉昌行、公顺行、源通行、鸿昌行、源裕行、丰号和源利行在内的冰鲜鱼行业"前七行"也都分布在小东门一带，而徐炳生、忻友生、李廷深还被称为"小东门三生"。故20世纪初期，上海鱼行集中分布于十六铺一带，尤其是小东门大街。

（二）分散发展但中心不变

民国始，新闸的姚顺泰、顺兴，火车站的邱合记、顺昌、周永泰，南市仓桥的盛永华、沈协顺，九江路的裕泰、永盛、振兴、元盛等先后设立，鱼行出现分散发展趋势。[⑤] 不过，两家上海最大的鲜鱼行（瞿长顺和同盛昌）仍然位于小东门城外大街东段（十六铺一带），鉴于其几乎垄断全市渔业的地位，可以说鱼行中心仍然位于十六铺一带。

（三）集中分布但中心扩大

1930～1935年，上海县城"商务以城外之十六铺为总汇。有一部分大资本的营业，如钱庄、鱼行、生果行、菜行、杂粮行、海味行、糖行之类。自十六铺至民国路一带皆大营业"。[⑥] 此时的鱼行主要开设在法租界十

---

① 居正修：《十六铺话旧》，政协上海市南市区委员会文史委员会编印《南市文史资料选辑》第1辑，1991，第131页。
② 上海市水产供销史编纂委员会编《上海市水产供销史》，第32页。
③ "铺"是地区的名称，清道光年间将城厢内外划分为二十四铺：其中城东南为十五铺、十九铺，西南为二十铺，西北为八铺，城北为十二铺，东北为四铺，二十铺等在城内，城东宝带门（后称小东门）外为十六铺，此为地理意义上的"十六铺"。人们习称的"十六铺"则包括复兴东路以北，中华路以东和方浜东路、阳朔路一带。
④ 居正修：《十六铺话旧》，《南市文史资料选辑》第1辑，1991，第132页。
⑤ 屈若搴：《上海冰鲜鱼行之现状》，《水产月刊》第1卷第1期，1934，第10页。
⑥ 上海信托股份有限公司编辑部编印《上海风土杂记》，1933，第4页。

六铺、小东门及新开河一带，即便在鱼市不景气的状态下，其仍然是上海水产市场的集散贸易中心。①

表1 1935年兼卖咸肉之咸干鱼行表

行名	地址	行名	地址	行名	地址
介顺	会馆弄	洽记	新码头	乾昶	老白渡
德源	十六铺	衡祥	关桥	久大	老白渡
延康	十六铺	衡吉	万裕码头	久和	老白渡
恒顺	十六铺	元记	王家码头	正大	永盛码头
大同	大码头	纯记	王家码头	震徐	永盛码头
衡源	大码头	公记	王家码头	一大	万裕码头
同和	大码头	南源昌	王家码头	同顺	董家渡
合顺	大码头	豫丰	公义码头	慎泰	毛家巷
德大	大码头	镇记	公义码头	实丰	关桥
萃丰	毛家弄	慎昶	公义码头		

资料来源：《水产月刊》第1卷第7期，1935，第30页。

1935年，加入同业公会的23家冰鲜鱼行都位于十六铺，② 14家河鲜鱼行中，有8家位于十六铺，3家位于二马路，2家位于新闸，1家位于裕兴街。③ 咸干鱼行则主要分布于北起十六铺南至关桥（今复兴东路至董家渡路之间）一带（详见表1）。至1935年底，鱼市的范围为：南至东门路铁栅栏，北至舟山路（今龙潭路），东至招商局码头（今十六铺客运站），西至民国路（今人民路）交界处。④ 也就是说，1936年上海鱼市场成立前，鱼行仍集中分布于小东门大街十六铺及其以南的码头一带。

四 水产市场的空间演变特征

（一）水产市场要素空间数据库的构建

鉴于上海水产市场的资料和空间演变细致分析之需要，笔者制作了

---

① 王德发：《上海市渔业经济概况》，张妍、孙燕京主编《民国史料丛刊》，大象出版社，2009，第556页；《民国上海年鉴汇编》第3册，上海书店出版社，2013，第160页。
② 屈若搴：《上海冰鲜鱼行之现状》，《水产月刊》第1卷第1期，1934，第10页。
③ 屈若搴：《上海市河鲜鱼行概况》，《水产月刊》第1卷第6期，1934，第5~6页。
④ 顾惠庭主编《上海渔业志》，第251页。

41

1914～1930 年上海水产市场空间分布的数据库，并根据逐年变化情况，选取 1914 年、1916 年、1922 年、1926 年、1930 年五个年份，分析上海水产市场在这一阶段的空间演变。数据库的地理信息资料主要来源于《上海市水产供销史》《上海指南》，对这些地理信息的定位处理主要借助《老上海百业指南——道路机构厂商住宅分布图》《上海历史地图集》等地图材料，以及《上海市地名志》《上海市黄浦区地名志》《上海市闸北区地名志》《上海市虹口区地名志》《上海市卢湾区地名志》《杨浦区地名志》《静安区地名志》《上海市路名大全》等方志材料。需要说明的是，由于资料所限，部分地点进行了模糊化处理，如安纳金路菜市因没有更多的地理信息而将之定位于安纳金路（今东台路）中间位置。

（二）1914～1930 年主要水产市场空间演变特征的实证分析

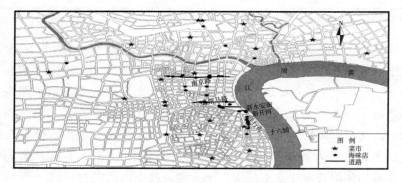

图1　1914 年上海水产市场分布图①

1914 年，上海城区至少已有 42 家海味店、18 个菜市，图 1 即是这些海味店和菜市在上海城区的分布情况，海味店集中分布于当时的洋行街（十六铺一带），另外，南京路、公馆马路、新永安街和新开河街道也有不少海味店。在地域范围上，绝大多数海味店位于原法租界和英租界地区。当时，南京路已经成为繁华的商业街，作为人口聚集区和商贸中心的地位使得南京路海味店林立。洋行街和新开河两个海味店集中地除了商贸的繁荣外，便利的

① 该图的底图摘自《上海 1932：城市记忆老地图》，学苑出版社，2005。考虑到地名变更的因素和便于分析的需要，1932 年以前的水产市场分布图皆以此为底图。

码头交通也是影响其大量分布的重要因素。菜市则主要分散于人口聚集区，从较大范围上来说，上海中心城区、黄浦、静安、卢湾和南市等区域是当时的人口聚集区，人口密度大的街道也主要是租界街道、原上海县城厢及与其邻接的街道。①

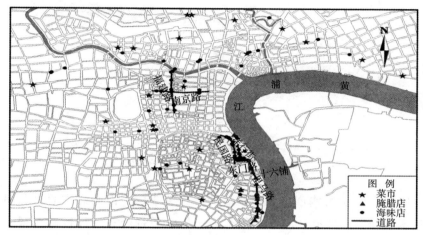

图2　1916年上海水产市场分布图

图2是1916年上海水产市场的分布图，此时的海味店猛增至82家，约1/3集中分布在洋行街、民国路东段（今人民路），另外，南京路、福建路也形成了"十"字形次中心，公共租界的其他地区、南市亦有较多的海味店，闸北库伦路也出现了海味店。菜市已增加到26个，但菜市中心仍然主要分布于九江路、蓬路和小东门附近。腌腊店也经营咸干类水产品，数量虽不多，但亦为不可忽视的水产交易市场。从图2可以看出，1916年腌腊店十分集中地分布于里马路（今中山南路）上，民国时期，上海市场供应的咸干鱼类主要来自外地和国外进口，②浙江宁波的腌腊制品在上海销路甚旺。③里马路靠近南市码头，外地和国外进口的咸干鱼类通过内河和海洋运输在码头卸货，加之里马路是1897年南市马路工程局修筑的第一

① 程潞主编《上海市经济地理》，新华出版社，1988，第17页。
② 顾惠庭主编《上海渔业志》，第160页。
③ 上海市水产供销史编纂委员会编《上海市水产供销史》，第179页。

条现代马路，筑成后即成为腌腊等众多土特产品的云集之地，① 故该地成为腌腊店的集中分布地。

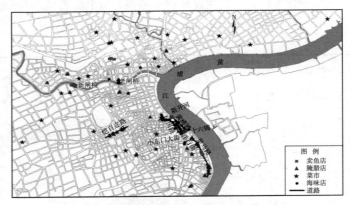

图3 1922年上海水产市场分布图

1922年，上海水产市场明显活跃，在图3中，海味店在总的数量上基本未变，但呈现出愈加集中化态势，集中平行分布于民国路东段、洋行街和黄浦滩，由此可见，海味店越来越依赖集聚效应和便利的水路交通。随着人口聚集区的增多，菜市增至31个，在分布区域上西扩至安南路（今安义路）。腌腊店除集中分布于里马路外，又表现出了新的特征，恺自迩路（今金陵中路）和老闸桥（今福建路桥）亦出现较多腌腊店，城区其他地方也零散有一些腌腊店，反映了咸干类水产品市场的繁荣。当年亦有不少卖鱼店繁荣了水产品市场，这些以贩卖淡水鱼为主的卖鱼店主要分布于小东门大街、新闸桥（今乌镇路桥）和新开河，与其他水产品交易场所相较而言，卖鱼店分布地十分集中，这与淡水鲜鱼不易运输和保鲜关系颇大。

与1922年上海水产市场的空间分布相比，1926年出现了很大变化。首先表现为海味店出现高度集中化趋势，除原集中分布的民国路东段和洋行街外，其他地区的海味店几乎消失殆尽。其次，菜市稳步增长至37个，而增加的菜市全部位于美租界和闸北地区，美租界的菜市向东北扩至松潘路口，闸北菜市

---

① 施海根、金迎珠：《南市第一条马路的变迁》，《南市文史资料选辑》第5辑，1993，第132~133页。

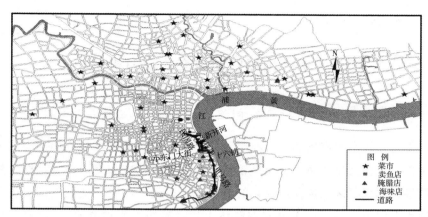

图4　1926年上海水产市场分布图

密度明显增大，这与当时工业人口的增长关系密切。最后，腌腊店和卖鱼店作为水产零售商店则出现了两个趋势：一是聚集化；二是市场萎缩。图4中，腌腊店的分布范围缩至里马路一带，卖鱼店则仅幸存于小东门大街和新开河区域。

　　城市人口聚集区在沪西部和东北一带不断扩展的情况下，菜市在空间分布上表现为充实和扩张，水产批发市场和水产零售商店则表现为萎缩和聚集化，反映了水产市场内部空间结构的调整。

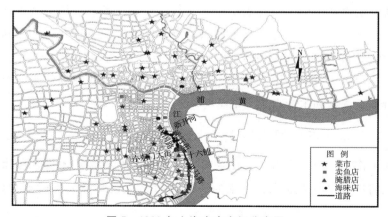

图5　1930年上海水产市场分布图

　　从图5和图4的比较中可以看出，1930年上海水产市场在数量和分布上变化不大，即20世纪20年代后期开始，上海水产市场在分布规律上表现出了延续性和稳定性。

五 水产市场空间演变的动力机制

（一）二级水产市场在空间选择上依赖水运交通

作为二级水产市场的鱼行经历了一个从集中到分散再到集中的空间演变过程，鱼行区位选择的变化是较高级市场聚集效应和交通条件共同作用的结果，体现了区位选择最优化的过程。小东门外的十六铺是上海一个重要的水上门户，历来是上海农副鲜活土特产品的重要集散地。[1] 随着舟中互市的发展，十六铺鱼市逐渐分散到了吴淞、杨树浦。[2] 但由于十六铺一带地理位置优越，水运便利，小商品集聚，鱼行在经历了一个选择的过程后，又集中分布于十六铺一带。

渔输所售之渔获物是鱼行代售的水产品之重要来源，但上海各渔输因无渔输码头，渔输停泊必须带浮筒。渔输浮筒在南市关桥江面由专门的河筒管理处向海关包定，作为渔输专用浮筒。"渔输用冰，亦以无码头关系，须用船装载运搬。"[3] 而鱼行尤其是贸易量巨大的冰鲜鱼行，大都设有专用码头，足见鱼行对水运码头交通的依赖度之大。

从一定程度上说，鱼行依靠传统的经营方式，通过市场地域空间选择的不断优化，支撑了 20 世纪初上海水产消费市场的繁荣。不过，小东门大街十六铺一带属于繁盛热闹的市街，空间狭小，设备简陋，亦无仓库；[4] 鱼行日益增多，空间结构上分布却日益高度集中，这些都催使水产批发交易场所重新选址和水产市场内部结构调整。

（二）菜市在空间选择上的人口聚集导向

菜市作为三级水产市场，在空间选择上与鱼行有很大不同，菜市需以方便人们日常生活为前提，聚集的人口成为菜市选址最关键的动力因素，

---

① 《南市今昔》，《南市文史资料选辑》第 1 辑，1991，第 3 页。
② 居正修：《十六铺话旧》，《南市文史资料选辑》第 1 辑，1991，第 132 页。
③ 《上海之渔输业》（调查），《水产月刊》第 1 卷第 2 期，1934，第 6~7 页。
④ 耘圃：《关于筹设上海鱼市场之管见》，《水产月刊》第 1 卷第 3 期，1934，第 2 页。

因此，菜市的地域选择表现为与人口聚集区的高度相关，而菜市场一旦建立，短时间内单个菜市的位置基本不会变化。1910~1930年，上海人口由100万增至300万，增长的人口大部分与当时上海工业的快速发展有关。上海此时未能像同期的欧美大城市一样走上郊区化的发展路径，而是不断向内集中，工业区边缘成为人口逐渐密集的地方。[1] 上海的工商结构和居住特质使得租界繁华区域逐渐向西、向东北延伸，人口聚集区也随之扩展，加之城市建设的影响，菜市的空间范围亦向人口聚集区扩展。这与人口数量、城市基础设施建设和传统商业的发展程度有关。近代化菜市在空间选择上看似分散于上海城区，实则为鱼贩的集中零售提供场所，并不断向人口聚集区扩展；在地域上表现为城区内部空间的充实和逐渐向西、向东北扩张。

（三）水产零售商店在空间选择上的商业中心倾向

腌腊店和卖鱼店属于三级水产市场，具有零售商店的性质，集中分布于里马路沿黄浦江一带和小东门大街。1922年左右，虽然分布的地域范围较大，但中心仍分别为里马路和小东门大街，这两条街道都是零售商业活动中心。腌腊店和卖鱼店各自在空间选择上也呈聚集态势，这反映了它们作为零售商店在空间选择上还倾向于形成自己的小商业中心。可见，商业中心是腌腊店和卖鱼店空间选择的主要动力原因。

（四）水产市场聚集效应

古谚云："店多成市。"在商业经营中，同一门类的商铺，往往集中在一个地段。水产品尤其是鲜活水产品更具有聚集经营的内在要求。保罗·克鲁格曼在《地理和贸易》中亦说："经济活动中最突出的地理特征是什么？一个简短的回答肯定是集中。"[2] 随着城镇行业分工的不断精细化，"集中"彰显了收益递增的普遍影响。无论水产批发市场还是水产零售商店，其空间选择上的动力因素都突出表现为中心聚集。

---

[1] 章英华：《清代以后上海市区的发展与民国初年上海的区位结构》，中国海洋发展史论文集编辑委员会编《中国海洋发展史论文集》第1辑，台北中研院中山人文社会科学研究所，1984，第216页。

[2] 保罗·克鲁格曼：《地理和贸易》，张兆杰译，北京大学出版社，2000，第5页。

　　水产品经营是与人们生活密切相关的消费指向性商业，但其市场结构内部要素的空间分布及其演变有其自身的特点。笔者通过对1900～1935年上海水产市场空间演变的细致分析，认为水产市场各要素在空间选择上追求聚集效应，不过，影响单个水产市场要素空间演变的主要因素有别，要分而论之：上海水产批发市场对水运交通依赖度大，尤其是码头交通；菜市则主要因之于聚集的人口，并受城市建设的影响；腌腊店和卖鱼店等水产零售商店与商业中心高度相关。上海水产市场的空间演变研究，还有待向时间维度延伸，从空间维度深入分析其与其他经济、社会要素的联系。

（作者：伍振华，复旦大学历史地理研究中心）

铁路运输与近代上海转运业的盛衰[*]

高红霞　尹　茜

内容提要： 近代上海转运业是以专门代理客商办理铁路货物运输手续为主要业务的行业，它与 19 世纪后期发展起来的上海报关业一起，都为当时货物进出上海口岸提供了必需的服务。学术界对于近代上海转运业及转运公司的研究不多，只在相关的铁路发展史研究中有所提及，文史资料及地方志中有些描述性文字。本文主要利用民国档案和报刊，辅之以文史资料等，对近代上海转运业与铁路运输的关系做了考察梳理，分析了转运业因铁路运输的出现而兴盛，又随着铁路运输的规范化管理而陷入困境的原因。

关键词： 近代上海　转运业　转运公司　铁路运输

一　对近代上海转运业问题的研究

近代意义上的转运业是伴随着铁路的传入而逐渐兴起的。它主要由一系列转运公司组成，转运公司是一个介于铁路运输部门与需要运货的商号之间的环节，它们专门替客商承揽货物，并代之向铁路报运，办理一切运输事宜。简言之，转运公司就是客商的货物报运代理人，是铁路与客商交易的媒介和中间人。转运公司一般没有运输工具，只代客办理委托铁路运送货物的各项手续，帮忙装卸货物，代办保险并缴纳捐税，

---

　　* 本文为教育部人文社科研究项目"近代上海地域商帮比较研究"（项目编号：11YJA770007）的阶段性成果之一。

其中，规模较大的转运公司还兼营押汇、仓储等业务。转运业主要的服务对象为外地来沪采购货物的商人、客庄及本地进出口贸易商行。它与19世纪后期发展起来的报关业，一陆一水，都为当时货物进出上海口岸提供必需的运输服务。这二者与航运业、堆栈业等相关行业一起形成了一个较为完整的交通运输服务链，对于上海的埠际贸易和进出口贸易有着不可小觑的作用。对于这样一个行业的考察和研究，可以成为我们研究近代上海商业贸易经济发展的切入点。

转运业的相关研究，最早可追溯到民国时期。金士宣于1932年出版了《铁路运输业务》[①] 一书，该书以一章的篇幅对转运公司的组织与营业状况做了详细描述，考察了转运公司的性质、起源、组织、营业、收入以及弊害等问题。该书的研究对本文有着重要参考价值。同时，民国时期的一些报刊，如《京沪沪杭甬铁路日刊》《商业月报》《商业杂志》《社会月刊（上海）》等，有不少关于转运业及转运公司的调查数据，并且详细介绍了转运业当时的状况、同业公会规章制度、转运手续以及转运业工人罢工等。近年来，学术界对于上海地区以外的转运业与铁路沿线城市发展关系的研究已有一些成果，如江沛、熊亚平、[②] 王先明、[③] 马义平[④]等学者从华北地区铁路的兴起与沿线城市发展的关系来探讨城市转运业在其中的作用。张俊杰主编的《上海商业（1949～1989）》[⑤] 着重叙述了1949～1989年上海商业发展的概况和特点，对于商业运输业的前身，即报关运输和转运两业的发展概况进行了简要叙述。冯筱才的《罢市与抵货运动中的江浙商人：以"五四"、"五卅"为中心》[⑥] 一文在论述商人在民国初年的民族主义运动中的表现时述及转运业商人。而关于上海转运业的专门研究几乎

---

① 金士宣：《铁路运输业务》，大公报馆出版部，1932。

② 江沛、熊亚平：《铁路与石家庄城市的崛起：1905～1937》，《近代史研究》2005年第3期，第179页。

③ 王先明、熊亚平：《铁路与华北内陆新兴市镇的发展（1905～1937）》，《中国经济史研究》2006年第3期，第157页。

④ 马义平：《近代铁路与河南城乡结构变动述论——以1906～1937年的豫北地区为中心》，《经济研究导刊》2011年第32期，总第142期，第292页。

⑤ 张俊杰主编《上海商业（1949～1989）》，上海科学技术文献出版社，1992，第493页。

⑥ 冯筱才：《罢市与抵货运动中的江浙商人：以"五四"、"五卅"为中心》，《近代史研究》2003年第1期，第132页。

没有。一些文史资料及地方志稍有提及，① 或是在研究报关业中提及转运行业。潘君祥的《近代上海牙行的产生、发展和演变》一文分析了牙行在近代上海商业流通领域的居间中介作用，② 可以作为本文的参考。中国铁路发展史的诸多研究也是本文的重要参考，尤其是肯德的《中国铁路发展史》，③金士宣、徐文述的《中国铁路发展史（1876～1949）》，④王晓华、李占才的《艰难延伸的民国铁路》，⑤宓汝成的《中华民国铁路史资料（1912～1949）》⑥ 等书，其中关于民国时期铁路路务整顿及铁路运输业务发展的研究对本文有重要参考作用。

二 上海转运业的缘起与规模布局

1908 年和 1909 年沪宁、沪杭铁路相继竣工通车，沪宁铁路由上海北站至南京江边，沪杭铁路自上海南站，经松江、嘉兴、杭州闸口。这两条铁路干线连通江浙，进而与全国铁路网相连，大大加强了上海与各地的联系。沪宁铁路建成后，便成为全国最繁忙的线路之一，其载客量与装货吨数一直保持着较大增幅，而沪杭线的载客人数和货物运量虽较沪宁铁路小得多，但也一直是稳步上升的。

当时的铁路货物运输，并非是客商直接向铁路报装运输，而是多由转运公司代为报运。当时新交通方式从欧美传入，虽给南北货运带来极大便利，但铁路运输业务不太完善。一是运货章程中规定的运费先付、不代垫款、关税厘捐等，皆由客商自理，货物损失一般不予赔偿，使得客商的利

---

① 相关史料有洛阳市交通志编纂委员会编《洛阳市交通志》,河南人民出版社, 1986; 政协九江市文史资料委员会编印《九江文史资料选辑》第 4 辑, 1988; 政协湖北省宜昌市文史资料委员会编印《宜昌市文史资料》第 9 辑, 1990; 丹阳市地方志编纂委员会编《丹阳县志》,江苏人民出版社, 1992; 南京市地方志编纂委员会编《南京交通志》,海天出版社, 1994; 政协石家庄文史资料委员会编《石家庄城市发展史》,中国对外翻译出版公司, 1999 等。

② 潘君祥:《近代上海牙行的产生、发展和演变》,《中国经济史研究》1993 年第 1 期, 第 93 页。

③ 〔英〕肯德:《中国铁路发展史》,李抱宏等译, 三联书店, 1958。

④ 金士宣、徐文述:《中国铁路发展史 (1876～1949)》,中国铁道出版社, 1986。

⑤ 王晓华、李占才:《艰难延伸的民国铁路》,河南人民出版社, 1993。

⑥ 宓汝成:《中华民国铁路史资料 (1912～1949)》,社会科学文献出版社, 2002。

益无法得到保障。二是当时铁路所达之处毕竟不多，且各自成段，不相连接，倘若货物的目的地不通铁路，则货物只能运至该条铁路的终点后，再改由别路装运，或另改水道装运，而这些转运手续只能由客商自理，铁路方面概不负责，故对于客商来说仍有诸多不便。"时有苏州钱业巨子洪君少圃，目击此弊，思欲弥此缺憾，因参考欧美捷运公司之制，师其成法，遂起组织转运事业之动机。"① 1908年沪宁铁路通车后，洪少圃率先成立了大通转运银洋公司，② 此即中国转运业之滥觞。该公司与铁路局订有专利合同，所有沪宁各地钱庄往来银洋，均归其转运，故其业务发达。③

转运公司的业务，主要是协助客商完成货物运输，由于各转运公司的规模不同、设备有别，其所能承担的业务也有所差异。就整个行业而言，转运公司的业务主要可细分为以下六种：（1）代客转运、照料、装卸货物，办理各种手续并代垫运费，此为转运公司最重要的业务；（2）代客向海关或税局缴纳捐税；（3）如客商需要，转运公司可代客办理各种保险，并收取若干佣金；（4）办理押汇业务，转运公司派人看货后，即可按照市价的几折给客商现款，待客商将本息还清之后，再向转运公司领取货物；（5）自设旅馆，给外来客商提供食宿而稍取费用；（6）自备货栈，如火车站货栈不够用时，客商可将货物存入转运公司的货栈。前三种业务，一般转运公司皆可办理，而后三种业务，因需要另设旅馆、货栈等，且办理押汇也要有足够的资金，则非资本雄厚、规模较大之转运公司所不能。京沪、沪杭甬两路，主要为客运线，货运量远不如津浦、北宁、平汉等路，故转运公司之规模，也不如以上诸路之转运公司庞大。④ 因此，京沪、沪杭甬两路之转运公司，相对于津浦等路而言规模均较小，主要办理前三种业务，间或有少数公司也办理押汇业务，而提供食宿及货栈者则罕见之。

转运公司代客商运货，其便利有五：（1）中国铁路初设时，各项手续表格文字多采用英文，一般客商根本无法看懂，而转运公司人员对其十分熟悉，办理手续较为便利；（2）中国铁路因设备不完善，对于运输的货物

① 《上海之转运业》，《社会月刊》第1卷第12号，1929。
② 《江苏之转运业》，《京沪沪杭甬铁路日刊》1933年6月19日，第698号。
③ 《上海之转运业》，《社会月刊》第1卷第12号，1929。
④ 王叔龙：《我国铁路转运公司问题》，《交大季刊》第3期，1930，第52页。

不负责任，货物安全得不到保障，而转运公司运货时一般派人押车，客商则放心将货物交其运输；（3）客商对于铁路运货程序不谙熟，且办理手续耗费时间，普通客商多嫌麻烦，不愿亲自办理；（4）货物进出口各地均要纳税，而铁路并不负责纳税，故客商多托转运公司代为缴纳；（5）转运公司为了增加营业，派揽货员四处招徕货物，并提供种种便利，而铁路则无法做到。由于上述原因，转运公司颇受客商欢迎。1908 年津浦铁路开始分段修筑，至 1911 年底全线通车后，转运公司遂风起云涌。由于当时货多车少，转运公司业务供不应求，营业获利殊丰。

1909 年沪杭铁路全线通车后，上海转运业业务范围扩大。① 至 1911 年，转运业在上海火车北站、南站各设有一个转运公会，共有会员 50 余家，其中北站会员 30 余家，经营沪宁线运输事宜；南站会员 20 余家，经营沪杭线运输业务。沪宁线转运公司中，与铁路订有正式合约并缴纳保证金 5000 两的公司有汇通、悦来、清记、中华捷运等公司；与沪杭线订有契约的有慎大、公益等公司。② 1916 年，南北两站公会合并为一个转运公会。

北洋政府时期，时局动荡，内战频繁，铁路时断，再加上军阀跋扈，苛税重敛，货运受时局影响，颇为清淡。但上海以其所处的重要地理位置、特殊经济地位及其对全国各地区巨大的影响力，工业、金融、交通及内外贸易等发展迅速，成为全国"最重要的多功能经济中心"，③ 沪宁、沪杭两大铁路更是成为上海陆路对外联系的动脉。沪宁铁路 1914 年的货物发送量为 57.47 万吨，日均 1574.5 吨；之后逐年攀升，1919 年上升至 135.23 万吨，日均 3705 吨，以后基本稳定在 140 万吨左右。沪杭甬铁路的货物发送量 1915 年为 46 万吨，日均 1261.5 吨，1924 年为 64 万吨，日均 1753 吨。④

随着这两大铁路干线运输量的逐年上升，转运业得益于此，业务也有所扩展，营业额逐年升高。以沪宁铁路 1919～1928 年转运公司承运的情况为例，列为表 1。

---

① 《上海转运商业历史沿革》，上海市档案馆，档案号 S162 - 3 - 1。
② 《中共上海市委私营工业调查委员会关于私营绣品、五金、赛珍饰品、转运报关、钢铁等商业调查研究报告》，上海市档案馆，档案号 A66 - 1 - 206 - 63。
③ 熊月之主编《上海通史》第 8 卷，上海人民出版社，1999，第 11 页。
④ 上海铁路志编纂委员会编《上海铁路志》，上海社会科学院出版社，1999，第 129 页。本处数据有误，但所引文献原文如此，不宜改动。

表 1　1919～1928 年沪宁铁路转运公司货运表

年　份	铁路货运总收入（元）	由转运公司而得者（元）	转运公司运货之百分比（%）
1919	1738698.16	1606900	92.4
1920	1762239.57	1617580	86.1（数据有误，应为 91.8）
1921	1862012.69	1699139	91.2
1922	2009017.35	1779345	88.6
1923	2352867.17	2154392	91.6
1924	1875590.04	1696741	90.4
1925	1488664.22	1394132	93.6
1926	2137407.57	2016532	94.3
1927	999163.44	773433	77.4
1928	1944514.55	1787342	91.9
平　均	1817016.37	1652755	91

资料来源：程志政著《转运公司的存废问题》，《交大月刊》第 2 卷第 3 期，1930，第 6 页。

由表 1 可知，1919～1928 年的十年，其中 1924～1925 年、1927 年因时局问题导致货运量减少，营业额下降，但其余年份铁路货运一直保持增长势头。铁路作为一种新兴运输方式得到了人们的肯定，其在沟通城乡物资交流、推动经济发展方面的作用逐渐增大，在上海经济发展中日益显现出其重要的地位。而转运公司营业额也随之有所增加，且转运公司的转运量在沪宁铁路货运中一直保持着绝对的优势，比重达到约 91% 之多，也即只有约 9% 的货物运输是由客商直接向铁路报运的。

南京国民政府成立后，沪宁铁路改称京沪铁路，依托于京沪、沪杭甬两大铁路的上海转运业继续保持着发展的势头。在 20 世纪 30 年代以前，上海逐渐形成了几大块转运公司聚集地，笔者整理为表 2。

表 2　20 世纪 30 年代上海主要转运公司及其分布

路　段	转运公司名称
界路	义兴转运公司；瑞泰恒转运公司；大昌转运公司；大中华运输公司；中华运输公司；鼎通转运公司；铨昌转运公司；元顺益记转运公司；悦来公司上海分办事处；公益转运公司；铭记运输公司；汇通转运公司；宏大转运公司；利兴昌记转运公司；中和转运公司分公司；中华捷运股份有限公司；永顺公司；通和转运公司；义成转运公司；公兴存转运公司；同利公记公司；联通转运公司；通益转运公司；恒记公司；源通转运公司

路　段	转运公司名称
北浙江路	宝康顺记转运公司；商务转运公司；商业公司；胜记转运公司；达丰公司；集成运输总公司；清记公司分公司；通达冠记转运公司；盈大公司；永泰隆转运公司；利达转运公司；懋通仁记转运公司；许茂记转运公司；华盛义转运公司；协丰转运公司；恒泰转运公司；通泰转运公司；捷轮转运公司；广华转运公司；安泰转运公司
南市火车站	三济转运公司；慎大转运公司分公司；同利公转运公司；源公司；公益转运公司分公司；茂新转运公司分公司；联合转运公司；协和运输公司；协大兴转运公司
爱多亚路	慎大转运公司；杨学记公司；永大祥转运公司；茂新转运公司；毅记转运公司
河南路	瑞裕盛运输公司
麦根路车站	瀛记转运公司分公司
法租界老永安街	大同兴记商号
北苏州路	清记公司
武定路	瀛记转运公司
北京路	裕新运输公司
半淞园路	永大祥转运公司
汉口路	悦来公司上海总办事处
山东路	大陆协记运输总公司
天津路	华成运输公司
江西路	裕通转运公司
广东路	震丰发记运输公司
宁波路	大通转运公司
吉祥街	裕通新记公司
爱尔近路	中央转运公司
克能海路	福通转运公司

资料来源：笔者根据《上海商业储蓄银行有关转运方面调查资料（3本）》（上海市档案馆，档案号 Q275－1－1825）统计所得。

由表2可知，转运公司的分布还是比较集中的，主要分布在界路（今天目东路）、北浙江路（今浙江北路）、南市火车站（今南车站路）、爱多亚路（今延安东路）等周围。界路、北浙江路皆位于铁路上海北站即京沪铁路上海站附近，而南市火车站则是沪杭铁路上海站，也称为上海南站，爱多亚路则靠近外滩，地处市中心繁华地带。就规模而言，大的转运公司多集中在上述区域。以1933年资本在5万元以上的6家转运公司为例，其中，义兴转运公司、鼎通转运公司、悦来公司上海分办事处、公益转运公司、中华捷运股份有限公司、华盛义转运公司、公益转运分公司等均集中在上述区域内，仅有悦来公司上海总办事处位于汉口路。

显然，出于地理位置便利、交通便捷之考虑，转运公司选择靠近火车站开设，以便于货物装载运输，减少搬运费用的支出，或是为了便于拉拢客货而选择靠近市中心的商业繁华地段设立。长此以往，形成了几大块转运公司聚集区域，而这几大聚集区域皆位于租界范围之内，由此也可知，转运业的发展多得益于租界发达的经济和繁荣的商业贸易。转运公司相对集中，首先便于同业间互通有无，增加同业的联络。其次，转运公司集中分布，形成固定的聚集区域，其本身就已经具有了一种广告效应，各大商号、申庄如若需要转运公司报运货物的，皆可来到转运公司聚集地办理货运。

三 转运公司的弊害及存废争议

近代中国由于各种原因，铁路运输业务并不完善，因此给了转运公司在铁路运输中存在和发展的空间，成为依附铁路运输的一个重要行业。但转运公司由于在经营作风和管理规范性方面存在问题，使得货物在运输过程中出现种种弊端，行业陋规也随处可见，主要体现在以下几方面。

一是在运输过程中存在损害铁路局利益的行为。

民国时期，由于各种主客观原因，铁路部门本身管理不善，腐败不堪，而对于转运公司的管理更是鞭长莫及。而转运公司的经营行为本身大都依赖人事关系和交际应酬，包括为了拉拢更多客货而与货商之间的交际，以及为了更方便快捷运输而与铁路职员之间的交际。普通铁路职员，薪水很少，难以维持生活，所以他们多有向转运公司索取钱财之事，以至养成习惯。而在转运公司方面，为求运货迅速，它们也会对路员有所表示，各站之重重索取，为数相当可观。"闻某站有每车货物之运出，站长私人须取费五元之说，是以在一站中，上自站长，下自工役，都依赖于此。"① 因此，在铁路运输过程中，不乏转运商与路局职员勾结之事。铁道部业务司司长俞棪1932年6月就曾指出："不肖分子，破坏路风，行为不端",② "我们到处都可以听到，不是铁路员司勾结转运公司舞弊，就是转运商人沟通路员中饱。路员视铁路为发财的大本营；转运商人以运货为剥削商人的良好机会"。③ 转运商通过贿赂铁路职员，可以获得以下好处：（1）虚报等级，铁路所运输的货物，根据货物价值的贵贱可分为6个等级，不同等级货物所收取的运费不同，等级越高，运费也越高。因此有些转运公司为了减少运费，将运费较高的高等货物虚报为运费较低的低等货物；（2）虚报货名，不以一箱之中的高运费货物报装，而以低运费货物申报；（3）虚报尺码及数量，以大报小，以多报少，以重报轻；（4）以整报零，将装整车的货物以零担收费；（5）装车货物重量超过车厢的容载量等。④ 而上述这些行为，无一不损害着路局的利益，影响铁路运输的收入。更有甚者，铁路职员收受转运商贿赂，公然出卖铁路车皮。⑤ 当时出卖车皮的现象各路均时有发生，"殆成全国各路各站之通病，言之痛心"。⑥ 出卖车皮，一方面转运商领了车辆却不去运货，利用车皮哄抬运价，牟取暴利；而另一方面则又加剧了铁路运输原本就车少货多的紧张程度，违反铁路服务社会的原则。更为严重的是，转运商买卖车皮、把持货运，有碍各地货物流通，进而不利于物价之稳定和经济之发展，实是百害而无一利之事。

二是向货商收取的运费有失公允。

由于铁路部门本身的不完善，加上政府对于转运业及转运公司的管理不到位，转运公司收取费用多有不合理之处。转运公司除了向客商征收铁路规定之运费、装卸费、囤栈费以及押款、捐款外，还要征收照料费若

---

① 徐宗蔚：《沪杭甬之转运公司问题》，《交大季刊》第2期，1930。
② 俞棪：《铁路业务整理方针》，《铁道公报》第273号，1932年6月。
③ 俞棪：《国有各铁路实行货物负责运输之经过及其成绩》，《交通杂志》第1卷第3期，1933。
④ 《中共上海市委私营工业调查委员会关于私营绣品、五金、赛珍饰品、转运报关、钢铁等商业调查研究报告》，上海市档案馆，档案号A66-1-206-63。
⑤ 王文珊：《怎样铲除交通界的盗贼》，《抗战与交通》（半月刊）第7期，1928。
⑥ 金士宣：《铁路运输业务》，第174页。

干，即转运公司代为索车、过磅、起票、押车、保险等的费用。其巧立名目、勒索运费、诱迫客商、把持货运之事时有发生，已成为一种行业陋规；此外，还有整车与零担运费之差价和代理报捐之折扣。中国铁路运费有整车与零担之差别，整车运费较低，零担运费则高出甚多。各地客商委托的零担货物，转运公司会将其合并报运，则能享受到整车报装的低运费待遇，但其向客商收取的仍是零担运费，转运商即能赚取此中之差价。而转运的货物要缴纳各种捐税，"我国捐卡既多，捐率不一，对于转运公司常常给以相当的折扣，以示鼓励输捐之意，而客商仍付十足捐率也"。[①] 还有在非常时期利用车辆哄抬价格牟取暴利之事。"数年前战事初起，车辆缺乏，津浦进口货，不克运销内地，内地货物，以来源短少，市价飞涨。尤以纸张糖类为最，商人见有厚利可图，无不争见装运，公司方面因不惜故意把持车辆。"[②] 战争期间，转运商仍利用车辆把持铁路货运哄抬价格，于各地物资沟通极为不利，对异常困难的国民经济来说无疑是雪上加霜。

三是货运过程中走私或夹带违禁物品。

转运公司偷运、夹带违禁物品之事，各路均有查获。1935 年《拒毒月刊》曾报道京沪铁路的北货栈，由汇通转运公司办事处报运至陇海路新安县的两个木箱藏有红丸 50 包，每包 1 万多粒，共 62 万粒，计重 56 公斤。[③] 经调查，铁路警务人员发现该公司收货处主任潘某及收货处职员数十人均与该案有关，[④] 该案即转运公司职员勾结不法商人偷运违禁物品之典型。除此之外，转运公司装运偷税货物之事也随处可见，京沪、沪杭甬两路尤以装运偷税烟丝烟纸之事最为常见，因此两路局特于 1935 年发布训令，严令稽查该类装运偷税货物之事。[⑤] 转运公司利用铁路运输进行走私或是偷运违禁物品之事时有发生，且屡禁不止，不仅加大了铁路安检的难度，且对社会治安也构成一定的威胁，铁路部门虽多次整饬并加大惩处力度，然此类事件却屡禁不绝。

---

① 金士宣：《铁路运输业务》，第 174 页。
② 王叔龙：《我国铁路转运公司问题》，《交大季刊》第 3 期，1930，第 57 页。
③ 《沪北破获红丸六十二万粒》，《拒毒月刊》第 91 期，1935。
④ 《沪北破获红丸六十二万粒》，《拒毒月刊》第 91 期，1935。
⑤ 《为转运公司装运偷税烟丝烟纸仰切实查缉》，《京沪沪杭甬铁路车务周报》第 46 期，1935。

由于转运公司存在着上述诸多问题，民国时期对于转运公司的存废问题颇有争议。反对转运公司存在者认为转运公司"对于路局则实一种寄生虫耳，溯自转运公司制度创设以来，历二十年习惯既久，积弊发生，其公司中人之干涉路局，阻碍行政，实超出根本能之外，而对于客商运送货物垄断操纵，非特路局受其害，即商民亦受其害也"。[①] 而赞成者却以为转运公司的诸多弊端诚然是确切可见，然而要完全取消它，也不是马上就能做到的。前述转运公司的转运量在沪宁铁路货运中一直保持着绝对的优势，达到约91%之多。而铁路部门"是不是能够，在转运公司取消后依然保持这百分之九十一的营业，这是一个大疑问，所以我们以为转运公司是一定要取消的，但必须在铁路已有一个很健全的商业部，能够吸收货物以后，才可以谈得到这个问题"。[②]

而铁路部门也苦寻改革甚至取消转运公司货运之办法。当时各铁路部门普遍采用的办法即是要求转运公司在铁路局注册登记并缴纳相当数量的保证金，从而使"无资力徒拥虚名投机取巧之商号，无所施其伎俩，而自然淘汰矣"。此外，各路局还根据自身状况采用各种方式限制转运公司的发展。"民国二三年间，北宁、平汉、平绥各路，即取消运费回佣办法。十八年京沪沪杭甬两路，不惜取消记账运费办法，均所以减除转运公司之利源，实寓取缔之意。"[③] "北宁京沪两路，先后添设商务科，一面调查沿路之商业，以谋发展及推广营业，一面招徕客商，预取转运公司而代之。"[④] 而津浦铁路局"为谋根本改革，先令停止新公司注册，俟路款充裕，即行发还保证金，取销注册办法，使大小货商皆能直接向路局请求车辆运货，俾免为运商把持云"。[⑤] 1931年，民国政府铁道部更是因"转运公司包揽货物，在过去时代更有从中操纵及盗卖车皮情事，致铁路与客商，日益疲弱，而转运公司反日见肥壮"，进而有"拟取销转运公司，由各站设立营业站长，专办客货运输事项"的想法。[⑥]

---

① 徐宗蔚：《沪杭甬之转运公司问题》，《交大季刊》第2期，1930。
② 程志政：《转运公司存废问题》，《交大月刊》第2卷第3期，1930。
③ 金士宣：《铁路运输业务》，第174页。
④ 王叔龙：《我国铁路转运公司问题》，《交大季刊》第3期，1930，第50页。
⑤ 《津浦路局停止转运公司登记》，《南浔铁路月刊》第9卷第2期，1931。
⑥ 《铁道部拟取消转运公司，拟由各路分设营业站长，运输同业表示反对》，《观海》第1册，1937年7月。

　　然而对于废除转运公司一事，不管是民间的提议还是铁道部的想法，都因实际的困难而未提上议事日程。第一，是一个习惯问题。民国以来，商人托运货物多由转运公司代办一切手续，这个习惯延续了数十年。普通一般商人，对于路局的各种货运章程并不熟悉，办理起来颇多困难；而路局各站站长及货员，亦习惯与转运公司接洽，简单易行。若要取消转运公司，商人方面即会面临很多问题，而路局方面亦不能方便快捷地办理货运手续，双方平添许多麻烦。第二，则是招徕货运的问题，转运公司为了增加营业，往往派人各处接洽，四处兜揽，想方设法招徕货物。而一般铁路各站并不注意对于货物的招徕，"对于营业抱独占之观念，夜郎自大，对客商既不能殷勤招徕，复不能设法推广营业，一听其自然"。① 客商方面，他们由于种种隔阂也难以与铁路接近，而"转运公司熟悉商情，招揽货运，不遗余力，尤为客商所欢迎"，② 所以也乐于将货物托转运公司报运，而不愿直接向铁路报运。如取消转运公司，客商难以经由铁路运输货物，势必会舍铁路而选择水路或公路运输，则铁路运输收入锐减，必将会重创铁路营业的推广和发展。第三，即费用缴纳的问题。客商交由转运公司托运的货物，所应缴纳的运费捐税以及保险等各种费用，往往由转运公司先行垫付，客商也免去为了缴纳费用而四处奔波之苦。而一旦取消转运公司，客商势必得亲自缴纳费用，手续既繁，又多费时间，两相比较，客商自然愿意交给转运公司办理。由于上述的问题，尽管人们对于转运公司的积弊已认识颇深，但也意识到取消转运公司并非一朝一夕之事。铁路部门若想取消转运公司，不得不汲取转运公司优点，改良铁路自身的运输业务。如组织商务处，"选雇熟悉商情之人，专司其事，调查商业"；③ 对于客商也需要大力宣传，使商人熟悉报运程序，明了铁路运货规章；同时严格制定请求车辆及征收运费、杂费的规则，使铁路员工不能故意刁难或者勒索商人。如此，客商既可以免除付与转运公司的照料费等，货物运输也更加方便快捷。

---

① 王叔龙：《我国铁路转运公司问题》，《交大季刊》第 3 期，1930，第 46 页。
② 金士宣：《铁路运输业务》，第 175 页。
③ 金士宣：《铁路运输业务》，第 175 页。

四 民国铁道部路务整顿与转运业的衰落

20 世纪 30 年代初开始，上海转运业走上了下坡路。一些经营不善的转运公司纷纷倒闭，余者也多勉力支撑。究其原因，两次淞沪抗战固然是首当其冲的原因，还有同行间的恶性竞争，也使行业经营的良性循环环境遭到破坏，而国民政府连续五年的铁路路务整顿却是转运业衰落的根本性因素。

根据上海档案馆所存《上海市转运业同业公会会员名册》① 统计所得，1934 年该同业公会共有会员 112 家。1935 年该同业公会拥有会员 116 家。② 而笔者翻看上海图书馆所存报纸，1938 年《商业月报》记载"沪市转运业最盛时代约有六十余家"。③ 1938 年《现世报》所载"查沪市转运业在最盛时代，无虑六七十家"。④ 1940 年据《商业月报》调查，"战前南车站及北车站附近转运公司，不下七十余家之多"。⑤ 显然，与 1935 相比，公司数量在减少。有记载，1933 年，资本在 5 万元以上的转运公司共有 6 家，分别是悦来、公益、义兴、鼎通、中华捷运、华盛义。悦来公司于1934 年 5 月因资金周转不灵，停止营业，并负债 16 万元；公益公司 1933 年和 1934 年营业总额均达 40 万元左右，1935 年骤降至 19 万元，1936 年营业总额仅 10 余万元；义兴公司在 1928~1929 年营业最盛，每年运费收入达 25 万元左右，至 1932 年则降至 15~16 万元，1936 年更是将资本由原定的 5 万元减少为 1.3 万元；鼎通公司 1934 年因两路局负责运输及水陆联运而颇受打击，营业额减至 15 万元；中华捷运公司营业最盛时每年营业总数达 160 万之巨，至 1933 年营业额也降至 77 万元左右；华盛义公司原为京沪路转运业之大户，至九一八、"一·二八"事变后，营业尤为清淡，

① 《上海商业储蓄银行有关转运方面调查资料（3 本）》，上海市档案馆，档案号 Q275－1－1825。
② 上海工商社团志编纂委员会编《上海工商社团志》，上海社会科学院出版社，2001，第 132 页。
③ 《华商转运业清淡》，《商业月报》第 18 卷第 11 号，1938。
④ 《转运业总崩溃》，《现世报》第 7 期，1938。
⑤ 《上海商业特写：转运业》，《商业月报》第 20 卷第 2 号，1940。

营业额降至 10 余万元。① 以上 6 家公司为转运业中之巨擘，其情形虽不能代表转运业之全部，但也能反映出上海转运业进入 30 年代后营收下滑、收益减少的事实。

20 世纪 30 年代开始，国民政府铁道部开展了一场约长达 5 年时间的路务整顿，就这一次路务整顿本身而言，对于提高铁路运输能力、增加铁路营业额有重要作用，就其对上海转运业而言，则具有转折意义。

近代中国的铁路采用的工程技术标准多有不同，机车型式各异，经营管理的方式也有差别，所以中国铁路也曾被人讽刺为"国际铁路展览会"。② 这一切都给客货运输带来极大不便，而铁路部门又不办理负责运输，因此商人利用铁路转运货物的手续极为繁杂，加上铁路系统本身行政管理紊乱，路政、路务混乱，使得贪污舞弊之风盛行。客商为提早把货物运出，出钱行贿铁路工作人员；路员与转运商互相勾结，甚至私卖车皮，也已成为公开的秘密。因此，南京国民政府建立以后，对于铁路软硬件各方面均进行了整顿。这一次国有铁路路务整顿，涉及范围较广，持续时间也较长，到 1937 年七七事变为止，历时近 5 年，收到了一定的成效，"增加了铁路运输能力，提高了铁路运输质量，从而也就提高了铁路运输效益"。③

此次铁路路务整顿的主要内容是改进货物运输，增加营业收入。而改进货运的主要方式有三：一是联运业务，二是负责运输，三为创办营业所。铁道部为进一步改进铁路经营管理而采取了上述几项措施，其实质即是通过改革铁路货运程序来鼓励客商直接向铁路部门报运。这些措施实施后，铁路客货运输明显增多，营业收入也有所增加，铁路运输能力也得到加强。但这些改良举措却大大冲击了转运业的营业，影响到转运业的发展。

（一）联运业务

铁路内部举办联运和铁路与轮船公司举办水陆联运，对于铁路、轮船及客商三方皆是大有裨益的。对于铁路而言，举办水陆联运可以增加铁路

---

① 以上数据整理自《上海商业储蓄银行有关转运方面调查资料（3 本）》，上海市档案馆，档案号 Q275 - 1 - 1825。
② 金士宣、徐文述：《中国铁路发展史（1876~1949）》，第 346 页。
③ 王晓华、李占才：《艰难延伸的民国铁路》，第 137 页。

运输能力，进而增加营业收入。对于轮船方面，在增加营业收入的同时也能加强国内轮船公司同外轮企业，如怡和、太古、日清等在长江和沿海运输中的竞争地位。而对于客商而言，办理水陆联运后货物的运输速度明显加快，运输时间缩短，运输成本也相应降低。

以京沪、沪杭甬两路为例，笔者将两路办理水陆联运站的情况整理如表3。

表3　京沪沪杭甬两路办理水陆联运站统计表

京沪路	货运站：南京、镇江、丹阳、常州、无锡、苏州、上北、麦根路、吴淞货栈等9站
沪杭甬路	货运站：闸口、南星桥、杭州、拱宸桥、长安、硖石、上南、日晖港、曹娥江、余姚、宁波等11站

资料来源：《规定两路水陆联运站》，《京沪沪杭甬铁路日刊》第799号，1933年10月16日。

由表3可知，两路联运经过之站无不是水运发达之处，通过水陆联运将陆路运输和水路运输结合起来，既能弥补轮船运输速度缓慢、不能到达内陆地区的缺憾，也能使铁路运输发挥更大的功用，从而使各地货物交流更加便捷。

原本转运公司对于需要转口的货物也可提供水陆联运服务，但相比较而言，国有铁路与轮船公司的联运业务有如下几点是转运公司所不及的。

第一，铁路局与轮船公司订约之后，"须各于可能范围内，尽量载运联运客货"，[①] 也就是说，铁路和轮船公司两方面都承诺尽可能为参与水陆联运的货物提供优先运输的便利，这无疑能使货物运输的时间缩短，成本减少，货商从中获利。

第二，关于轮船班期和火车时刻，"务使互相衔接便利运输，如临时遇有大批客货，得互通电报预为知照"。[②] 这就能尽量减少货等船或货等车的情况，保证了货物运输的畅通，节省运输时间，减少不必要的浪费。

第三，"路局船局所筑码头栈房，遇有联运货物装卸时，得尽先使用之，如需收取租费，务照原定价格从廉"。[③] 联运货物得以优先使用码头和

---

① 金士宣：《铁路运输业务》，第398页。
② 金士宣：《铁路运输业务》，第398页。
③ 金士宣：《铁路运输业务》，第398页。

栈房，这样货主就不用担心货物的堆放和装卸了。

综合以上而言，铁路部门的联运业务不仅能节约运输成本，节省运输时间，而且手续简便迅速，所以商民一致称便。而这三点便利是转运公司所无法提供的，因此铁路办理水陆联运后，要进行货物的转口运输，转运公司不再是货商唯一的选择，"各转运公司不能专利"，① 所以营业颇受打击，减色不少。

（二）负责运输

实行负责运输后，客商办理货运时多选择铁路负责，铁路负责的货运量大为增加，而转运公司负责之货运量则迅速减少。以京沪、沪杭甬两路为例，整理为表4。

表4 京沪沪杭甬两路实施负责运输一年之统计表

（1932年9月1日—1933年8月31日）

京沪、沪杭甬两路	重量（公斤）	运费（元）
铁路负责	830252806	2273786.30
货主负责	350241493	485932.19
总　计	1180494299	2759718.49

资料来源：《一年来负责运输统计》，《京沪沪杭甬铁路日刊》第767号，1933年9月7日。

由表4可以了解到，铁路负责的货运在总运输量中已占据主要地位，而货主负责的货运量则居于次要地位，两路合计约占29.7%。而货主负责的货运中，除极少部分由货主自己报运、自己负责外，大半皆由转运公司代为报运，货主负责运输量的减少也即是转运公司货运量的减少，铁路负责运输对转运业的打击可见一斑。

铁路办理负责运输后，货物不再需要人员随车押运，且免去中途换车的麻烦，减少了中途搬载的费用与损失，便利了客货运输，因此客商即可不再需要委托转运公司照料，而直接向铁路报运，转运公司在铁路运输中缺之不可的地位开始动摇了。由于铁路货物负责运输后，车站和

---

① 《上海商业储蓄银行有关转运方面调查资料（3本）》，上海市档案馆，档案号Q275-1-1825。

运输车辆的设备标准比之前有所提高，货物沿途的保护也更加周密了，所以货物的安全得到保障，路运的损失降低，铁路运输业务得以继续发展。更重要的是，铁路实行货物负责运输后，不再需要转运公司居间承揽，铁路与运商之间可以直接联系而略去转运公司这一环节，且运费价目公开、规定明白，这样原本转运公司利用铁路运输操纵营业，压迫运商的情况有所改善，而转运公司再也不能像以前那样随意增加运费了，利润空间也被迫压缩。

（三）营业所之创办

两路营业所创办后，业务量逐渐增加，以营业所营业 6 个月的进款统计为表 5。

表 5　两路营业所成立 6 个月的进款统计表

时　间	营业进款总数（元）
1933 年 9 月	11246.86
1933 年 10 月	17993.13
1933 年 11 月	27138.68
1933 年 12 月	24439.26
1934 年 1 月	41944.76
1934 年 2 月	40697.74

资料来源：笔者根据《京沪沪杭甬铁路日刊》（1933 年 9 月至 1934 年 2 月）的数据统计所得。

两路营业所自成立后至 1934 年 2 月的 6 个月内，除个别月份外，营业所得进款总数均逐月增长，并保持着较大的增长幅度。[1] 就整体而言，营业所在出售客票、接送行李货物等方面的业绩发展迅速且成绩相当不俗。其中接送行李货物一直是进款最多的业务。自 1933 年 10 月开始，营业所开始办理货物接送业务，当月接送的货物即有 7399 公斤，进款 11849.71 元。自此以后，接送货物的业务继续得到发展，虽然接送货物的数量和进款时有增减，但该项业务发展的势头确是显而易见的。

---

[1] 1934 年 2 月营业进款之所以较前一月减少一千数百元者，其原因有二：一是新年 5 天内货运完全停顿；二是 2 月全月仅有 28 天。

表 6　营业所接送货物情况表①

时　间	接送货物（公斤）	接送货物（吨）	接送货物进款（元）	代收货物运费（元）
1933 年 10 月	7399	/	674.75	11849.71
1933 年 12 月	105436	436	725.94	11488.86
1934 年 1 月	163516	797	1446.62	25175.74
1934 年 2 月	192840	712	1118.07	20365.48
1934 年 3 月	385425	847	1831.51	22950.13
1934 年 4 月	586567	526	1280.31	17446.59

资料来源：笔者根据《京沪沪杭甬铁路日刊》（1933 年 10 月至 1934 年 4 月）数据统计所得。

营业所业务量的增长及收入的增多，一方面表明了铁路部门创办营业所确实有利于铁路货物运输业务的发展；另一方面也就意味着转运业业务量的减少。

一般客商，对于铁路货运办法，往往不甚明了。于是不得不转托居间人即转运公司代为接洽，这种间接办法，一方面增加了客商的运输成本，另一方面又影响到铁路的收入，而使得转运商借机从中渔利，此规矩相沿既久，带来许多不便及弊害。两路营业所成立后，代客接洽货运事项，凡客商托代接洽者，均可由营业所代为向主管员司接洽办理，而实际承运事务，仍由原来主管员司掌理。营业所可租用车辆代客商运货到站，以便起运，所有填具单据等相关手续，也均由营业所代为办理，以省客商手续。这就无形中替代了转运公司居间人的职能，转运公司不再是必不可少的了，商人也不再需要假手转运公司即能便捷地直接向铁路报运，既方便客商，又能节省运输费用。而对转运商来说，设立营业所则无疑是增添了一块挡其财路的拦路石，一些商人不再委托转运公司代为转运而转向由营业所办理货物报运，这势必会使得转运公司的业务减少，进而影响到转运公司的营业进款，对转运业的打击是显而易见的。更重要的是，营业所的设立改变了铁路自视为官衙，"人民恒视为衙署，目为官府"② 的局面，铁路对于客商不再漠然待之，拉近了铁路与社会的关系。而营业所设立后，货

---

① 自 1934 年 3 月起的统计数据包括静安寺总所与南市分所、南京分所三处。

② 《上海商业储蓄银行有关转运方面调查资料（3 本）》，上海市档案馆，档案号 Q275 - 1 - 1825。

66

商可以绕开转运公司直接向铁路咨询、办理运输业务，而无须由转运公司代为办理，以前那种转运公司俨然是铁路商务处的情形得以转变，转运公司的重要性降低了，其营业当然颇受影响。

除上述几点外，运费到站支付、减价待遇等措施的实行，也使原本简陋的铁路运输业务得以改良，运输能力得以增强。而原来转运业的多年繁荣，正是缘于铁路业务的简陋和不完善，转运公司居于铁路与货主之间，代客运输，从中获益。而一旦铁路开始大力整饬，完善自身的运输职能后，转运业赖以生存的基础就不再牢固，导致行业的发展每况愈下，岌岌可危。

所以，20 世纪 30 年代铁路开始大力整饬、完善自身的运输职能后，转运业赖以生存的基础不再牢固，原来那种把持操纵货运，串通路员舞弊，勒索客商运费而获取不正当利益的情形得到有效治理，其业务量也必日渐减少，营业范围慢慢缩小，行业的颓势不可逆转。

综上，近代上海转运业是伴随着铁路的兴起而逐渐出现和发展起来的，它以协助铁路加强沿线货物运输为主要业务，凭借着其在铁路货物运输中发挥的重要作用而得以蓬勃发展。然而在其发展的 20 年中，由于缺乏规范的管理和约束，转运业出现了不少陋规和不规范行为，因此政府与民间对于转运公司的存废问题颇有争议。至 20 世纪 30 年代，为了提高铁路运输能力，增加运输收入，国民政府铁道部开展了铁路路务整顿工作。其实质即是通过改革铁路货运程序鼓励客商直接向铁路部门报运，这些举措大大冲击了转运业的经营业务，影响到转运业的发展，成为转运业走向衰落的根本性因素。

（作者：高红霞，上海师范大学历史系；尹茜，上海师范大学历史系）

明清以来湖州城市经济与区域地位之重估[*]
——附论"湖州整个城，不及南浔半个镇"

黄敬斌

内容提要：明清到近代的湖州城，一直是太湖平原上一处重要的丝织业生产和丝绸贸易中心，其工商业性格鲜明，经济职能突出。近代资料显示，无论就地理、人口还是工商业规模来看，湖州城都较周边一些著名的工商业市镇更具优势，具有区域经济中心的地位。"湖州整个城，不及南浔半个镇"这一谚语，仅指南浔商帮的经济实力和影响力而言，不能延伸到城镇经济层级的比较上。

关键词：湖州　江南市镇　丝绸业

无论在国内还是海外，数十年来明清江南城市史的研究重心都体现出一种"两极化"的特点：一极是苏州、杭州、南京等大城市；另一极则是数量众多的"工商业市镇"，而对于普通府县治所城市，则少有认真深入的论述。[①] 学术界对于这些行政治所城市似乎抱有一种"成见"：它们是经

---

[*] 本文系复旦大学"985 工程"三期整体推进人文学科研究重大项目"明清江南社会与文化"子项目"明清江南府县城市研究"的中期成果（项目批准号：2011RWXKZD017）；同时本项目得到复旦大学人文基金的出访资助。

[①] 有关苏州、杭州、南京等大城市以外的江南行政治所城市的专题研究，数量较少，聊举数例如下，如叶舟《清代常州城市与文化：江南地方文献的再发掘及其阐释》，复旦大学博士学位论文，2007；冯贤亮：《魏塘：明代以降一个江南城镇的空间形态与社会变革》，《复旦史学集刊》第 4 辑《明清以来江南城市发展与文化交流》，复旦大学出版社，2011，第 192～206 页。在综合性的研究中，对普通府县治所城市也少见重点论述，多只是作为大城市或市镇研究的背景或作为对照而附带提及。范金民对此研究的缺环也有过评论，见范金民《明清江南城镇研究的回顾与展望》，梅新林、陈国灿编《江南城市化进程与文化转型研究》，浙江大学出版社，2005，第 112 页。

济功能不发达的政治中心，或者是仅具有"消费型城市"的特点，与作为"新型工商业中心"的市镇形成对比，在经济规模和市场层级地位上更被后者超越、压倒，江南城镇因此呈现出"行政中心"与"经济中心"普遍分离的局面。① 在这一点上，湖州常被视为典型例子：对于这座城市的经济功能、规模与特色，及其在地方经济体系中的地位，实际上迄未有过全面深入的探讨，但在以往的研究中，湖州城却常被当作周边"新兴市镇"，特别是作为南浔、乌青等大镇的参照物，它被视为是一个典型的"政治中心"，经济职能不突出，工商业的规模乃至整个城市的规模无法与这些大市镇相比。②

本文将重估上述学术观点，尝试对明清至民国时期湖州的城市经济展开全面探讨，并对其在太湖平原蚕桑区内，尤其是在旧属乌程、归安两县（民国时期的吴兴县）县域范围内的经济地位重加分析。

一　湖州的城市规模：地理与人口的考察

明清时期的湖州府城，同时为附郭归安、乌程二县的县城，入民国废府存县，合并归、乌二县为吴兴县，县城仍驻于此。为避免混淆杂乱，下文统一称该城为"湖州"或"湖州城"。对于湖州立城的具体时间，文献中仍有异说，一说秦汉乌程县治在菰城（后世治城以南25里），晋安帝义熙元年始移今地；③ 一说则认为秦汉乌程县治已在今地。④ 但无论如何，明

---

① 具有代表性的论述如王家范《明清江南市镇结构及历史价值初探》，《华东师范大学学报（哲学社会科学版）》1984 年第 1 期；王卫平：《论明清时期江南地区的市场体系》，《中国社会经济史研究》1998 年第 4 期；王卫平：《明清江南地区的城市化及其局限》，《学术月刊》1999 年第 12 期。

② 刘石吉：《明清时代江南市镇研究》，中国社会科学出版社，1987，第 41~43、135 页。樊树志：《市镇与乡村的城市化》，《学术月刊》1987 年第 1 期，第 69 页；《南浔镇与湖丝贸易》，《学术月刊》1988 年第 6 期，第 67 页。陈学文：《明清时期湖州府市镇经济的发展》，《浙江学刊》1989 年第 4 期，第 90、93 页。《明清时期太湖流域商品市场的结构与网络》，浙江人民出版社，2000，第 274 页。朱子彦、张洁明：《明清时期乌青镇的经济文化与社会风尚》，《学术月刊》1988 年第 12 期，第 65 页。王卫平：《论明清时期江南地区的市场体系》，《学术月刊》1999 年第 12 期，第 28 页。

③ 乐史：《太平寰宇记》，《江南东道六·湖州》卷 94，中华书局，2007，点校本，第 4 册，第 1880 页。

④ 嘉泰《吴兴志·城池》，《中国方志丛书》，台北，成文出版社，1984，影印本，第 34~35 页。

清时期的湖州城已是一座千年古城，长期作为乌程县及郡、州、路、府的治所，未曾发生迁徙。这座城市的早期规模，仅能从城墙的规模上略窥一二，据地方志的记载，唐代湖州罗城"周回二十四里，东西一十里，南北一十四里"。这座罗城入宋后被拆毁，后来的城墙为元季重筑，较唐城颇有收缩，为"周一十三里一百三十八步"，此后历有重修，但城墙的位置与规模一直到近代没有大的变更。①

城墙的长度当然不能视为城市地理规模的唯一标尺，除了城垣形状的影响之外，应当注意到，明清时期城市土地利用的常规现象是，一方面城（墙）内常有大片空地，甚至农田；另一方面城（墙）外则多发展出繁荣的商业和居住区。② 从近代湖州城市地图来看，城墙内建成区所占比例颇高，空地较少，而城墙以外的附郭区也并不发达。③ 但据清人追述，元末筑城之后，一些原在城内的街巷被隔出城外，乌程县乌程、石鼎二界管辖范围亦越及城外。④ 另据城区巡警铺的设置，从明清之际二县共辖城内 35 铺至晚清时增加了一铺，即城外东关铺，似乎说明此时期府城东门外附郭区有所发展。⑤ 清末日本调查者观察发现，城北"临湖门外沿着运河也形成了市街，从乡村往来的货客、船舶聚集，其繁盛不亚于城内的大街"。⑥ 图 1 所示，1940 年代城外东北方向的"一条线"状市街，其方位正与之相合。但总的来说，与苏州、松江、无锡等城外商业区高度发达的府县城市相比，湖州附郭区的发展不算突出。

学者们以往在探讨江南市镇的地理规模时，常根据乡镇志中关于市街长度的记述进行简单计算，并以之与府县治所城市的城墙长度加以比较。

---

① 同治《湖州府志》卷 17《舆地略·城池》，《中国方志丛书》，成文出版社，1970，影印本，第 350～351 页。

② 章生道：《城治的形态与结构研究》，王嗣均等译，施坚雅主编《中华帝国晚期的城市》，中华书局，2000，第 103～108 页。

③ 湖社宣传部辑《吴兴导游》，湖社武汉事务所、湖社干事处发行，1936，卷首"吴兴城厢图"。

④ 光绪《乌程县志》卷 1《疆域》，《中国地方志集成》浙江府县志第 26 册，上海书店，1993，影印本，第 538～540 页。

⑤ 崇祯《乌程县志》卷 1《界铺》，《日本藏罕见中国地方志丛刊》，书目文献出版社，1991，影印本，第 231 页；康熙《归安县志》卷 2《界铺志》，康熙十二年刻本，第 4a～4b 页；同治《湖州府志》卷 4《界铺坊巷》，第 49 页。

⑥ 东亚同文会：《中国省别全志》第 13 卷《浙江省》，台北，南天书局，1988，影印 1919 年东京版，第 95 页，原书名为《支那省别全志》。

例如，乌青镇晚明时纵 7 里，横 6 里，晚清时发展到东西 7 里，南北 9 里，遂被认为镇区"周长"由 26 里发展至 32 里，远超府城。① 南浔镇也被认为"从东栅到西栅三里，从南栅到北栅七里，周长近二十里"，因此镇区规模超越府县城，或仅"略小于府城"。② 这些判断多忽略了江南市镇地理形态上的特点：由于商业、交通、建筑成本、取水和消防等方面的需要，"大部分市镇形成了以商业街市为核心的单一街区的空间模式"，街市都沿市河作狭长的线状布局，而较少形成密集的团状城区。③ 如乌青镇即为沿着南北、东西两条市河延展的狭长"十"字形镇区，恐怕不能视为"周长 26 里"或面积 42 平方公里的团状大镇。南浔镇确实形成了团状镇区，但仍限于北部南北、东西市河交汇处，至于镇区南半部，同样是沿市河延伸的狭长街区。图 1 根据现代军事地图，按等比例尺将湖州城、乌青镇及南浔镇三地的地图并列放置，三者在地理形态及规模上的差异相当明显。直观地看，南浔的地理规模显著地小于湖州城，乌青镇镇区的延袤堪与湖州城比肩，但论面积则仍有不如。④

就城市人口而论，近代以前可供讨论的资料实为稀少。笔者曾据明代方志中关于城里数的记载，推测洪武年间湖州这一级别的府城，一般有民户 5000 户，加上军籍人口，总人口数或可达 3 万人。晚明时代江南一般府城的人口规模则或达 2 万户以上。⑤ 但从近代调查数据来看，这两项估计都有过高之嫌。1909 年日本东亚同文会的调查称，湖州城"人口五万，户数七千左右，包括船上生活的人"，⑥ 1933 年建设委员会的调查则称，吴

① 陈学文：《明清时期江南巨镇乌青镇的经济结构》，《中国经济史研究》1988 年第 2 期，第 30～31 页；包伟民、黄海燕：《"专业市镇"与江南市镇研究范式的再认识》，《中国经济史研究》2004 年第 3 期，第 5 页。
② 樊树志：《江南市镇：传统的变革》，复旦大学出版社，2005，第 185 页；陈学文：《明清时期南浔镇的社会经济结构：明清江南市镇史研究之七》，《浙江学刊》1988 年第 1 期，第 39 页。
③ 李立：《乡村聚落：形态、类型与演变——以江南地区为例》，东南大学出版社，2007，第 45～46 页。
④ 近代南浔及乌青镇的地图，尚可参考 1949 年南浔镇公所制《南浔镇全图》，转见汪波《南浔社会的近代变迁（1840～1937）》，浙江大学博士学位论文，2005，第 184 页；民国《乌青镇志》卷首《乌青镇市街图》，《中国地方志集成》乡镇志第 23 册，江苏古籍出版社，1992，影印本，第 359 页。
⑤ 黄敬斌：《明代江南城镇人口规模再探》，《复旦史学集刊》第 4 辑，第 226～233 页。
⑥ 东亚同文会：《中国省别全志》第 13 卷《浙江省》，第 96 页。

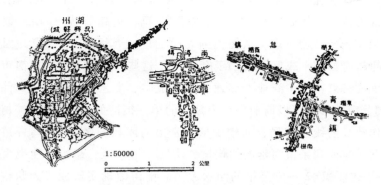

图1　民国时期的湖州城、南浔镇与乌青镇

资料来源：据日本参谋本部陆地测量部五万分之一军事地图影印本制作，这些地图收录于《中国大陆五万分之一地图集成》，东京，科学书院，1986～2002年。湖州城图据 C‐2224 湖州、C‐2225 菱湖拼合（均测量于1941年，制图于1943年），南浔镇图据 C‐0570 震泽（1928年测量，1937年制图），乌青镇图据 C‐0571 后村（1936年测量，1937年制图）。

兴县城计有人口 8591 户、36995 人。① 这些数字的绝对值或许未必准确，但相对而言，湖州城确实是邻近区域内最大的一个人口聚居中心。如南浔镇的人口，在上述两项调查中数字分别记作 1 万人，及 4320 户、25340人。② 游欢孙从档案材料中统计出 1929 年南浔镇的另一组户口数字为4223 户、19889 人，并认为，鼎盛时期的南浔镇人口，"当在 5400 户以上"。③ 这样看来，历史上南浔等大市镇的人口规模，不大可能超过湖州城。

---

① 建设委员会调查浙江经济所统计课编《芜乍路沿线经济调查·安徽段》，附《芜乍铁道沿线市镇经济概况》，1933，铅印本，第 10 页。

② 东亚同文会：《中国省别全志》第 13 卷《浙江省》，第 98 页；建设委员会调查浙江经济所统计课编《芜乍铁道沿线市镇经济概况》，第 12 页。

③ 游欢孙：《近代江南的市镇人口——以吴兴县为例》，《中国农史》2007 年第 4 期，第 119～120 页。关于南浔镇人口的峰值，陈晓燕称 1912 年镇区人口达到 4 万人，但所据仅是新编《南浔镇志》的"笼统估计数"。见包伟民主编《江南市镇及其近代命运：1840～1949》，知识出版社，1998，第 281 页。另一种说法称："到民国初年，南浔镇的人口总数已达到71814 人，远远超过一般县城了"，参见乔志强、陈亚平《江南市镇原生型城市化及其近代际遇》，《山西大学学报（哲学社会科学版）》1994 年第 4 期，第 17 页。按：该数字转引自刘石吉《明清时代江南市镇研究》，第 132 页，而刘氏注明该数字出自中国经济统计研究所编《吴兴农村经济》（文瑞印书馆，1939），为民国 17 年"全区"人口数，不能视作南浔镇的人口数。

二 湖州城的丝织业及丝绸贸易

关于明清时期湖州城的经济功能，陈学文曾经做过如下的论断："乌程县城手工业经济是以丝织业为中心，丝织业在湖州、乌程经济发展中起着巨大作用。"[①] 然而，由于数十年来对府县城市的研究关注度低于市镇，加上近代以前的文献记载确实较为稀少，湖州的城市经济迄今未得到充分论述，作为城市经济核心的丝织业的具体状况也始终隐晦不明。[②]

湖州地区的丝织业古已著名，如绫、绵、紬等丝绸产品，据称唐初已经充贡。但延至宋代，当地的蚕桑丝织业似乎仍以武康、安吉等山区县份为中心，南宋地方志称："本郡山乡以蚕桑为岁记，富室育蚕有至数百箔，兼工机织。"主要丝绸产品中，绢以武康、安吉"最佳"，绫"亦出武康安吉"，纱则梅溪、安吉"有名"。[③] 然而，进入明代，情况发生了很大变化，据成化、弘治时期的记载，郡城已经是湖州府最重要的丝织品产地之一。

绢：有官绢、狭小绢。紬：有水紬，纺丝紬。绫：称为吴绫，有二等："散丝而织者名为纰绫，合线而织者名为线绫。其绫炼染光彩，异于他处，惟郡城中织之，其外俱无。"纱："有数等，无花者曰直纱，花者曰葵纱，曰夹织纱，出郡城内。又有包头纱，惟双林一方人织之。"[④]

晚明方志的记载进一步细化，称绢"有官绢，有生绢，惟局绢有五色，可同嘉兴"。紬则有水紬、纺丝紬，均以"出菱湖者佳"。[⑤] 这样，湖州府丝织业三个最重要的生产中心，即府城、双林和菱湖，无疑在明代都已经成长起来，不同丝绸产品的生产格局也大体形成。府城设有官营的织

① 陈学文：《明代中叶湖州府乌程县的社会经济结构：明清江南典型县份个案研究之三》，《中国社会经济史研究》1992 年第 2 期，第 55 页。
② 如陈学文仍明确认为湖州府"丝织业最发达的是双林镇"，参见陈学文《明清时期湖州的丝织业》，《浙江学刊》1993 年第 3 期，第 43 页。范金民、金文关于明清江南民间丝织业的地理分布，对于湖州城仅有数语及之。参见范金民、金文《江南丝绸史研究》，农业出版社，1993，第 203 页。
③ 嘉泰《吴兴志·物产》，《中国方志丛书》，第 836～837 页。按：这些记载均引自《旧编》《续图经》等较早的地方文献，实际反映的具体时代或更早一些。
④ 成化《湖州府志》卷 8《土产》，《日本藏罕见中国地方志丛刊》，第 87 页。
⑤ 万历《湖州府志》卷 3《物产》，《四库全书存目丛书》史部 191，齐鲁书社，1996，影印本，第 74 页。

染局，"惟局绢有五色"，说明织染局所产绢是质量较高的上等品，而唯有郡城能织造的绫和纱大体上也是质量优于一般绢、䌷的高级产品（对此，下文有相关叙述）。菱湖镇的丝织业出产以䌷为主，双林镇则以包头纱为特色产品，可能也出产相当数量的绢。

进入清代，织染局裁撤，但湖州城的丝织业并未中衰。陈学文认为明清时期的湖州"郡城是肥丝、纱、绫、罗的生产中心"。① 然而，可能在明末清初，湖州城及近城乡村丝织业的重点产品已转向湖绉（或称绉纱）。绉的生产据说始于明代，② 目前在地方志中所见最早的记载则在康熙年间，而其详未知。③ 在毗邻的长兴县，乾隆初的记载称绉纱"出湖城，长邑湖滨一带亦有善织者，统名为湖绉耳"。④ 至晚清，府志称绉纱"一名绉䌷，俗名洋绉……今湖地产帛，惟此最多，通行甚广"。相对而言，传统丝织品中，罗、纻丝两类的织者已经"较少""尤少"。⑤ 据民国时期调查，湖绉生产主要分布在城区及城北太湖沿岸靠近长兴的大钱、小梅一带较小的地理范围内，"其他各地有亦不多"。⑥

从上述零散的记载看来，最晚在乾隆初期，湖绉已经是府城及周边丝织业的主流产品，取代了以往的绫、纱、绢等类。理解这一产品转型现象的意义，需要充分了解湖绉这一产品的性质。根据 1920 年代的调查，浙江人服装用料，夏季多用官纱、夏布，春秋冬三季"下等"服装多用棉布，而春秋冬三季中等以上的主要服装，无论男女，最普遍的面料都是湖绉，其余较多出现的面料为缎子、罗、大绸及华丝葛（后二者为机器制品），绢仅用于一些小件衣物如袜子、腰带、腿带上。⑦ 从价格上来看，晚清时期江南各类丝织品中，以各种锦、缎最为昂贵，湖绉与上等的纱、绸居次，而绢、绫、绵

① 陈学文：《明清时期湖州的丝织业》，《浙江学刊》1993 年第 3 期，第 47 页。
② 光绪《乌程县志》卷 29《物产》，第 946 页。
③ 康熙《归安县志》卷 7《土产志》，第 12b 页。
④ 嘉庆《长兴县志》卷 15《物产》，《中国方志丛书》，台北，成文出版社，1983，影印本，第 887 页。引"谭志"，为乾隆《长兴县志》，刊于乾隆十四年。另引"韩志"已记载有"绉纱"，为康熙《长兴县志》，刊于康熙十二年，与前引《归安县志》年代相当。
⑤ 同治《湖州府志》卷 33《物产》下，第 640 页。
⑥ 建设委员会经济调查所统计课（以下简称"建设委员会"）编《中国经济志·浙江省·吴兴》，1935，铅印本，第 43 页。
⑦ 丁贤勇、陈浩译编《1921 年浙江社会经济调查》，北京图书馆出版社，2008，第 20～24 页。

绸和纱、绸等一些下等品种价格与之相去甚远。[①] 无疑，作为中档产品，湖绉至少在江南地区是主流的丝绸服装面料，当具有广大的市场。

这样看来，湖州城出产的丝织品自明代起即以质量优良闻名，清代持续发展，其产品当为江南市场上的主流类型之一。然而，由于文献记载的缺略，近代以前湖州城丝织业的规模实难论定。光绪年间，湖绉业乡间织工为争取与在城织工相同的工价曾多次与机户发生纠纷，并组织罢工，则由此可见，无论城乡，绉业的生产都有相当的规模。从地方官的示禁碑文中，可见当时湖绉的主要产品有所谓广货与店货，又有"蓝线花绉"，机工则有提花工、织工，又有长工、短工。[②] 据1880年的海关调查，湖州丝织业有织机约4000台，年产量约20.4万匹，这分别占到浙江全省统计数的42.3%和64.4%。[③] 在这项调查中，嘉兴的织机数量只有6台，显然仅指嘉兴府城内"兴纱"的生产，而府属濮院、王江泾等著名绸业市镇的数字并未包括在内，据此则其他各地的数字也当仅指城市的生产规模和产量。但由于原始资料对此并未做明确说明，这些数字所涉地理范围或亦可能包括府属乡镇，乃至双林、菱湖等地。但从民国时期的材料看来，近代湖州城及邻近乡村的绉业确有较大的规模。

1918年，在前一年机户大多亏本的背景下，"城厢内外"存"开织之机"约2000架，不及往年的2/3，其时主要的产品种类有二尺、杭衣、广衣、尺九、店货等。[④] 1930年代编纂的《中国实业志》认为光绪年间湖绉年产20余万匹（与前引1880年海关数字相合），鼎盛时期有机户

① 《清国染织业视察报告》，转引自范金民、金文《江南丝绸史研究》，第366～368页。

② 《乌程县禁止织工停工滋事碑》（光绪二十一年），转引自彭泽益编《清代工商业碑文集粹》，中州古籍出版社，1997，第195～196页。

③ 彭泽益编《中国近代手工业史资料（1840～1949）》第2卷，三联书店，1957，第89页。所据资料为发表于1917年的1880年海关调查数字，同项调查中江南其余各地丝织业的数字如下：南京有织机5000张，年产20万匹，苏州有织机6000张，年产86940匹，盛泽有织机8000张，年产90万匹，杭州有织机3000张，年产71650匹，见该书第74、89页。其中盛泽镇的产量数字或有疑问，因据同项调查提供的江苏全省丝绸总产量的另一数据，仅产35万匹，见该书第73页。即使盛泽的产量数字为实，也可能多是幅窄而质轻的低档产品。据《清国染织业视察报告》，清末江南市场上的"盛纺"，一般幅阔为1.6尺，每尺价格0.2元，一般仅用作衣里，转见范金民、金文《江南丝绸史研究》，第367页。因此，晚清时期湖州的丝织业大体上与上述各著名丝织业中心居于同等地位。

④ 《各埠金融及商况·湖州》，《银行周报》第2卷第29号，1918，第5页；第2卷第27号，1918，第4页。

"逾千"，铁木机 6000 余架（多于前引海关数字），每架年产绸约 50
匹，1932 年绸业"一落千丈"之后，仅余铁木机 2000 余架，其中城
内 750～760 架，乡下 1200 余架。① 《中国经济志》则称："据最近调
查，全县共有机坊机户约三千余家，机数约六千余架"，"全系家庭工
业"，全县全年估计可出绸 16 万余匹，产值估计约 640 万元。而"数
年前丝绸业兴旺时代全县共有……机户六千余家"。② 这些数据所涉范
围都明确是湖州城内外的绸业，但彼此差异不小，何者更为准确，殊
难定论。无论如何，这样的产业规模都令人印象深刻：据范金民和金
文估计，清代江南民间丝织业"最为兴盛"时，南京、苏州和杭州三
大丝织业中心共有织机 5 万～5.5 万张，盛泽镇约有 8000 张，濮院镇
约有 2000 张，王江泾与双林镇共有约 3000 张，王店和临平二镇共有
约 1000 张。③ 即使按照《中国实业志》的数据，全面衰落以后的湖州城
丝织业，其规模与多数"丝织业市镇"的兴盛期比起来也并不逊色。按照
《中国经济志》的数据，则兴盛期的湖州绸绸业完全可能胜过盛泽镇，更
远超双林等地。这样看来，明清至近代湖州府城作为浙江数一数二的丝织
业中心是毋庸置疑的，只有在这一传统产业的背景下，才能理解近代机器
织绸业集中在吴兴县城而不是别处的现象。④

　　谈及双林镇的丝织业，对其特点与性质本文有必要略加辨述。依
前所述，明代双林镇仅以包头纱的织作著称，可能也有一些绢的生产。
乡镇志记载晚明以来当地丝绸产品的品种似有显著的增加，⑤ 但至民国
时期，当地出产的大宗实际上仅有绵绸、包头纱、裱绫、裱绢等数种。⑥
必须强调的是，就产品品质而言，这些丝织品都较为低档，在市场上也处

---

① 实业部国际贸易局编《中国实业志·浙江省》，1933，铅印本，第 48（庚）页。
② 建设委员会编《中国经济志·浙江省·吴兴》，第 42～44 页。
③ 范金民、金文：《江南丝绸史研究》，第 202～203 页。
④ 据实业部国际贸易局编《中国实业志·浙江省》，第 47（庚）～49（庚）页，1930 年代
　初吴兴县城存有机器绸厂 24 家，已是遭受经济危机打击之后的数字，同期杭州仅余绸厂
　17 家，但其全盛期据说有绸厂近百家。吴兴机器绸厂全盛时，据称有 60 余家，参见建
　设委员会编《中国经济志·浙江省·吴兴》，第 42 页。
⑤ 参见樊树志《江南市镇：传统的变革》，第 644～645 页。
⑥ 民国《双林镇志》卷 17《商业·出口货之调查》，《中国地方志集成》乡镇志第 22 辑下
　册，江苏古籍出版社，1992，影印本，第 567 页。

于边缘地位。① 因此，《中国经济志》并不将双林的"绫绢业"与县城的"绸业"等量齐观，而是分别论述。据该项调查，绫绢"在昔多供王宫补壁，奏章裱画装书等用，今则专供裱画及寿服之用，故营业大减，年仅产二十八万匹，约价三十余万元"，另外年产 20 余万匹包头纱，价值 20 万元。② 两项相加，仍远不如城区绸业衰落后的年产值。因此，以双林为湖州府"丝织业最发达"之地一说，恐怕难以成立。另邻近湖州的江南市镇中以产绸著名者为濮院，民国时人追述其地丝织技术的变迁轨迹："一在宋淳熙以后，濮氏之所提倡者为绢帛；一在明万历以后，由土机改良而为纱绸；一在清道光以后，参仿湖绉制造，而绸之外有绉。"③ 这是一个技术进步和产品升级的过程，湖州城丝织业在明代即以绫、纱为主，最晚清初已转向以绉为主的生产，遥遥领先于濮院。

生产之外，湖州城同时是绉绸贸易中心。无论城区还是乡村机户的产品，都由城中绉庄收购并行销四方。由于资料缺乏，近代以前这种贸易的情形已不易了解。④ 根据近代资料，即使在绸业衰落之后，1933 年吴兴城区仍有绉庄 39 家，此外有所谓"疋绉庄" 28 家，"绉贩" 96 人。城区之外，全县仅袁家汇镇有绉庄 4 家。机户与绉商交易的方式，"或系绉庄雇织，或系外路庄客定织，或自行向绉庄出售，或携至城内各茶馆由掮客收买，方法不一"。⑤ 湖绉的销路以"汉口四川东三省为最多，营此业之商人，谓之北帮，销北帮货色以阔绉为主，南帮则为广帮，销广帮货色，以卞毫葛及华丝葛为主"。⑥ 除此之外，上海、杭州、温州等地也是重要的市场。⑦ 据 1932 年统

---

① 晚清时期的调查显示，湖州出产的幅阔 1.4 尺的湖绉（花素）每尺约 0.49 元，而幅阔 2.2 尺的绢每尺价仅 0.18 元，幅阔 2 尺的绵绸每尺仅 0.145 元，幅阔 1.2 尺的绫每尺价在 0.15 ~ 0.26 元，幅阔 1.5 尺的纱每尺价 0.24 ~ 0.27 元。参见范金民、金文《江南丝绸史研究》，第 368 页。

② 建设委员会编《中国经济志·浙江省·吴兴》，第 44 ~ 45 页。

③ 民国《濮院志》卷 14 《农工商》，《中国地方志集成》乡镇志第 21 册，江苏古籍出版社，1992，影印本，第 1065 页。

④ 苏州吴兴会馆建于乾隆五十四年，为"绉绸业集事之所"，可见最晚在乾隆末，湖绉已成为苏州丝绸贸易中的重要产品，而经营者主要是湖州商人。《吴兴会馆房产新旧契照碑》（光绪二十五年），《明清苏州工商业碑刻集》，江苏人民出版社，1981，第 48 页。

⑤ 建设委员会编《中国经济志·浙江省·吴兴》，第 44 页。

⑥ 实业部国际贸易局编《中国实业志·浙江省》，第 55（庚）页。

⑦ 《各埠金融及商况·湖州》，《银行周报》第 2 卷第 30 号，1918，第 5 页；第 5 卷第 29 号，1921，第 15 页。

计，湖绉业全年营业总额 463 万元，虽这一数字低于前引《中国经济志》的估计，却成为当年仅次于米业（483.6 万元）的全县工商第二大行业。[①]

除了绉绸，湖州城同时也是重要的生丝贸易中心，这一点在近代以前的史料中实为隐晦不明。明代地方志中，记载丝、绵的出产"属县俱有"，而多推菱湖所产为佳。[②] 清代以后，随着"辑里丝"之声名鹊起，南浔镇似乎成为湖州丝业的中心，在近代以后的生丝出口贸易中尤为突出。凡此均未见湖州城生丝业兴盛的迹象，然而嘉庆、道光年间南浔闺媛赵菜述及南浔与府城蚕桑业的差异："城中曰养蚕，南浔曰看蚕，其名已异。又城中蚕以筐计，叶以个计，南浔则并以斤计。而育蚕风气不同之处甚多。盖城中作肥丝，南浔作细丝，各有所宜也。"[③] 由此可见，清代湖州城一带确为发达的蚕桑区，且颇可与南浔镇分庭抗礼，只是产丝以肥丝为主。《南浔镇志》论湖丝名目，"今唯细者曰细丝，粗者曰肥丝。细丝亦称经丝，肥丝可织绸绫。浔地以细丝为主，肥丝绝少"。[④] 东亚同文会论及晚清湖州府城的生丝业，"以蚕丝的生产地著名，无需赘言"，"丝制品中，细丝输入上海，粗丝是织湖绉的原料"。该会同时在调整报告中列举了城中主要的丝行牌号 10 家。[⑤] 据此，近代湖州城确系地方性的生丝贸易中心，既出肥丝，也出细丝，但联系到绉业生产的需要，总体当仍以肥丝为主，细丝或许是因应出口贸易的兴盛而后起的。

缫丝业的生产当然不限于城中，而是分散在周边乡村，城市则充当着地方性的生丝收购中心，这也是明清江南"丝业市镇"的普遍特征。明清至近代江南生丝贸易的中心，可能屡经转移，如范金民认为，"南浔镇是鸦片战争前后江南最大的生丝集中基地"，"双林镇是明清之际江南最大的

---

① 《吴兴全县工商业统计》，《湖州月刊》第 4 卷第 6 号，1932，第 43～48 页。与此形成对比的是，当年因生丝价格惨跌，全县"细丝行"与"用丝行"的营业总额合计不足 200 万元，机器绸厂总营业额 73.9 万元，绵业、绢业营业额均不足 10 万元。

② 成化《湖州府志》卷 8《土产》，第 87 页；万历《湖州府志》卷 3《物产》，第 74 页。

③ 同治《湖州府志》卷 30《蚕桑》上，第 582 页，引赵菜《遣闲琐记》。按：赵菜为汪曰桢母，汪则为同治《南浔镇志》纂者及同治《湖州府志》总纂之一，赵主要生活时代当在嘉庆、道光时期。见同治《南浔镇志》卷 30《著述二》，《中国地方志集成》乡镇志第 22 册下，第 352 页。

④ 同治《南浔镇志》卷 24《物产》，第 275 页。

⑤ 东亚同文会：《中国省别全志》第 13 卷《浙江省》，第 96～97 页。

生丝集散中心"，而"菱湖出产生丝在湖州一府最多"。① 湖州城的生丝市场在这些市镇中似乎始终不太起眼，然而据晚清时期海关的调查数据，1878 年和 1879 年两个年份由湖州府城出产（收购）的生丝数量分别达到40.5 万公斤和 46.4 万公斤，在整个湖州府的范围内，这只低于菱湖镇（分别为近 50 万公斤和 54.5 万公斤），却显著地高于南浔镇（分别为 29.5万公斤和 34.6 万公斤）。② 据此当然不能说明晚清民国数十年间湖州生丝市场的规模一直大于南浔，但也许至少可以认为，湖州府城与菱湖、南浔等市镇实为同一级别的生丝集散中心。

1921 年《钱业月报》的报道仍称，"吴兴丝市，以南浔双林菱湖三镇为最，定价亦较城区为优，故乡农均乐赴彼处求售"。③ 但到 1930 年代，城区看来已经是全县最主要的生丝集散地，根据《中国经济志》的记载，1931年城区共有丝庄、丝行 98 家，南浔仅有 27 家；1933 年南浔更只剩下 3 家，而城区仍有 83 家，此外，袁家汇镇有丝行、丝庄 18 家，菱湖有丝行、丝庄7 家；营业额上，则以城区占绝对优势。④《中国实业志》亦记载其时"吴兴肥丝行，共有八十家以上，辑里丝行，仅存数家"。⑤ 这无疑突出反映了1920 年代末期以后，随着生丝出口市场受重挫，以外销为主的南浔丝业衰败，而城区以及菱湖等地，因为所经营的肥丝仍有本地丝织业的市场支撑，虽然也面临国际经济危机的压力，却仍能维持一定的规模。

三　1930 年代湖州的城镇体系及其层级

以上所述充分说明，湖州城并不像传统上认为的那样，只是一个具有"消费城市"特征的政治中心，相反，它是一个区域性的丝织业生产及贸易中心，就重要性而言，也许从明代以来就居于周边著名的"丝绸业市镇"，如双林、菱湖、濮院之上；它还是太湖沿岸平原上星罗棋布的生丝集散市场之一，在较晚的时期还成为区域性的生丝贸易中心。因此，在

① 范金民：《明清江南商业的发展》，南京大学出版社，1998，第 166 页。
② 彭泽益编《中国近代手工业史资料（1840～1949）》第 2 卷，第 88 页。
③《外埠金融及商情·湖州》，《钱业月报》第 1 卷第 5 号，1921，第 5 页。
④ 建设委员会编《中国经济志·浙江省·吴兴》，第 41 页。
⑤ 实业部国际贸易局编《中国实业志·浙江省》，第 46（庚）页。

"经济性质"上，很难认为湖州城与其治下的"工商业市镇"之间存在差别，将其行政属性剥离，湖州城同样是一个以丝绸生产和贸易为特色和支柱的"专业市镇"。在某种意义上，这正印证了施坚雅关于中国传统城市的一般看法："经济方面的重要职能"是"基本的职能"，"商业中心吸引了其他类型的重要职能"（如行政、文化、宗教等），因此，大体而言，城市在行政体系中的层级地位与经济体系中的层级地位是正相关的。①

无疑，要具体说明某个区域的城镇层级体系，史料的约束是学者们必须面对的最大难题。由于史料不足尤其是数据缺乏，要就明清时期的湖州展开系统深入的相关研究几乎是不可能的。但近代史料的充足却为这种研究提供了可行性，尤其是 1930 年代建设委员会的调查，为当时吴兴县城区及大小市镇的工商业规模提供了详细的数据。利用施坚雅的研究方法处理这些调查资料，所得结果详见表 1，表中的"较大城市"即吴兴县城（湖州城），"地方城市"为南浔，"中心市镇"为乌镇、双林和菱湖。考虑到江南发达的社会经济水平，表中具体的层级划分标准比施坚雅的标准略高，同时增加了"村市"一级以归类那些商业规模极小的农村市场。②

表 1　1930 年代吴兴的城镇体系与市场层级

市场层级	商店数量（家）	市镇数（个）	年均营业额/市镇（万元）	金融业	邮政等级
村　　市	15 以下	18	3.0	无	1 处代办所
基层市镇	15～50	23	8.1	2 处有典当	5 处代办所
中间市镇	50～150	8	57.4	4 处有典当	1 处三等乙级，7 处代办所
中心市镇	150～450	3	269.9	钱庄	二等乙级
地方城市	450～1200	1	877.4	钱庄	二等甲级
较大城市	1200 以上	1	4080	银行、钱庄	二等甲级

资料来源：建设委员会编《中国经济志·浙江省·吴兴》，第 26、55～59、74～78 页。其中乌青镇仅有乌镇的数据，若加入青镇的资料，整体或可达到地方城市层级。调查中未见有关乌镇钱业、典当业的记载，但据民国《乌青镇志》卷 21《工商》，则它们显然存在，参见《中国地方志集成》乡镇志第 23 册，江苏古籍出版社，1992，影印本，第 592～593 页。

---

① 施坚雅主编《中华帝国晚期的城市》，第 328、397 页。
② 施坚雅的标准只对部分做了说明：核心地带的地方城市，有 280～900 个商户，较大城市有 900～2700 个商户。见施坚雅主编《中华帝国晚期的城市》，第 407 页。

表中数据显示，1930 年代的湖州城毫无疑义是吴兴县的商业和经济中心，正如建设委员会所描述的，全县"商市行情，均以杭垣为依归，各乡镇又以城市为主脑"。① 实业部国际贸易局将嘉兴和吴兴视为"嘉湖经济区"的两大中心城市，② 更说明湖州城的商业腹地远超出吴兴县的县城范围。

具体而言，1933 年吴兴县城共有商店 2080 家，年营业额总计约 4080 万元。行业涵盖米行、油酒酱、粮食、南货、茶食、纸烛、金银首饰、绸缎布匹、洋广百货、颜料、铜锡、皮箱、钟表、眼镜、茶叶、烟、中药、纸、电料、山货、木器嫁妆、五金、西药、书报、文具、鞋帽、衣、酒菜饭馆、茶园、旅店、沐浴理发、娱乐、西装、照相、染坊、煤炭、煤油、木行、绉行、丝行、茧行等各业，可谓相当齐全。县城的同业公会组织数量众多，除了县商会以外，还有包括丝织业、典业、米业、轮船业、绉业、钱业、金银首饰业、碾米业、丝业、机织业等在内的各业同业公会 31 所。县城的制造业则包括缫丝厂 1 家，绸厂 22 家，发电厂 1 家，碾米厂 16 家，棉织厂 2 家，袜厂 1 家，制碱厂 1 家，此外有铁工厂 9 家，钢箆业 7 家，梭子业 9 家，修船厂 1 家，染坊、炼坊 26 家，冰厂 3 家，羽扇店 14 家。③ 这些"厂"中相当部分已是现代机器工业，但仍有一些是传统手工业，如羽扇业，至晚在清初已经闻名于当地，④ 近代羽扇的制作仍"为吴兴城内特产"，"他处罕见"，"城中衣裳街、彩凤坊、北街等处，制羽扇之店甚多"。⑤ 即使是现代工业的发展，也应当放在湖州城发达的传统手工业经济的背景下来理解，民国时期吴兴的机器绸厂盛时达 60 余家，1933 年仍存的 23 家中，仅另有 1 家在荻港，吴兴县城因此与杭州并称为浙江省最主要的绸业生产中心，这与明清以来湖州城丝织业生产中心的地位有明显

---

① 建设委员会编《中国经济志·浙江省·吴兴》，第 69 页。
② 实业部国际贸易局编《中国实业志·浙江省》，第 1（丙）~2（丙）页。
③ 建设委员会编《中国经济志·浙江省·吴兴》，第 42 ~ 43，48 ~ 55，59 ~ 69，109 ~ 110 页。商店的数据根据 1933 年营业税征收局的登记，营业额则由调查人员估计。工厂均为明确注明了地理位置者，否则未予列入。相对而言，全县市镇在工商业规模上仅次于县城的南浔镇，具体调查数据为：商店 830 家，年营业额总计约 877.4 万元，各类公会组织 11 所，缫丝厂 2 家，发电厂 1 家，碾米厂 6 家，棉织厂 3 家。
④ 雍正《浙江通志》卷 102《物产二·湖州府》，文渊阁《四库全书》第 521 册（史部 279 册），台北，商务印书馆，1986，影印本，第 521 ~ 609 页。
⑤ 湖社宣传部辑《吴兴导游》，第 41 页。

的延续性，绝不是突然出现的。[①]

民国湖州城作为吴兴县乃至更大地理范围（嘉湖经济区）内金融中心的地位，在各方面资料中也体现得十分突出。1920 年前后《银行周报》关于湖州金融和市面情形的连续报道，显然以城区为中心，很少关注到南浔、乌镇、双林等市镇，根据 1918 年的数据，县城已有钱庄 11 家，并有数家私人股份制商业银行开办，而南浔、菱湖等市镇的钱庄、典当业多赖县城同业实现资金挹注与周转。[②] 1933 年县城有中国银行、浙江地方银行和浙江兴业银行三家现代银行设立的办事处，南浔、双林、菱湖等大市镇仅有中国银行所设汇兑处；钱庄"往昔城区计有……二十七家，南浔计有三家，双林计有四家，菱湖计有三家"，当年城区剩 7 家，南浔 2 家，双林 1 家，菱湖 3 家；只有典当的地理位置分布较分散：全县共 28 家，其中，县城 6 家，南浔、双林、菱湖各有 5 家。[③] 表 1 中资料显示，施坚雅重视的邮政等级与各地经济层级之间也具有颇高的拟合度。

四　余论：湖州整个城，不及南浔半个镇？

1934～1935 年，中国经济统计研究所在吴兴县蚕桑区开展农村调查期间，在南浔曾记录到当地一句谚语："湖州整个城，不及南浔半个镇。"对本文的题旨而言，这似乎是个不利的证据。江南市镇史研究的诸大家，也正是受到这条谚语的深刻影响，得出了"湖州不如南浔"的结论。典型的如刘石吉先生的论述："至少在清季，它（南浔）的繁盛，绝对凌驾湖州府城而上了。'湖州整个城，不及南浔半个镇'的谚语，充分将因商业发展而新兴的南浔镇，与传统古老行政中心的湖州府城（今吴兴县城），做了一个极鲜明的对比。""不论就人口或商业化程度来看，南浔镇远驾乎湖州府城（兼为归安、乌程县城）而上，乌青镇也超过了县城。"[④] 然而，如

---

① 建设委员会编《中国经济志·浙江省·吴兴》，第 42 页；实业部国际贸易局编《中国实业志·浙江省》，第 47（庚）～49（庚）页。

② 《各埠金融及商况·湖州》，《银行周报》第 3 卷第 4 号，1919，第 42 页；第 1 卷第 4 号，1917，第 6 页；第 2 卷第 30 号，1918，第 5 页。

③ 建设委员会编《中国经济志·浙江省·吴兴》，第 74～77 页。

④ 刘石吉：《明清时代江南市镇研究》，第 43、135 页。

前文所述，近代调查数据显示出来的情况，与这一论述恰恰相反，无论是南浔还是乌青镇，在地理、人口和工商业规模上都无法与湖州城相比，后者作为区域经济和商业中心的地位无可争议，并非为不具商业性格的"传统古老行政中心"。即使在南浔的"黄金时代"——生丝出口贸易兴盛的19世纪晚期，前引海关的调查数据也显示，府城的生丝贸易不见得比南浔落后。

重要的是，"湖州整个城，不及南浔半个镇"，实际所指并非两地的地理、人口或工商业规模，而是对晚清兴起的湖州商帮中，籍贯为南浔、以丝业起家的商人所具有的雄厚实力和影响力的强调。[①] 中国经济统计研究所的调查者其实清楚地说明了这一点，他们这样介绍和评价这条民谚："湖丝销售洋庄，南浔镇实开风气之先。当时湖州六属丝行，几皆为南浔人所包办，由湖州出口，亦以南浔为中心。南浔镇上略有资产者，皆由是起家，家财垒聚，自数万乃至数百十万者，指不胜屈……故时人有'湖州整个城，不及南浔半个镇'之谣。""所谓'湖州整个城'乃指湖州府城而言。湖州文风之盛，自古著称……然城内富室财产，多来自宦囊，其意义与南浔镇之以商贩起家者迥不相同，一以一纯为封建色彩，一则渐染资本主义色彩也。由仕途起家者，其经过甚难，其财力有限，以贸易起家者，其得之也易，其致富也速，而财力并无限量。然则以古老之湖州府城与新起之南浔比，自瞠乎其后矣。"其后遂有关于"四象、八牛、七十二只狗"的著名介绍。[②]

这里仅需强调的是，中国历史上的地域商帮，常有虽出自经济相对落后"边缘"地带，却能主宰发达地区、中心城市乃至全国经济命脉的情形，如明清时期的徽州商人在江南，近代宁波商人在上海，皆是其例。我们固然不能认为明清时期的徽州在经济重要性上超过江南，也不能认为近代的宁波"规模胜过上海"，同样的，不能据"四象、八牛"而认为南浔

---

① 有关湖州商帮及南浔丝商的研究，相关论著及征引材料十分丰富，兹不赘述。参见陶水木《近代湖州商帮兴衰探析》，《浙江学刊》2000 年第 3 期；陈永昊、陶水木：《中国近代最大的丝商群体》，浙江人民出版社，2001；方福祥：《近代上海湖州商帮的演变及其特征》，《学术月刊》2003 年第 3 期；汪波：《南浔社会的近代变迁（1840～1937）》，尤其是第三章所述；李学功：《南浔现象——晚清民国江南市镇变迁研究》，中国社会科学出版社，2010，尤其是第五章的论述。

② 中国经济统计研究所编《吴兴农村经济》，第 122～126 页。

的经济地位高于湖州府城。事实上，学者们普遍认识到，尽管都是南浔人，都以丝业起家，但"四象、八牛"们的巨额财富并非仅集中于丝业，而是更多地在他们由丝业起家后转而从事的盐业、典当业、房地产业、近代机器工业等。他们从事这些经营活动的舞台，更以上海为中心，遍及江、浙各地，远及汉口及长沙。他们自己作为"吴兴大户"，则"久居申江"，在一二代以后大部分脱离了生丝贸易或者不再以此为主业，连在本乡本土购置田产的都"不甚多"。① 这样一个商业集团规模巨大的经济活动，绝不是全都发生在南浔这样一个小舞台上，甚至多数情况下跟南浔的关系已经不大了。南浔即便是他们最初经营丝业的舞台，恐怕也以在上海担任"丝通事"者居多，或者得力于控制"湖州六属丝行"，并非从株守南浔收购乡民的生丝做起。②

　　当然，这并不是否认南浔在地方经济体系中的重要地位，它至少在一定历史时期内是湖州乃至整个太湖流域最重要的生丝集散中心，生丝贸易也是区域经济的命脉之一。然而，南浔商帮掌控了生丝出口贸易，不意味着这一贸易都跟南浔镇有关；南浔商帮的商业力量更远远超出生丝贸易的范围，亦不能将之等同于南浔镇的经济规模。总的来看，前辈学者对于"湖州整个城，不及南浔半个镇"一语的解读，或有过度诠释之嫌。

（作者：黄敬斌，复旦大学历史系）

---

① 中国经济统计研究所编《吴兴农村经济》，第 125～126 页。调查者明称，"以笔者所知，其以大部资财继续经营丝业者仅梅氏一户耳"，而梅家的地位，一般认为只是"八牛"之一。

② 中国经济统计研究所编《吴兴农村经济》，第 123 页。

密州城市历史地理的初步研究[*]

古　帅　王尚义

内容提要：密州城最早起源于古东武邑，由古东武邑发展成东武古城，东武古城依东武冈而建，大约至汉代因水源缺乏而迁建于东武冈下，形成后世所称的南城。至北魏永安二年（529）置胶州，在南城基础上扩建北城，奠定了以后密州城的基本轮廓和空间格局。隋开皇五年（585）罢胶州改置密州，无论是在园林建设还是在文化繁荣上都达到了新的高峰。苏轼知任密州不仅促进了密州城的建设，而其密州城市水利设想也是留给后人的重要文化遗产。

关键词：东武古城　北魏南北城　密州城　苏轼

城市历史地理是历史地理学研究的一个重要且相对成熟的分支学科。自侯仁之先生开创现代城市历史地理研究以来，一大批历史地理学者加入到城市历史地理的研究队伍中来，具代表性的有马正林^①、李孝聪^②等。对于山东城市历史地理的研究，侯仁之先生对淄博的形成与发展进行了较为细致的历史地理考察。^③ 顾朝林对山东烟台地区城镇变迁之历史过程进行

---

　　* 基金项目：山西省高等学校哲学社会科学研究项目（2011325）、山西省高等学校哲学社会科学研究项目（2010320）资助成果。

　　① 马正林：《中国城市历史地理》，山东教育出版社，1998。
　　② 李孝聪：《历史城市地理》，山东教育出版社，2007。
　　③ 侯仁之：《历史地理学的理论与实践》，上海人民出版社，1979，第336~388页。

了研究。① 李嘎的博士学位论文《山东半岛城市地理研究——以西汉至元城市群体与中心城市的演变为中心》对山东半岛的城市从历史地理的角度展开了较为系统的研究，并在此基础上发表了一系列的文章。② 刘伟国对潍坊地区的城镇体系的发展演变进行了历史地理方面的考察。③ 具体到诸城或者密州的研究，卜正民先生在《为权利祈祷：佛教与晚明中国士绅社会的形成》一书中有一章专以诸城为研究对象，对晚明诸城士绅捐助寺庙的活动进行了社会史方面的研究。④ 其他还有不少研究集中在宋代密州区域经济、文化、交通等方面。⑤ 总的来看，当前还没有文章专门对密州城市的历史地理方面进行系统考察，笔者拟在前人研究的基础上对密州城市的起源和演变进行初步探索，并对苏轼的密州城市水利设想进行分析。

《太平寰宇记》卷 24 记载："……（北魏）永安二年，分青州立胶州，以胶水为名也。隋开皇三年，罢郡县属胶州，五年，改胶州为密州，取境中密水为名。"⑥ 据此可知，密州因密水而得名，上承胶州，虽然在隋唐金元之际密州之名屡有反复，辖境也有所变更，但终于延续了下来，至明初密州才被撤去，诸城县改属青州府管辖。乾隆《诸城县志》记载："明太祖洪武元年夏四月置山东行中书省……（洪武）二年……夏六月戊戌省密州，以诸城县隶青州府，以州治为县治。"⑦ 也就是说，密州前后延续了近800 年的历史，在今天的诸城发展史上写下了重要的一笔。

① 顾朝林：《山东烟台地区城镇历史发展研究》，《历史地理》1990 年第 7 辑。
② 李嘎：《山东半岛城市地理研究——以西汉至元城市群体与中心城市的演变为中心》，复旦大学博士学位论文，2008. 相关文章有氏著《青州城历史城市地理的初步研究——以广县城与广固城为研究重心》，《管子学刊》2007 年第 3 期；《青州城市历史地理初步研究》，《历史地理》2010 年第 24 辑；《从青州到济南：宋至明初山东半岛中心城市转移研究——一项城市比较视角的考察》，《中国历史地理论丛》2011 年第 4 期；《南北朝时期济南城市变迁考论——基于城市行政等级与职能作用的考察》，《史林》2011 年第 2 期；《潍县城：晚清民国时期一个区域性大都会的城市地域结构（1904～1937 年）》，《中国历史地理论丛》2012 年第 4 期。
③ 刘伟国：《山东潍坊地区区域城镇体系发展研究》，陕西师范大学硕士学位论文，2006。
④ 〔加〕卜正民：《为权利祈祷：佛教与晚明中国士绅社会的形成》，张华译，江苏人民出版社，2008，第 241～263 页。
⑤ 贾茜：《北宋密州区域经济研究》，辽宁大学硕士学位论文，2011；卢厚杰：《北宋密州地区人才崛起探因》，《潍坊教育学院学报》2011 年第 6 期；张蕾蕾：《密州板桥镇港口研究》，中国海洋大学硕士学位论文，2009。
⑥ 乐史：《太平寰宇记》卷 24《河南道·密州》。
⑦ 乾隆《诸城县志》总纪 2 第 1《总纪上》。

密州的前身是胶州，而胶州州治是在东武县的基础上扩建而成的，要弄清密州城市历史的起源和发展，必须对东武县城的历史地理演变过程进行梳理，并探讨以下相关问题：东武县的起源在哪里？为什么会起源于这里？北魏的政区变革给东武的城市空间格局带来哪些影响？唐宋时期的密州城又是什么样子的？正是这些问题牵引着笔者不断地思考与探索。

一　东武城的起源及其地理基础

今天的诸城市"诸城"之名始于隋开皇十八年（598）改东武县为诸城县，《太平寰宇记》记载，诸城之名"取县西三十里汉故诸县城为名"。对于诸城名称的历史溯源笔者已有文章进行分析，① 这里需要注意的是，今天的诸城置县已经有 2000 多年的历史，它的前身就是东武县。东武县大约设于秦末汉初，②《水经注》卷 26 潍水部分记载："……（潍水）东北过东武县西，县因冈为城，城周三十里。"③ 据此，我们大致可以复原东武县的一些情况：东武县最早是"因冈为城"的，或可将之称作东武岗。④东武岗位于今天诸城市区南部的古城子一带。对于古城子，明万历《诸城县志》有记载：

> 古城，在今县治城东南门外里许高岗之上，城周约五六里，东北、东南、西南三面城角犹隆然圮而不夷，独西北角一面，尽为两水冲成沟壑，无覆遗址，士人从来称为古城，莫知何成也……窃意此城三代时所筑，其全枕高岗，未知何以，或时遭洪水，民畏下而就高舆，未可知也……则东武之名其来已久，非始于汉初，而此城或为上古东武邑，殆秦汉置郡县，此城或敝隘难居，因于西侧冈下复筑今城，仍袭名。⑤

---

① 古帅等：《诸城地名的历史溯源》，《中国地名》2014 年第 4 期。
② 郦道元著，陈桥驿校证《水经注校证》，中华书局，2008，第 630 页。
③ 对于东武置县的问题，笔者在《诸城沿革地理研究二题》（未刊稿）一文中进行了分析，拙文认为东武设县的时间最晚在汉高祖六年（前 201）至吕后七年（前 181）间，较为准确的时间应是在秦灭齐置琅琊郡（前 221）至郭蒙被封东武贞侯（前 201）间。
④ 这里的"冈"准确地说应为"岗"，下文除引文需尊重原文外，统一用"岗"。
⑤ 万历《诸城县志》卷 8《古迹》。

　　根据上面的史料记载，我们基本上能够确定东武城的起源了。最早的东武城就是建在东武岗上，当地人称之为古城（或古城子），城周长五六里，至明万历时仍能看到古东武城倾圮的遗迹，我们可以暂且称之为东武古城。至于郦道元《水经注》所记载的"城周三十里"恐不只是指后世所说的南城，很可能还包括东武古城在内。先人们为什么放弃高岗之上的古城而移至岗下另筑新城呢？上面的记载基本上给出了答案：其一缘于洪水的冲击，其二是"敝隘难居"。古人一方面需要躲避洪水的威胁，另一方面又不能远离水源，以前大部分城市最初的选址多在水边的高地，古东武城也不例外。[①] 但是，随着人口的增加，东武古城就显得"敝隘难居"，不得不在东武古城西侧的岗下另筑新城。但是，在这里我们还是需要谨慎下定论，东武岗可以说是今天诸城市区海拔的最高点，在这里建城受到洪水威胁的可能性是很小的。所以笔者认为，人口随着社会的稳定而增多，却导致取水困难和"敝隘难居"，这是古东武城迁变的主要原因。[②]

　　如果继续追问东武古城的源头，正如明代士绅所推测，或许可以认为它源自明人所说"上古东武邑"，又宋乐史《太平寰宇记》引《齐道里记》云："东武县本有东武山……今犹有东武里。"[③] 据此，我们可以推测，东武县源自东武邑、东武里，而"东武"之名还可追溯至东武山，这恐怕是战国时期的事情了。

　　确定了东武古城的起源，我们再进一步探讨其所处的地理环境。诸城市位于山东半岛的南部，泰沂山脉与胶莱平原的交界处，处胶莱平原南部的潍河平原，地势南高北低，东南部为起伏较大的低山丘陵，县境中部向北系一片波状平原，在南高北低的地形控制之下，境内河流多由南向北流，潍河为境内的最大河流，自西南而东北贯穿全境。潍河在境内支流众多，组成叶脉状水系。[④]《水经注》记载：

---

① 李嘎在其博士学位论文《山东半岛城市地理研究——以西汉至元城市群体与中心城市的演变为中心》中考察了潍河流域的城市选址，认为大多是选址于潍河支流附近的高地上。

② 据笔者对诸城市博物馆韩岗先生的访问，东武古城在考古发掘的过程中，发现了不少深井（大致是这个意思），这在一定程度上反映了当时古城人们饮水困难的问题，笔者对此也表示赞同。

③《太平寰宇记》卷24《河南道·密州》。

④ 诸城县地方史志编纂委员会编印《诸城县概况》，1984，第3~4页。

（潍水）又北，左合扶淇之水，水出西南常山，东北流注潍……
潍水又北，右合卢水，即久台水也。水出琅琊横县故山，王莽之令丘
也。山在东武县故城东南，世谓之卢山也。①

这里提到的"扶淇之水"即今天的扶淇河，久台水、卢水就是今天的
芦河，它们都发源于东南部的山区，流向西北注入潍河。东武古城就位于
芦河和扶淇河之间的东武岗上，或者说东武岗就是一个分水岭，当然，在
这里选址建城所起的防止洪灾作用是非常明显的。但是诸城地处季风气候
区，降水多集中在夏季，每遇大雨，众多支流汇入潍河，难免会有洪灾发
生。再加上境内潍河水系河床比较大，水流湍急，侵蚀力强，河道弯曲，
宽窄不一，行洪能力差，洪灾也就更易发生。当然，如前所述，东武古城
由于处在至高的地理位置上，受到洪灾的威胁几乎没有，但是后来的东武
城就难逃此劫了。

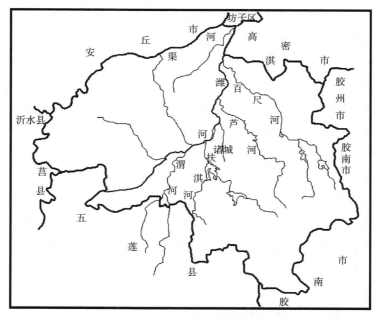

图1　诸城水系与诸城城址略图

---

① （北魏）郦道元著，陈桥驿校证《水经注校证》，第630页。

清乾隆《诸城县志》记载："（明正德）八年（1513），秋大雨，潍水逆流，壅扶淇水入城门，坏庐舍无算，修城。"① 这样的水灾在诸城的历史上不止发生过一次，所谓的"潍水逆流"也就是由于河道的行洪能力差导致潍河及其支流合流之水倒灌而冲坏县城。虽然这是发生在明代的事情，但洪灾对城池的毁坏也可见一斑，前文所引明万历《诸城县志》中记载的"独西北角一面，尽为两水冲成沟壑"中的"两水"很可能就是这里提及的潍河及其支流扶淇河，而其冲击的"西北角一面"则恐被误指为东武古城的西北角，实际上当是后世迁建于顺东武岗自南而北的缓坡之上的东武城。当然，通过这点，我们也就更能加深对东武古城所处的地理环境及其特征的认识了。

二　秦汉时期的东武城

清乾隆《诸城县志》记载："古城在县东南门外冈上……《齐乘》以今南城为汉县或汉复迁筑者。"② 其中所引《齐乘》的这种看法还是比较严谨的，也是较为科学准确的。又苏轼在《山堂铭》"序言"中提到："熙宁九年夏六月，大雨，野人来告，故东武城中沟渎圮坏，出乱石无数。"③乾隆《诸城县志》对此进行了进一步的分析："（故东武城）若为今南城，不当云野人来告也。"④ 显然，这种解释是正确的，正如前文所述，在明代仍能看到东武古城倾圮的遗迹，更何况是在宋代，苏轼亦曾于此"日与通守刘君廷式循古城废圃，求杞菊食之"。⑤ 清乾隆《诸城县志》对东武古城进一步描述："城址存者，高阔不减今城。城东南有将台，台南多土堆如营垒状，大者一，小者六，古城演武所也。"⑥ 根据以上史料记载，我们又能加深对东武古城的认识，但是，至于它是什么时候建成的，又是什么时候迁移至东武岗下的，到目前为止还很难弄清楚，不过从秦汉时期东武政区的历史沿革，再结合现代的考古发掘，或许能揭开东武古城的奥秘。

---

① 乾隆《诸城县志》总纪2第1《总纪上》。
② 乾隆《诸城县志》考12第5《古迹考》。
③ 李增坡主编《苏轼在密州》，齐鲁书社，1995，第263页。
④ 乾隆《诸城县志》考12第5《古迹考》。
⑤ 苏轼《后杞菊赋》，转引自李增坡主编《苏轼在密州》，第236页。
⑥ 乾隆《诸城县志》考12第5《古迹考》。

我们先从方志记载看秦汉之际东武的情形。明万历《诸城县志》记载："东武国：即汉东武县，今县南城，以封建王侯谓之国，以统属县邑谓之郡。东武先为县，次为国，次为郡。"① 清乾隆《诸城县志》记载："高祖六年封郭蒙为东武侯，传子它，至景帝六年方除国。"② 又记载："琅琊，齐邑……汉置琅琊县……勾践徙都琅琊。秦始皇二十六年灭齐以为郡……汉高帝吕后七年以为王国，文帝三年更名为郡，王莽改曰填夷。据此，则琅琊王泽实国于此，同时东武侯郭它固国于东武也，而汉书地理志琅琊郡五十一县首东武，琅琊县下亦不著王国，岂泽徙燕之后国废，郡治遂迁东武也。"③

秦汉之际，社会动荡，汉代汲取秦朝兴郡县制之教训，实行郡县和郡国并行制，又遇吕后执政和新莽改制，政区变迁较为繁复。如果按照明万历《诸城县志》所说的"东武国，即汉东武县，今县南城"的话，那么东武古城的筑城肯定在汉代之前。虽然我们未能找到直接影响东武古城城址迁移的相关史料，但是从政区繁复演变背景下，加之战乱和自然灾害的影响，我们或可从侧面看到那个时代留在东武古城身上的烙印。

表1　秦汉时期琅琊地区的战乱和灾害事件

时间（年）	事件
汉高祖四年（前203）	冬十有一月，韩信败楚将龙且，于潍水斩之，追至城阳，虏齐王广，县归于汉
汉高祖八年（前199）	琅琊王泽，发其国兵，随齐王诛诸吕
汉宣帝本始四年（前70）	夏四月壬寅，琅琊地震，坏祖宗庙。诏勿收租赋
更始元年（23）	淮阳王，秋九月，汉兵诛莽，郡县复旧名
更始二年（24）	盗张步起琅琊
东汉光武帝建武十六年（40）	琅琊盗贼复起遏者，张宗讨平之
东汉桓帝永兴二年（154）	冬十有二月，琅琊盗贼群起
东汉灵帝中平五年（188）	大水

资料来源：乾隆《诸城县志》总纪2第1《总纪上》。

---

① 万历《诸城县志》卷8《古迹》。
② 乾隆《诸城县志》表11第2《封建表》。
③ 乾隆《诸城县志》考12第5《古迹考》。

此外，从现代的考古发掘来看，东武古城城址夯土层次分明，遍地残瓦遗留，并多次出土篆文"千秋万岁"瓦当，残存柱基，石佛、菩萨等神像，以及五铢铜钱、铜镞、龟纽铜印、铁鼎、铁镢、镰刀等亦多有发现，城西侧出土的残石佛、菩萨石像，雕刻精致，形象逼真，有些还涂有彩铁金，鲜艳如新。① 如此丰富的遗存不仅反映了当时较为先进的生产力状况，还能看出佛教在琅琊地区的兴盛。东武古城历经战国至两汉，先后为琅琊国国都、东武侯国都，以及琅琊郡治所，并发展成为东南海疆的政治、经济和文化重地。

三 魏晋时期的南城和北城

清乾隆《诸城县志》记载："……东武在汉为琅琊郡治时，兼设者数县，诸其一耳。后汉章帝时琅琊孝王徙国开阳而郡随之是地，兼设之县遂有属北海国者，曹魏郡县无可考，晋宋间诸、东武或属城阳，或属东莞，或属平昌，不复属琅琊矣。"② 这里所说的东武在汉为琅琊郡治，应该是汉武帝元封五年（前106）置刺史部十三州而琅琊郡属徐州的事情，而"兼设者数县"则要追溯至汉初吕后执政的时候。很明显，到了曹魏以后的两晋南北朝时期，琅琊地区的政区变更更为复杂，而东武的琅琊郡治的地位也不复存在，东武古城至此时也早已由东武岗上迁至岗下了。

在诸城的城市发展史上，北魏永安二年（529）是一个重要的转折点，宋乐史《太平寰宇记》记："州理中城，后魏庄帝永安二年筑以置胶州。"③ 清乾隆《诸城县志》记载："（后魏）庄帝永安二年置胶州于东武县，筑北城为州治，领郡三。"④ 所谓的"领郡三"即"曰东武者治姑幕，所领扶淇、梁乡皆今县境；曰高密者治高密，平昌、东武属焉。"⑤ 又记载："城分南城北城，《齐乘》密州理有中外二城。"⑥ "中外二城"，即表明北城和南城的格局至此初步形成。

---

① 任日新：《东武故城》，转引自李增坡主编《苏轼在密州》，第635~638页。
② 乾隆《诸城县志》表11第2《封建表》。
③ 《太平寰宇记》卷24《河南道·密州》。
④ 乾隆《诸城县志》总纪2第1《总纪上》。
⑤ 乾隆《诸城县志》表11第2《封建表》。
⑥ 乾隆《诸城县志》考12第4《建置考》。

北魏在南城北面另筑北城，实际上也就为唐宋时期的密州城和明清民国时期的诸城县城奠定了基础，前后延续了 1400 多年。清乾隆《诸城县志》记载："城周九里有三十步，高二丈有七尺，阔三丈有六尺，南城视北城广增十之二，衮增十之五。城门五，南曰永安，东南曰镇海，西南曰政清，东北曰东武，西北曰西宁。有月城，有重门，有楼池深一丈有五尺，阔三丈。"① 虽然这已是明初以来多次重建后的诸城县城，但是史志记载的数据与现代考古调查测量的结果基本相似，② 这样的规模应该与魏晋时期南北二城和唐宋时期密州城的规模相差无多。此外，从城市的轮廓结构来看，南城宽而北城窄，这样整个州城就好像一个"凸"字，而贯穿南北城正中间的大道则成了整个城市的中轴线。

又清乾隆《诸城县志》记载："南北城之交有门曰双门，故东武门址也，其左右城垣，前志以为后魏置胶州时撤之，合南北为一城。"③ 据此可知，北魏置胶州时，把原秦汉以来的东武城（即南城）的北城门、东武门两侧的城墙拆除了，而保留下来了东武门，后又改名为双门，这样看来，双门的由来就要追溯到北魏扩建北城的时候了。

四 唐宋时期的密州城

1. 密州城的空间结构

隋朝建立了统一的国家后，随着经济的发展和社会的稳定，对全国的政区也做了一番调整，东武的政区变化就是在这样的历史背景下进行的。

宋乐史《太平寰宇记》记载："诸城县……后汉属琅琊国，晋属东莞郡，后魏属高密郡。隋开皇三年罢郡属胶州，五年，改胶州为密州，县仍属焉。十八年改东武为诸城县。"④ 自此，诸城迎来了发展史上的"密州时代"，以后历经唐宋金元，虽然密州名称屡有反复，归属上随朝代的更替也多次易手，但是东武县作为密州的州治，基本上保持稳定，还是保持在州这一较高的层次上。

---

① 乾隆《诸城县志》考 12 第 4《建置考》。
② 韩岗：《密州故城》，转引自李增坡主编《苏轼在密州》，第 632 页。
③ 乾隆《诸城县志》考 12 第 4《建置考》。
④ 《太平寰宇记》卷 24《河南道·密州》。

密州城是北魏南北城的延续和发展，依然保持着南北二城"凸"字形的轮廓，自州治正门向南至永安门中贯的府前大街仍然是整个城市的中轴线。清乾隆《诸城县志》记载："……隋开皇十八年始改东武为诸城，立县治为密州倚郭……明初，省密州，即州治为诸城县治，而南城之县治遂废。"① 唐宋至明初的密州城在继承北魏南北城的基础上，以北城为州治，而南城为诸城县治。我们可以再转换一下思维，既然唐宋密州城是在北魏南北二城的基础上承继过来的，那么魏晋时期的南北二城大致也应是这样，北城为胶州州治，而南城为东武县治所在。

至宋代，自州治至永安门的南北中轴线就更为凸显了，乾隆《诸城县志》记载："街巷自县治南抵永安门（南门）曰大街，苏轼所谓尽城之南北相望如引绳也。"② 查苏轼《盖公堂记》："治新寝于黄堂之北，易其弊漏，达其壅蔽，重门洞开，尽城之南北，相望如引绳，名之曰盖公堂，时从宾客僚吏游息其间。"③ 此处所说"黄堂"，即为知州办公之处，盖公堂建成之后，"重门洞开"，南北相望才如引绳，中轴线至此才能说是实现了完全意义上的南北贯通。

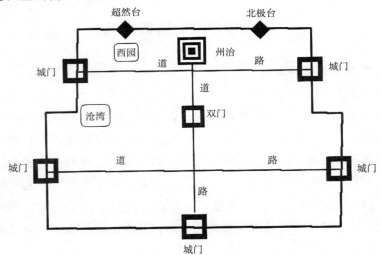

图 2　苏轼知密州时期的密州城想象略图

① 乾隆《诸城县志》考 12 第 4《建置考》。
② 乾隆《诸城县志》考 12 第 4《建置考》。
③ 苏轼：《盖公堂记》，转引自李增坡主编《苏轼在密州》，第 247 页。

接下来，我们再来看看城内的交通状况。明初撤密州后改诸城县隶属青州，南城的县治功能亦随之被废弃而改为军城，北城州治作为县治为民城。唐宋以来的密州城历经明清多次重修，但多是局部的修整或者是城郭范围的稍扩，城内的道路走向变化不大，至清乾隆二十六年（1761）增修、二十八年落成之后，城市的内部空间结构和布局也就稳定下来。

经过乾隆年间重修过的诸城县城城门有五："南曰永安，东南曰镇海，西南曰政清，东北曰东武，西北曰西宁。"① 乾隆《诸城县志》记载："自县治（即原密州州治）南抵永安门曰大街……县治前自东武门抵西宁门横街东曰东市（街），西曰西市（街），人迹骈阗居一城之最……自镇海门抵政清门，中穿大街曰郭街，旧名四牌楼郭街。"② 自此，诸城县城内主干道路的格局就清楚了，只不过县治门前的东西市街为全城内人口最为密集的场所，一则可能因为它本身就是一条商业街，二则与密州撤治后的城市功能分区不同而引起的城内人口分布不均有关，至于唐宋时期的密州城是否如此，笔者推测恐怕不如明清时期的"东西市街"繁忙。

值得注意的是，清乾隆《诸城县志》对明代以前的诸城县治所在提出了一种怀疑，有记载说："由仓湾而南者曰后营，旧为军城时，兵营巷东为所院，旧千户所也，前志云千户所旧基为天清观，疑即诸城县故治。"③ 其中所说的"前志"当是康熙《诸城县志》，如果上述推疑成立的话，我们也就能确定唐宋以降的诸城县治的位置了，这也反映出密州城内部结构变迁的复杂性。

2. 苏轼与密州城的亭台园景

苏轼知密州期间除了修建盖公堂，还修建了山堂、西园、超然台等景点。苏轼《山堂铭》序文中记载："故东武城中沟渎圮坏，出乱石无数。取而储之，因守居之北墉为山五，成列植松柏桃李其上。且开新堂北向，以游心寓意焉。"④ 北墉即为密州城的北墙，大意为苏轼把东武古城遗址取来的"乱石"在州城北墙堆成五座小山，在上面种树，并在州治大堂开北门，北墉之山景随时可见，虽客寓他乡，但也增添了不少乐趣。

---

① 乾隆《诸城县志》考 12 第 4《建置考》。
② 乾隆《诸城县志》考 12 第 4《建置考》。
③ 乾隆《诸城县志》考 12 第 4《建置考》。
④ 苏轼：《山堂铭》,转引自李增坡主编《苏轼在密州》,第 263 页。

西园，也叫使园。苏轼《大雪，青州道上，有怀东武园亭，寄交代孔周翰》一文中，后人注解说："超然台在使园之北，先生有记云：使园之北，因城以为台者旧矣，稍葺而新之。"① 据此可知，西园当在密州州治的西侧，超然台的南面，注解中所提到的"记"应为苏轼《超然台记》，其中说道："于是，治其园圃，洁其庭宇，伐安丘、高密之木以补破败，为苟完之计。而园之北，因城以为台者旧矣，稍葺而新之。"② 这里所说的"园"当是指西园，苏轼来到密州后，伐取了安丘、高密等地的林木，不仅修葺了州治庭宇，修建亭台，而且建造园圃，密州城为之焕然一新。另苏轼有《春步西园见寄》云："岁岁开园成故事，年年行乐不辜春。"后有查注云："宋制，州守每岁二月开园，散父老酒食。"③ 据此可知，园圃的修建是州守的职责所在，苏轼在履行职责的同时，更为密州城撰著了不少奇文佳句和增添了笑语欢歌。清乾隆《诸城县志》记载："尝以轼诗文考之，其时，署西北有园……园曰西园……园之斋曰西斋，深且明，中有六尺床……其轩曰西轩。"可见，西园还建有西斋、西轩，苏轼在这里"撷园蔬，取池鱼，酿秫酒"，宴请宾客，其乐融融。当然，当时的密州城不止一座园圃，苏轼还有《见邸家园④留题》和《再观邸园留题》诗二首。邸园应该也是密州地区的名园，清乾隆《诸城县志》记载："邸家园又见轼诗，今县东南七十里有邨名邸家河，邸氏犹族居焉，其园主之苗裔也。"⑤ 清人所说的"（苏）轼诗"应该是前面的两首，如其所说确实，则不但能从中看出密州城的园亭之美，更反映出私家园林的兴盛，我们或可从邸园"小园香雾晓蒙蒙"⑥ 的景象之中去体会昔日密州的盛景雅境。

宋代密州城最引人注目的亭台要数超然台了，超然台位于州治的西北面，苏轼所言"因城以为台"，也就是说超然台位于北墙之中，是借助北城墙而建筑的。既然是"稍葺而新之"，这就说明超然台早就存在了，至于到底什么时候建成，不得而知。清乾隆《诸城县志》记载："北城上与

① 苏轼：《大雪，青州道上，有怀东武园亭，寄交代孔周翰》，转引自李增坡主编《苏轼在密州》，第363页。
② 苏轼：《超然台记》，转引自李增坡主编《苏轼在密州》，第250页。
③ 苏轼：《春步西园见寄》，转引自李增坡主编《苏轼在密州》，第365页。
④ 邸家园，又称邸园。
⑤ 乾隆《诸城县志》考12 第5《古迹考》。
⑥ 苏轼：《再观邸园留题》，转引自李增坡主编《苏轼在密州》，第367页。

超然台东西并峙者为北极台。"超然、北极二台并峙的局面至明嘉靖年间尚存，而北极台至清代倾圮废弃。回过头来再看看超然台的重新落成，站在超然台上看，"前瞻马耳九仙山，碧连天，晚云间"，[①] 更开阔了视野，再加之"台高而安，深而明，夏凉而冬温"，[②] 自然也就成了文人墨客畅述幽情的理想场所，苏轼有《望江南》诗云："试上超然台上看，半壕春水一城花。烟雨暗千家。"[③] 虽然诗文中多有夸张的成分，但也能从侧面反映出密州的景象，这里所说的"半壕春水"很可能就是密州城池之水，但是我们也不能忘记密州城另一个重要园亭水景——沧湾。

沧湾，又名沧浪湾，位于今诸城市区电影院的西南，市图书馆北面，和平大街的东侧。从沧湾的位置来看，地势较为低洼，南城之雨水顺着自东南向西北倾斜的缓坡而流，多汇集于此。至于沧湾是什么时候形成的，已很难考定。据诸城地方史研究专家任日新先生考证，沧湾很可能是在汉魏之间修建南城和扩建北城之时就地取土而成。[④] 如果真是那样的话，沧湾也就有近两千年的历史了。

上面这些亭台园圃当然只是密州城景观之一瞥，还有很多我们已经很难考证它们的确切位置，像快哉亭、流杯亭等，苏轼或于此送别故人，或于此聚友赋诗给密州，甚至在此给全世界的文人留下了难以计数的妙章佳句和千古绝唱。

五　结语

如果把古东武邑看作密州城的历史起源，至明初撤密州为诸城县，则密州城有两千年以上的悠久历史。它历经两汉迁建于东武岗下而成南城，后又经过北魏永安年间的北城扩建，最终奠定了密州城的城市形态和基本格局。密州在诸城发展史上前后延续了近800年，无论是经济还是文化，可以说都达到了诸城发展史上的新高峰，苏轼知任密州时修葺庭宇，建盖公堂、西园，修筑超然台，祈雨常山，凿雩泉、建雩泉亭，修筑扶淇堤

---

① 苏轼：《江城子》，转引自李增坡主编《苏轼在密州》，第359页。
② 苏轼：《超然台记》，转引自李增坡主编《苏轼在密州》，第250页。
③ 苏轼：《望江南》，转引自李增坡主编《苏轼在密州》，第350页。
④ 任日新：《沧湾小考》，诸城市政协文史委员会主编《诸城文史资料》第11辑，1990。

堰，更为这座城市增添了不少文化的气息。至今，"密州"之名也有 1430 年①的历史了，虽然密州早已于明初撤去，但"至今东鲁遗风在"，我们仍能从今日诸城之密州街道、密州路、密州宾馆等名称中看出人们对昔日密州的那份向往和追忆。

致谢：笔者在山东诸城市实地考察的过程中，诸城市超然台管理处乔云峰先生和诸城市地方文化研究会王桂杰先生提供了不少帮助，谨致谢忱！

（作者：古帅，太原师范学院历史地理与环境变迁研究所；王尚义，太原师范学院历史地理与环境变迁研究所）

---

① 从隋开皇五年（585）改胶州为密州至今（2015）已有 1430 年，而至明初省密州，密州作为实在的行政区划则存在了近 800 年。

试论明清时期运河城市社会结构的特点

王明德

内容提要：运河城市在本质上是一个开放的、复杂的、动态的系统，其城市社会结构呈现出开放性、复杂性、变动性的特点。运河沿岸大规模的人口流动和聚居，带动了运河沿岸地区城乡之间的人口流动和社会各阶层之间的流动，使其社会结构呈现出开放性特点。漕运和商贸活动则使运河城市的经济功能日益凸显，工商业者在城市社会结构中的地位日趋重要。运河城市人口构成、职业构成成分的多样性和大量公开的或秘密的社会组织则又决定了其社会结构的复杂性。

关键词：运河城市　社会结构　明清时期

明清两代的京杭大运河发挥了国家经济动脉的功能。在运河漕运和南北贸易的直接刺激与影响下，运河沿岸先后兴起了包括通州、天津、临清、济宁、淮安等20余座城市。以人口城市化、城市功能商贸化、生活方式多元化、文化生态多样化为基本特征的运河城市，构成了中国古代城市体系的一个独特谱系。[1] 与其他传统城市相比，运河城市呈现出更加复杂的社会结构，在城市变革中具有典型意义。所谓城市社会结构，是指城市社会各要素之间稳定、持久的联系模式，其内容涉及阶级、职业团体、经济结构、人口等。这种稳定的联系模式对城市发展和变迁具有深刻影响。研究运河城市社会结构问题有助于揭示其社会结构与城市发展之间的联系，把握其城市发展与城市社会结构之间相互作用的规律。关于明清运河城市的社会结构问题，学者有广泛的讨论。傅崇兰的《中国运河城市发展

---

[1]　刘士林：《大运河城市文化模式初探》，《中国名城》2011年第7期，第47～52页。

史》，对运河沿岸重要城市的人口与社会结构、手工业和商业发展等问题，做了开创性研究。[①] 安作璋的《中国运河文化史》，王云的《明清山东运河区域社会变迁》，韩大成的《明代城市研究》，刘士林等的《中国脐带：大运河城市群叙事》，何一民的《中国城市史纲》，董文虎等的《京杭大运河的历史与未来》等，[②] 也都从不同侧面讨论了这一问题。但对于其社会结构的特点，仍有深入讨论的必要，本文拟就此问题做一探讨。

一　城市社会结构由封闭趋向开放

一般认为中国传统城市的社会结构具有很强的封闭性。这种封闭性主要表现为城乡之间的人口流动量小而且流动渠道狭窄；城市内部各阶层以及阶层内部的不同等级之间也相当封闭，社会流动极为有限。[③] 而运河城市则不同，京杭大运河的开辟，带动了人口的大流动、大聚居。每年上万艘漕船、商船往来穿梭于运河之中，运夫走卒、劳力纤夫、商人客旅、官私民人等，往来于运河沿岸城市，形成巨大的人流、物流，带动了运河沿岸城乡之间和社会各阶层之间的人口流动，也带动了运河城市经济结构、人口结构和文化结构等的深刻变革。从某种意义上说，大运河冲破了传统城市的藩篱，打破了它的封闭性格局，强烈冲击了它的空间结构和社会结构，使得运河城市社会结构呈现出新的历史特点。

在运河城市人口中，商人多，劳动人口多，流动人口多，游民多。[④] 这是运河城市人口结构的特点，也反映出运河城市社会结构的开放性特征。

---

① 傅崇兰：《中国运河城市发展史》，四川人民出版社，1985。

② 关于运河城市社会结构相关问题的论述，主要有：安作璋主编《中国运河文化史》，山东教育出版社，2001；王云：《明清山东运河区域社会变迁》，人民出版社，2006；韩大成：《明代城市研究》，中国人民大学出版社，1991；刘士林等：《中国脐带：大运河城市群叙事》，辽宁人民出版社，2008；何一民：《中国城市史纲》，四川大学出版社，1994；董文虎等：《京杭大运河的历史与未来》，社会科学文献出版社，2008。此外还有傅崇兰《中国运河传》，山西人民出版社，2005；庄辉明：《大运河》，上海古籍出版社，1995；于德普等主编《山东运河文化文集续集》，齐鲁书社，2003；熊月之：《淮安与上海——兼谈运河城市与沿海城市的关联》，《淮阴工学院学报》2010年第2期；等等。

③ 邱国盛：《论中国近代城市社会结构的演变》，《唐都学刊》2002年3期，第45～50页。

④ 熊月之：《淮安与上海——兼谈运河城市与沿海城市的关联》，《淮阴工学院学报》2010年第2期，第4～6页。

从运河城市人口结构看，主要有官僚、衙役、军兵、商贾、河工、闸夫、坝夫、溜夫、纤夫、标夫、船户、运丁、船工、脚力、水手、搬运工人、手工业者、僧道教众、雇工伙计、奴仆奴婢、智力劳动者等。他们构成一个庞大而复杂的社会群体，① 其主体是与漕运相关的劳动人口。从阶级结构看，运河城市的上层阶级主要包括官僚贵族、胥吏军人、士绅文人、豪强世族、富商巨贾等城市管理者和上层社会人物；下层阶级主要包括中小商贩和手工业者及其他城市劳动者、特殊职业者、无业游民等。各社会阶层和阶级，包括河工、船户、水手、搬运工人、手工业者、官僚、衙役、军兵、商贾、僧道教众、雇工伙计、奴仆奴婢、智力劳动者等共居于运河城市，构成一种复杂而开放的社会结构，呈现出与传统城市社会结构不一样的特点。运河城市居民多数来自于附近地区的农村，如河工、脚夫、盘夫、纤夫、轿夫、搬运工人等；还有许多工商业者则来自分散在全国各地而又远离运河城市的那些城市、镇市和集市。他们来到运河城市，或从事手工业生产，或经商贸易，他们是运河城市人口增长的重要源泉。②

运河城市居民的主体是工商业者和劳动者。工商业者人数众多，他们主要是中小工商业者。他们资金有限，经营规模很小，主要从事小商品生产或贩卖，经营方式多种多样，或设店而售，或沿街叫卖。劳动者主要包括河工、船户、水手、脚夫、盘夫、纤夫、轿夫、搬运工人、手工业者等，他们人数较多，但缺少技艺或资金，只能靠出卖劳力为生。在各种手工业作坊、商店、饭馆中又有人数不等的雇工，他们一般有一技之长，通过受雇于人而获得劳动报酬。智力劳动者主要从事的是行医、教书、绘画、说书、演戏、相面、算命、弹唱、代写书信等各种自由职业，社会地位较为低下。③ 这从以下城市的人口构成情况中可以说明。

通州为京师门户，也是因漕而兴的城市，南来漕粮在此交仓或转运北京。城市人口主要由烟户、庸作、铺户、应役、船户、手工业者、商人负贩、富商大贾、官吏、士兵、文化人、僧侣以及乞丐、流氓等构成。其中，为漕运业服务的劳动人口占相当比例，装卸工就是一个庞大的人口群

---

① 山东省济宁市政协文史资料委员会编《济宁运河文化研究》第1辑，山东友谊出版社，2002，第69~70页。
② 傅崇兰：《中国运河城市发展史》，第235~236页
③ 董文虎等：《京杭大运河的历史与未来》，第171页。

体。这些装卸工来自农村，每年漕粮上坝，他们就从附近的村庄来到土坝、石坝上做装卸搬运工。①

天津地处南粮北调入京的咽喉，是河、海漕运的枢纽，长芦盐的产销中心，北方重要的工商业都市。城市居民中商人、手工业者和漕运兵丁成为主要人口群体。许多居民是由漕运兵丁、船工漕夫落户而成。朝廷每年调动的 10 万～20 万兵士、船工、纤夫，相当一部分落户到天津。②

临清为运河上一大都会，"实南北之要冲，京师之门户"。当其盛时，"北起塔湾，南至头闸，绵亘数十里，市肆栉比"。③明末，太监高起潜题本说："一城之中，无论南北货财，即绅士商民近百万口。"④其人口数字或有不实，但如果将城中和郊区居民及客商等总计在内，几十万人是完全有可能的。⑤城市人口以工商业者为主，劳动者如小手工业者、搬运工、小贩等也占相当的比例。此外，还有守城士兵，以及官吏、士绅，但主要人口是商人和手工业者。

济宁是明清两朝的治运中心，为当时重要的商业都市。城市居民人口以商人、码头工人、闸夫、坝夫、溜夫、纤夫、标夫、船工、脚力、水手、手工业者和军人、运丁等为主。城市兴盛时，"其居民鳞集而托处者，不下数十万家，其商贾之踵接而辐辏者，亦不下数万家"。⑥

淮安为漕运枢纽，据南北交通之要冲，商船粮艘"牵挽往来，百货山列"，"市不以夜息，人不以业名"。商业贸易十分繁盛，城中店铺林立，并逐渐在城外形成新的商业区和居住区，以至于后来"城外商贾辐辏，较胜城中"。在淮安河下一带，聚集了大量的外籍商人，商人成为淮安的重要居民。乾隆时期，人口盛时达 54 万之众。仅淮安清江浦造船厂，厂房工棚延绵 20 余里，工匠、衙役、商人近万。⑦

---

① 傅崇兰：《中国运河城市发展史》，第 235 页。
② 傅崇兰：《中国运河城市发展史》，第 174 页。
③ 民国《临清县志·经济志》，1934，铅印本。
④ 中研院历史语言研究所编《明史资料》甲编第 10 册，商务印书馆，1936，第 923 页。
⑤ 吕景琳：《大运河的流畅与明代东昌社会经济的发展》，李少群主编《地域文化与经济发展》，山东人民出版社，1998，第 228 页。
⑥ 道光《济宁直隶州志》卷 4《建置志》，清咸丰九年刻本。
⑦ 熊月之：《淮安与上海——兼谈运河城市与沿海城市的关联》，《淮阴工学院学报》2010年第 2 期，第 4～6 页。

扬州地处运河与长江的交汇点，工商业素称发达。城市居民以工商业者为主，尤以商人、小贩居多。明嘉靖《淮扬志》称："国朝江都（扬州）当江淮之冲要，民俗喜商，不及农业，四方客旅，杂寓其中。"清朝《重修扬州府志》载"江都郭以内多杂居之人。处新城者，尽富商大贾。崇尚侈靡，且阃司转运，南北崎峙，又多军灶焉"。商业人口的比例占多数。扬州不仅商业发达，而且还是文化中心，向来为人文渊薮。诗人、书画家、文学家、戏曲家等，齐集扬州，更增添了扬州浓厚的文化色彩。

作为工商业都市，杭州和苏州城市居民的主体是商人和手工业者。据《仁和县志》载："杭民多半商贾耳。"除商人外，手工业者也人数众多。明清时，苏州的人口一度接近百万，成为"江南首郡"，繁华程度甚至超过京师。其居民中商人和手工业者占多数。

城市社会结构在本质上是一个开放循环的系统，运河城市体现了这种开放性特征。河工、船户、水手、搬运工人、手工业者、官僚、衙役、军兵、商贾、僧道教众等不同阶层与当地居民杂居共处于运河沿线城市，改变了运河城市人口谋生手段和生活方式，形成了独特的社区、社会团体结构。如不同的宗教团体、帮会团体、地方会馆、各类学校等，促进了不同文化区和不同社团的传统理念、价值形态、习俗在更广大的区域内互相交流，融会发展，[1] 由此形成一种新型的开放性城市社会结构。

二 城市属性由政治趋向经济

从城市社会结构构成要素的主导性因素看，运河城市社会结构开始由政治型城市向经济型城市转变。一般认为传统城市分为"开封型"与"苏杭型"。前者作为政治中心，基本上是北方大都市的象征，"工商业是贵族地主的附庸，没有成为独立的力量，封建性超过了商品性"，"充满了腐朽、没落、荒淫、腐败的一面"；后者作为经济中心，则多半以江南大都市为代表，其"工商业是面向全国的"，流露着"清新、活泼、开朗的气息"。这个划分也可以用来表明中国南北城市的差异。但在运河城市中，频繁的交往与交流使两者的区别明显弱化，甚至出现了一体化的重要征兆，突破

---

① 王永波：《运河文化的运动规律及其启示》，《东南文化》2002 年第 3 期，第 64～69 页。

了北方政治型城市与江南经济型城市的界限。① 不可否认，运河城市是"政府主导"下的产物，政治权力是运河形成的第一推力，在运河城市形成过程中起了主导作用，它把各种相互离散的城市结构要素集中到运河城市。大运河为王朝经济命脉所在，运河城市又为漕运之网的结点和咽喉之地，故成为王朝控制的重点，在派驻军队、官员配置和行政设施上都倍加关注。明清两代政府在运河沿线各主要城市中都设置了高级别的行政管理机构，派驻大量军队，以加强对运河地区的控制。明清两朝在淮安设置漕运总督衙门，作为管理漕运事务的最高行政机关；在济宁、淮安等地设置河道总督衙门，总管运河疏浚事务；在通州、德州、济宁、淮安等地设置大型粮仓，以供转漕之用。因此，官僚和漕运管理者在运河城市之社会结构中占据主导地位。但同时运河城市又是交通运输和漕运及商贸活动的产物，其经济功能日益凸显，经济活动成为运河城市发展的重要因素，与经济活动相关的工商业者在城市社会结构中的地位也日益重要。

商业繁荣的运河城市造就或吸引了许多富商巨贾。他们由商致富，拥有巨额资产。明代的豪商大贾，"非数十万不称富"。江淮盐商，闽粤舶主，都以拥资巨万而名闻全国。扬州"处新城者，尽富商大贾"。其中徽商人数最多，在万历时的几十万工商业人口中，"新都（即新安）最，关以西、山右次之"。② 清代扬州一地经营盐业的徽商、晋商有百余家，总资本达七八千万两。③ 其资本总额竟与户部库存银两差不多，可谓是"富可敌国"。这些巨贾四方贸易，运河城市是他们主要的商业经营地点，他们"载银而至，委积如瓦砾"。苏州、杭州、临清等，富商云集，其中以徽商最盛，临清"什九皆徽商占籍"④。淮安为运河航运的交通枢纽，也是清代前期淮北"纲盐顿集之地"，盐商"皆徽、扬高赀巨户，役使千夫，商贩辐辏"。杭州也是大贾云集的地方，"虽秦、晋、燕、周大贾，不远千里而求罗绮者。必走浙之东也"。这些富商巨贾，往往依凭势要，往来内外，把持行市，专利肥家，害民病国，借纳千金之声势，独断万家之咽喉，获

---

① 刘士林：《大运河城市文化模式初探》，《中国名城》2011 年第 7 期，第 47～52 页。

② 万历《扬州府志·序》，明万历三十三年刻本。

③ 李澄辑《淮卤备要》卷 1，扬州文枢室书房刻本，清道光三年。

④ 谢肇淛：《五杂俎》卷 14，中华书局，1959。

取垄断高额利润。① 正如明中期张萱所言，在运河中，"吴舸越艘、燕商楚贾，珍奇重货，岁出而时至，谈笑自若，视为坦途"。② 万历时李鼎也道："燕、赵、秦、晋、齐、梁、江淮之货，日夜商贩而南；蛮海、闽、广、豫章、楚、瓯越、新安之货，日夜商贩而北。"③商业贸易还带动了沿岸城市工商业，如造船业、瓷器业、酿造业、纺织业、编织业、印刷业、造纸业、金属品制造业、生活品制造业及其他各种手工业等的蓬勃发展。各种商业店铺数以千万计，商业人口大增。工商业发展与商业繁荣，极大地推动了明清两代的工商业经济发展。工商业者为运河城市发展做出了重要贡献，已不再是官僚贵族的附庸，而成为城市社会中的一个独立阶层、城市中的一股新兴力量，在城市社会中占有举足轻重的地位。

尽管经济因素成为运河城市发展的基本动力，但运河城市的政治型特色依然明显，官僚贵族和世家大族在城市社会中依然占据主导地位。在运河城市中，居住有许多世家大族和士绅文人。这些世家大族多为退休官员、大地主等。他们一般都拥有巨额财富，在城市中占有特殊地位。如万历时，杭州城内"多世家巨族"。淮安府的永兴集，"多邑中大姓，聚族而居"。士绅一般是指有功名的人，为地方上有势力、有影响的人物，他们介于政府与民众之间，承担发展地方公共事务、维持社会秩序、维护公共道德等责任。④ 许多运河城市中士绅文人较集中，如扬州"旧城多晋绅之家"。明嘉靖《淮扬志》载，扬州"地分淮海，风气清淑，俗务儒雅，士兴文艺，弦诵之声，衣冠之选，纤异他州"。众多诗人、画家、书法家、学者、戏曲家等文化人云集扬州，使扬州成为名副其实的文化中心、人文渊薮。其他如苏州、杭州、淮安、嘉兴等也都是人文荟萃、士绅云集。⑤

作为京师和大运河的起点及漕运中心，北京是官僚贵族包括皇帝、皇亲国戚、功臣、中高级文武官员等的居住之所。内城居民主要是"大臣、庶官、富家"，他们人数虽少，但却掌控着国家政权和主要财富。但随着工商业的兴盛繁荣，北京城市人口构成也发生巨大变化，外城中的居民以

① 何一民：《中国城市史纲》，第217页。
② 张萱：《西园见闻录》卷37《漕运前》，哈佛燕京学社，1940。
③ 李鼎：《李长卿集》卷19《接箸编》，明万历四十年刻本。
④ 何一民：《中国城市史纲》，第216页。
⑤ 董文虎等：《京杭大运河的历史与未来》，第170页。

商人和手工业者为主，占北京城市人口的多数。因为是京畿重地，故在其周围驻扎着大量军队。永乐年间，京师三大营驻军达数十万之多。①

济宁是明清两朝管理运河漕运的重要据点，在此设置了从中央到省府州县的治运、司运机构、驻防运河的军事机构等，各级衙门林立，诸如督运督漕的河道总署、河标中军副将署、运河兵备道署、运河同知理事厅、运河守备署、济宁卫衙署，以及管河府、州、县的判署，管闸的、巡漕的署衙等，故有"公署特多于他郡"的"七十二衙门"之称。②

在其他运河城市中，都分别居住着各级文武官员及其家室以及为他们服务的胥吏、军队、豪奴、健仆等。主要运河城市如济宁、临清、德州、天津、扬州、镇江等都有派驻重兵。明代曾在运河沿线建立了 20 个卫所，驻运军 12 万人。如临清驻有一卫的军队。军户成为临清旧城的重要居民之一。卫所运军成为运河城市人口的有机组成部分。③

运河城市由于受王朝政治的支配，不能摆脱其传统政治型城市的属性，政治变革和政局动荡都会制约运河城市的发展；又由于运河城市经济建立在商品流通的基础之上，缺乏较充分的商品生产作为基础，造成运河城市经济的不稳定性。④ 运河的兴衰关系到运河城市经济的兴衰。咸丰五年（1885），黄河于河南铜瓦厢决堤，冲破山东运堤，夺大清河道改由山东入海。至此，运河阻滞，粮道梗塞。而此时清政府正忙于镇压太平天国运动，再也无力治理，漕运遂改海运，盛极一时的运河漕运便日益走向衰落，运河城市也趋于衰落。

三　城市人口构成和职业构成由简单趋向复杂

作为明清时期的工商业城市，运河城市在本质上是一个开放的、复杂的、动态的系统，其城市社会结构呈现出复杂性、开放性、变动性的特

---

① 董文虎等：《京杭大运河的历史与未来》，第 170 页。
② 吴国柱：《京杭大运河的开通促进了济宁城市的崛起》，孙宝明、程相林主编《中国运河之都运河文化高层论坛论文集》，山东人民出版社，2007，第 248 页。
③ 董文虎等：《京杭大运河的历史与未来》，第 170 页。
④ 王云：《明清山东运河区域社会变迁的历史趋势及特点》，《东岳论丛》2008 年第 3 期，第 47～56 页。

点。便利的交通、大量的漕运用人需求以及工商业的兴盛，使运河沿岸特别是水陆交通枢纽地区能够吸引来自四面八方的大量人口聚集起来，以至出现"商民之至者乐而忘归，流寓之人恒多于土著"的局面。运河城市社会结构的复杂性，主要反映在人口构成、职业构成成分的多样性上和大量公开的或秘密的社会组织上，具体表现在以下三个方面：一是与水上运输有关联的人口多（船工、船户、运丁、水手、修船工等），流动人口多，游民多，商人多；二是为流动人口、游民、商人服务的钱庄业、饮食业、娱乐业和烟、赌、娼等行业发达；三是适应流动人口、游民、商人需要的同乡组织、帮会组织相对发达。①

复杂的社会结构和大规模的流动人口，成为滋生各种秘密或公开社会组织的温床，一些地方会馆、帮会组织、宗教团体等应运而生。这些社会组织和帮会的产生和发展，适应了流动人口、游民、商人等的社会需要，凝聚了一大批与运河共生的社会群体，成为运河城市中极为活跃的社会力量。

地方会馆主要是同乡商人在运河沿线城市自发、自愿组织起来的自卫、自律、自治的民间社会组织，可为商人提供贸易、娱乐、休闲、联络乡谊等服务。运河城市的地方会馆数量众多。明清时期，苏州的商品经济最称发达，四方客商云集于此，流寓于苏州的商人纷纷设立会馆。会馆总数达到60余个，另有公所120余处。淮安为漕运重地，商业繁盛，人口众庶，四方商贾云集于此，清代各地商人相继在此建立会馆，诸如定阳会馆、浙绍会馆、润州会馆、福建会馆、江宁会馆、四民会馆、新安会馆、镇江会馆、江西会馆等。济宁有三省会馆、沅江会馆、金陵会馆、浙江会馆、安徽会馆、福建会馆、江西会馆等。② 至清中叶，许多运河城镇如聊城、张秋、武城、东平、临清、德州、德县、冠县等地都兴设了会馆。其中，聊城有八大会馆，济宁有六大会馆。

运河城市特殊的社会土壤和经济条件，也催生出若干会社组织，包括正式的和非正式的，公开的和秘密的，构成了运河城市的一道独特景观，增添了新的社会生活内容。如罗教（属白莲教的支派之一）就是一个带有

---

① 熊月之：《淮安与上海——兼谈运河城市与沿海城市的关联》，《淮阴工学院学报》2010年第2期，第4～6页。

② 吴国柱：《京杭大运河的开通促进了济宁城市的崛起》，孙宝明、程相林主编《中国运河之都运河文化高层论坛论文集》，第249页。

行帮性质的会社组织，为清代青帮组织的前身。教徒主要是以漕运为生的水手船工，其组织以佛教教义为主，其教义还吸收了儒、道以及其他民间信仰的成分。青帮继明代罗教而起，是一个产生于运河地区的组织严密的秘密社会团体，由漕运粮帮发展而来。在各漕运码头，聚集有大量漕运水手，他们为了维护自己的利益，组成秘密帮派。如苏州有21帮，其中以"江淮泗"帮势力最大。这些帮会讲究纵向的师徒传承，以拜师认父的方式结成组织，有家庙、家谱和严格的帮规；用秘语与手势联络，以"安清"为口号；以安全运粮为主要目的；以儒家所倡导的仁、义、礼、智、信自律；以"义气千秋"相标榜，具有极大的社会能量。后漕运改为海运，各水运码头的大量水手船户失业，变成游民队伍。青帮成员也日益复杂化，除破产农民、失业手工业者、流氓无产者外，还有被裁革的兵勇等。辛亥革命时期，青帮在上海成立"中华共进会"，兴盛一时。

运河城市工商业的繁荣和社会风气的变化，又成为滋生娼妓等各种寄生人口的温床。明清时期，运河城市如苏州、杭州、扬州等妓女众多。《燕京杂记》称："京师娼妓虽多，较之吴门、白下，藐然莫逮。"妓女分官妓和私妓。官妓又称乐户，隶属于官府所设富乐院等处。"每日王孙公子，文人墨士，坐轿乘马，买俏追欢，月无虚日。"私妓"不隶于官，家居而卖奸者"。临清当时有"三十六家歌妓院，七十二座管弦楼"之说。可见当时临清社会生活之多样性和复杂性。竹竿巷"富春院"的陈三两（原名李翠萍）就是当时有名的歌妓之一。她们唱的曲子，多是"临清时调"。临清赌场、妓院甚多，此外，运河城市中还有大量的无业游民、乞丐、流氓。他们没有固定职业，不愿以正当的手段谋生，其中不少人好吃懒做，坑蒙拐骗，无恶不作，成为社会的破坏力量。① 总之，京杭大运河不仅造就了京杭运河沿线的城市，而且还塑造了运河城市的特性和城市经济的特性。运河的流动性、人口的流动性以及城市经济的特性一起打破了传统城市社会结构的封闭性、凝固性和简单性，使其呈现出开放性、流动性和复杂性的趋向，这便为现代城市社会结构的形成奠定了基础。

（作者：王明德，山东潍坊学院历史文化与旅游学院）

---

① 何一民：《中国城市史纲》，第218页。

战争后续因素影响下的铁路
与上海城市空间的互动[*]

岳钦韬

内容提要：1920 年代末上海市政当局为消除铁路路线负面影响而推行的铁路改造规划，因遭遇两次淞沪战争而被彻底断送，战争又导致多处火车站、铁路被毁和棚户区的大肆蔓延。新中国成立后城市空间迅速扩展，但铁路运输布局没有根本性的改变，所以"蜂腰"问题日益突出，在铁路外侧新建居住区的行为则进一步加剧了铁路路线切割城市空间的问题。总之受战争后续因素影响，上海城市空间并未沿铁路路线方向拓展，铁路也未能成为城市空间的发展轴。

关键词：淞沪战争　铁路　上海　城市空间

上海是近代中国最大的通商口岸，同时也是长江三角洲地区铁路的枢纽。既有研究表明，上海城市空间的演变主要来自城市道路交通、房地产开发等内部驱动力和港口航运的外来推动力，[①] 但城市发展毕竟是由多种

---

* 本文获以下项目资助：中国博士后科学基金项目"铁路运营性影响与近代长江三角洲地区交通地理的演进"（项目编号：2014M550240）；上海市教育委员会科研创新项目"长江三角洲地区铁路系统抗战损失资料整理与研究"（项目编号：152S039）；上海市"高原学科上海师范大学中国史规划"项目；法国国立研究基金会项目"Wars Made Shanghai，1840–1952"。

① 吴俊范：《从水乡到都市：近代上海城市道路系统演变与环境（1843～1949）》，复旦大学博士学位论文，2008；牟振宇：《从苇获渔歌到东方巴黎：近代上海法租界城市化空间过程研究》，上海书店出版社，2012；王列辉：《驶向枢纽港：上海、宁波两港空间关系研究（1843～1941）》，浙江大学出版社，2009；武强：《近代上海港城关系研究（1843～1937）》，复旦大学博士学位论文，2011。

合力共同推动的，铁路作为城市发展的重要推动力不容忽视。[①]

史学界关于铁路与其他城市空间两者关系的论著主要存在以下四个方面的问题：第一，混淆铁路路线与铁路车站对城市空间的不同影响；第二，只描述其推动城市空间扩展的功效，忽视其对城市发展的阻碍作用；第三，仅关注城市总体空间的变迁而忽视道路格局、功能片区等局部空间的演变；第四，缺乏必要的交通规划学、铁路工程学的理论方法及图像表述技能。[②]

抗日战争左右了中国的现代化进程，其间在上海爆发的两次淞沪战争对铁路与城市空间的关系也产生了深远影响，但这方面的研究尚付阙如，故本文从1932年第一次淞沪战役起至1998年上海中心区域铁路平交道被基本消灭为止，以较长时段观察战争因素影响下的铁路与上海城市空间的互动。[③]

一 战时铁路周边城市空间的毁灭

近代上海遭遇的第一次大规模战事是1932年的"一·二八"淞沪抗战，由于战争期间交战双方往往以铁路作为攻守之要地，因此铁路常常首先成为战场。1月29日下午，上海北站就遭到日军炮火轰击，"大好建筑，尽成灰烬"。[④] 至3月战事初步停止时，淞沪铁路、京沪铁路北站至昆山青

---

① 上海史、江南史成果中关于铁路的专项研究向来偏少，参见王荣华主编《上海大辞典》下册，上海辞书出版社，2007，附录部分；印永清、胡小菁主编《海外上海研究书目（1845～2005）》，上海辞书出版社，2009；陈忠平、唐力行主编《江南区域史论著目录（1900～2000）》，北京图书馆出版社，2007；唐力行主编《江南社会历史评论》第1～5期，商务印书馆，2009～2013，索引部分；包伟民、傅俊编《浙江历史文化研究论著目录》，山西古籍出版社，2005。

② 相关成果参见江沛、熊亚平《铁路与石家庄城市的崛起：1905～1937年》，《近代史研究》2005年第3期；郭海成：《陇海铁路与近代关中经济社会变迁》，西南交通大学出版社，2011；丁贤勇：《新式交通与社会变迁——以民国浙江为中心》，中国社会科学出版社，2007；丁贤勇：《近代交通与杭州城市中心的变迁》，复旦大学历史系编印《明清以来江南城市的发展与文化交流国际学术研讨会论文集》，2010。

③ 虽然涉及内容延续到当代，但本文的研究对象为清末民初建成的淞沪、沪宁、沪杭甬铁路及其联络线，1938年至新中国成立后通车的各条路线（如虬江支线、新兴支线、真西支线、何真支线、南何支线、何杨支线等）均不包括在内。

④ 郑宝照编《一二八事变京沪铁路车务纪要》，1932，第5页。

阳港站路段均遭破坏,而闸北、吴淞、江湾等沿线地区也都遭到了战火的毁灭性打击,其中以上海北站以北地区最为严重,淞沪铁路西北侧沿线也有大片被毁区域（参见图1）。闸北城市空间的拓展此前一直受到铁路的阻挡,[①] 因此可以说铁路在未充分引导城市发展之前却先"引来"了炮火。

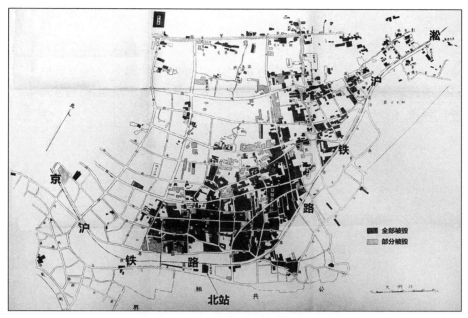

图1　1932年淞沪抗战期间闸北地区被毁区域图
资料来源:吴宏主编《上海撤兵区域接管实录》,1932年。

1927年7月上海特别市市政府成立后,逐步制定出近代上海最早的一系列城市总体规划（一般称之为"大上海计划"）。[②] 其中改造既有铁路布局以消除铁路路线对城市空间拓展的阻碍作用,是实现新市中心崛起、对抗租界的两大关键工程（另一项为建设吴淞新港）之一,但此次战役中断了改建工程。此外,1932年8月底,铁道部在上海西北郊的真如镇开工建

---

① 当代城市规划理论普遍认为铁路路线分割了城市空间,导致被割裂的两部分缺乏有效的联系,并直接造成两部分城市形态特征的巨大差异。又如时人所言:"铁道不啻鸿沟,使全区不通声气。"参见黄炎《大上海建设刍议》,《工程》第3卷第1号,1927年3月,第35页。

② 其制定与实施及演变的过程,可参见魏枢《"大上海计划"启示录:近代上海市中心区域的规划变迁与空间演进》,东南大学出版社,2010。

设京沪、沪杭甬铁路联运总站，但随即引发了大规模的反征地风潮。次年
2月，日军入侵热河，国内局势持续动荡，铁道部在内外交困的情况下不
得不中止联运总站的建设，[①] 至此，第二次改造上海铁路的计划也宣告
失败。

　　而随着1937年淞沪会战的爆发，以上所有铁路改造规划全部化为泡
影。会战期间，战火蔓延至华界全境，沪宁、沪杭甬、淞沪三条铁路及其
沿线的闸北、南市、吴淞、江湾等地区均遭到严重破坏，尤其是闸北与南
市。[②] 根据法国学者安克强（Henriot, Christian）的研究，闸北地区有将近
95%的建筑被摧毁。[③] 安氏还根据此役之后的航拍照片绘制了上海全市被
毁区域图（参见图2）。

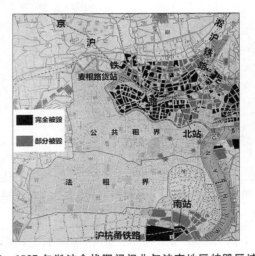

图 2　1937 年淞沪会战期间闸北与沪南地区被毁区域图

资料来源：http：//virtualshanghai. ish - lyon. cnrs. fr/. 感谢安克强教授提供的图片。

　　从图2可见，闸北铁路南北两翼和北站以南的公共租界地区均被战火
彻底破坏，而建成不到30年的上海南站因遭到日军飞机大肆轰炸而近乎全

---

① 限于篇幅，笔者在此不展开讨论，将另撰文论述。
② 参见苏智良主编《上海城区史》下册，学林出版社，2011；张笑川：《近代上海闸北居民
　　社会生活》，上海辞书出版社，2009。其中关于受破坏的描述性文字，本文不复赘述。
③ Christian Henriot, "A Neighborhood under the Storm：Zhabei and Shanghai Wars", *European
　　Journal of East Asian Studies*, Vol. 9, No. 2（2010），p. 314

毁，以南站为中心的周边区域也受到了不同程度的损毁。火车站是一座城市的重要基础设施，其本身也属于城市空间的一部分，而图1中并未显示北站的被毁情况。据两路局档案记载，该局大楼被毁的有6层和7层两层，以及客货车房、机车房各1间，北站损毁雨篷5269平方米，办公室498平方米，售票室30平方米。①

淞沪会战结束后，南站彻底被废弃，该站与日晖港站之间的铁路也被日军拆除。从此以后北站变成了上海全市唯一的铁路客运站，直到2006年新上海南站建成，上海才恢复两座客运车站的运输布局。而在1938年至1987年新客站（在麦根路货站地块新建）建成之前，由铁路路线引来的大面积战火破坏以及由战争引起的铁路运输格局的变化和停滞，给上海城市空间带来了三大深远影响。首先，铁路沿线有大片棚户区出现，并演变成一种变异的城市空间形态；其次，南站的废弃使北站周边地区道路交通日益拥挤，最终导致新中国成立后"蜂腰"地带的形成；最后，上述改造规划的中辍致使沪宁、沪杭甬两路联络线与城市发展的矛盾日益凸显。

二 棚户区的大规模扩张

上海的棚户区并非源自抗战时期。根据苏智良、张笑川等学者的分析，其最早可以追溯到太平天国时期，进入20世纪后城市的迅速发展又吸引了大批外地穷苦民众来沪，棚户数量与日俱增。② 1928年全市棚户合计为20444户，③ 其中华界的棚户区集中在铁路沿线。闸北地区的棚户区大致可分为三块，其中有两块紧靠铁路：一块在闸北西部，即吴淞江与沪宁铁路之间，规模最大；另一块在淞沪铁路天通庵站附近，分布较零散。④

一般认为铁路两侧棚户区的形成与居民从事交通相关行业的因素密不

① 《补报抗战期间本局工务部门财产损失调查表（1946年）》，《部令查报本路抗战公私财产损失（1946年）》第1册，中国第二历史档案馆藏，档案号457~667、5457~212。
② 参见苏智良主编《上海城区史》下册；张笑川：《近代上海闸北居民社会生活》，第271页。
③ 《市内各区棚户》，《申报》1928年11月1日。
④ 张笑川根据蔡亮的硕士论文整理，见张笑川《近代上海闸北居民社会生活》，第273页。

可分。① 除此之外，笔者认为铁路与城市的接壤处大多为铁路建设时留下的闲置土地，棚户在此搭建对铁路运输并不会有太大的影响，因此铁路部门若没有使用或出租这些土地的情况下，一般都听之任之。而市政部门若对棚户进行搬迁改造却可能引起铁路部门的怀疑和干涉，因此该地区逐渐形成了所谓的"三不管地带"，棚户区的扩张也随之愈演愈烈。到1933年，京沪铁路北侧交通路一带的棚户已出现"此拆彼建，禁不胜禁"的现象。② 这也是铁路路线对城市空间演变的一种影响。

虽然棚户区在抗战前已普遍存在，但战时原城市空间的毁灭和土地所有者的消失才是此后大片棚户区出现的关键。原地处共和新路西侧、沪宁铁路以南的番瓜弄棚户区的形成就是如此：闸北铁路南边一处叫作姚家石桥的地方，原来也住着劳动人民，可在战争中被日本侵略军炸成了废墟，留下大小几十个弹坑，大的有一丈多深，都积水成了水塘，周围的杂草长得齐胸高。战事过去后，一些穷苦的劳动人民又来到这里找地方栖身。于是，铁路边取水近便的几个大水塘旁，陆续出现了"滚地龙"和草栅。空地上还有人种着"番瓜"（即南瓜），所以这里后来就被人称作"番瓜弄"。③

抗战胜利及内战爆发后，北方战区等地民众再度大规模涌入上海，棚户区空前膨胀。上海解放初期，全市200户以上的棚户区已达322处（参见图3），④ 按此数字计算，全市棚户总量已超过64400户，为1928年的3倍多。其分布地区与图2中战时被毁城市空间的区域基本重合，而两路联络线两侧又增加了不少棚户区。

新中国成立后，上海市人民政府大力整治棚户区，肇家浜等一批棚户区得到改建。1958年《中华人民共和国户口登记条例》颁布后，人口的自由流动受到了严格限制，新的棚户区不再出现，加上政府的大力改造，这一变异的城市空间逐渐被消解，被新建的住宅所取代。但到1959年3月，两路沿线棚户区仍有33.3万平方米，主要分布在交通路沿线、共和新路至彭越浦间、

① 张笑川：《近代上海闸北居民社会生活》，第272~273页；苏智良主编《上海城区史》下册，第887页。
② 京沪沪杭甬铁路管理局编《京沪沪杭甬铁路修复上海北站纪念刊》，1933，第10~11页。
③ "换了人间"编写组编《换了人间——上海棚户区的变迁》，上海人民出版社，1971，第56~57页。
④ 张仲礼主编《近代上海城市研究（1840~1949）》，上海文艺出版社，2008，第358页。

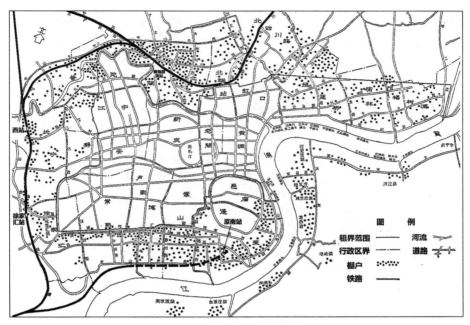

图 3 1949 年上海全市棚户分布图

资料来源：底图引自"换了人间"编写组编《换了人间——上海棚户区的变迁》。

潭子湾、中山北路以北、中潭路至吴淞江间、吴淞江至虹桥路铁路两旁。①

此后，上海市人民政府又投入力量进行整顿，尤其是 1963 年开始的番瓜弄改建工程，沪宁铁路沿线的棚户数量随即减少，到 1965 年比较集中的只有大洋桥两侧和中潭路以西的两三处。棚户最多的地区逐渐转移到两路联络线两侧，如普陀区的大洋桥至武宁路，长宁、徐汇区的凯旋路以西，吴淞江至虹桥路铁路以东的狭长地带。②

三 "蜂腰"地带的形成

"蜂腰"指的是蜜蜂的腰部，是其身体最细小的部分，比喻狭窄的区

---

① 《上海市建设委员会关于城建局、闸北及长宁区对沪杭、沪宁铁路沿线改建方案的意见》，上海市档案馆藏，档案号 A54-2-745。

② 《上海市人民委员会公用事业办公室关于整顿沪宁、沪杭铁路沿线上海市容面貌意见的报告》，上海市档案馆藏，档案号 B11-2-107-22。

域。新中国成立后，随着上海的发展，城市道路系统由于受到黄浦江和铁路阻隔的影响，在外白渡桥至北站之间形成了交通日渐拥挤的"蜂腰"地带（参见图4）。①

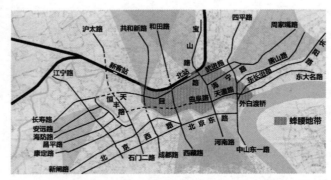

图4 "蜂腰"地带与周边道路示意图（灰色箭头为车流方向）

"蜂腰"地带虽然直到新中国成立后才形成，但与南站的废弃有很大的内在联系。直到1937年抗战全面爆发，北站与南市之间一直没有一条"广阔直达"的道路，② 但由于南站尚在，南市的对外交通大多无须前往北站。沦陷期间，南市的对外交通流就开始需要通过"中区"（即原公共租界）进出北站。抗战胜利后，随着城市经济的复苏，交通矛盾日益突出。到1948年，"全市大部分的交通，均须通过中区"，由此造成连接北站的浙江路、西藏路等通往南市的道路及苏州河桥梁出现"不能通行"的现象。③ 1948年7月上海市公用局呈请市政府重建南站时，就认为"目前本市各种货物运输，胥属由南向北，以北站为集中运输之枢纽，无形中亦增交通之复杂与拥挤"。因此希望尽早恢复南站，"以利西南行旅与货运"，对于恢复"南市固有之繁荣，亦深利赖"。④ 此时国共内战已进入白热化阶段，此议最终不了了之。

新中国成立后，上海城市空间扩展速度加快，但全市仍只有北站一个

① 上海城市规划志编纂委员会编《上海城市规划志》，上海社会科学院出版社，1999，第305页。
② 侯彧华：《大上海市区铁路计划》，《市政评论》第8卷第10期，1946年12月，第9页。
③ 上海市都市计划委员会编《大上海都市计划总图草案二稿报告书》，1948，第27页。
④ 《上海市公用局迁移北火车站及兴建南火车站等》，上海市档案馆藏，档案号Q5-2-3080。

客运站，其吸引半径长达 11 公里，超过了合理范围，客流进出极其不便，而且节假日的客运量超过平日的一倍，超出了车站的负担能力。① 同时，站前的道路仍基本维持民国时期的状态，如天目路西端仅到浙江路为止，南北向的西藏路也止于铁路南，使得以下三个方向的交通流都必须通过"蜂腰"地带：（1）从市区东北部的杨浦工业区到西、南部，必须经外白渡桥或河南路桥，再走北京路或延安路；（2）从北站到市中心区只能通过拥挤、狭窄的浙江路和河南路；（3）普陀工业区来往麦根路货站、北站和沪东地区的客货运输也只能绕道市中心。

为解决该问题，上海市人民政府首先要解决重要道路与铁路的平交问题。1957 年 4 月，共和新路跨沪宁铁路立交桥建成，成为市区第一座机动车立交桥。② 与民国时期打通宋公园路相同的规划——西藏北路连接和田路（原宋公园路）的铁路隧道，分散共和新路立交桥和宝山路平交道交通流的方案也再次被提出，但最终被搁置。③

为了根治"蜂腰"问题，1956 年和 1958 年两次城市总体规划和 1957 年的上海铁路枢纽规划均提出在市区南部新建车站以分流北站的运输压力。④ 1958 年上海市城市规划勘察设计院还专门做了"蜂腰交通研究"，其提出的建设淞沪铁路何家湾站至杨浦的支线铁路、改建"蜂腰"内部部分道路的设想得以实现，但新建南站的计划未能实施。

"文革"中后期，各项生产建设事业开始恢复，此时城市发展与铁路的矛盾再次出现。而当时闸北可以穿越铁路的城市道路仅存宝山路和共和新路两条，中间相距达 1.7 公里，较民国时期还少一条大统路，⑤ 民德路旱桥也早在 1940 年被日军拆除。⑥ 1972 年开始，全市的机动车和非机动车

---

① 张文尝：《城市铁路规划》，中国建筑工业出版社，1982，第 45 页。
② 《共和新路车行旱桥下月一日开放通车》，《新民晚报》1957 年 10 月 30 日。
③ 《上海市建设委员会城市建设处关于市政工程局有关地下铁道、下水道、共和新路旱桥设计及其他文件》，上海市档案馆藏，档案号 A54 - 2 - 30。
④ 上海铁路志编纂委员会编《上海铁路志》，上海社会科学院出版社，1999，第 104 ~ 105 页；上海城市规划志编纂委员会编《上海城市规划志》，第 101 页。
⑤ 1950 年代修建一座人行立交桥（今大统路非机动车地道原址）。上海铁路志编纂委员会编《上海铁路志》，第 56 页。
⑥ 上海市闸北区志编纂委员会编《闸北区志》，上海社会科学院出版社，1998，第 183 页。

分别以每年 6000～7000 辆和 10 万辆的速度递增，[1] 宝山路天目路口、天目路共和新路口、外白渡桥随之成为全市最大的三个交通结点。[2] 1978 年全市交通高峰时段每小时机动车流量超过 1500 辆的路口有 10 个，其中天目路共和新路口为 2032 辆，列第一位，宝山路天目路口为 1701 辆，列第三位（参见图 5）。[3]

图 5　1978 年上海市区车流密集点分布图
资料来源：上海市城市规划设计研究院编《循迹·启新：上海城市规划演进》。

因此，"蜂腰"地带的交通问题成为 20 世纪七八十年代上海城市建设的一项紧迫任务。在市政府的高度重视下，铁路新客站（北站客运业务基

---

① 上海市城市规划设计研究院编《循迹·启新：上海城市规划演进》，同济大学出版社，2007，第 180 页。

② 《上海市城市建设局革命委员会关于改善"蜂腰"地带道路交通规划和 1973 年工程项目的报告》，上海市档案馆藏，档案号 B257 - 2 - 771 - 26。

③ 上海城市规划志编纂委员会编《上海城市规划志》，第 311 页。

本停止）、天目路向西延伸、南北高架等一批关键工程先后竣工，到 1990年代初基本消除了这一困扰城市发展的交通瓶颈。

四　沪杭铁路内环线与城市发展矛盾的上升

从民国初年到新中国成立之初，铁路路线与上海道路交通和城市空间的矛盾主要出现在闸北地区的沪宁、淞沪铁路。随着新中国成立后城市的迅速发展，建成于 1916 年的沪宁、沪杭甬两路联络线在城区向西、向北扩张的过程中从原来市区外部的"外环线"逐渐变成了"内环线"（为便于行文，下文改称沪杭内环线），与城市发展尤其是城市交通的矛盾也日益突出。

早在 1920 年代末，上海市政当局就已注意到沪杭内环线对城市发展可能造成的限制。1928 年 7 月上海特别市工务局出台了一项大规模的铁路改造计划，其中就计划将潘家湾至吴淞江一段路线拆除，由梵王渡站直接连接沪宁铁路真如站，[①] 此后出台的"大上海计划"也沿袭了这一理念，[②] 但终因两次淞沪战争的爆发而无法实现。

抗战胜利后，上海市政府三度制定了"都市计划"。最先颁布的《大上海都市计划总图草案报告书》认为"现代都市交通之组织，绝不容两主要交通线之平交"，[③] 因此在后来的讨论过程中，陆续出现了抬高西站至新龙华站路基、建设 4 座立交桥等计划。[④] 而 1948 年制定的《上海市区铁路计划初步研究报告》首次提出了将内环线迁移，建设南翔至莘庄外环线的方案（参见图 6）。[⑤]

为适应上海铁路运输发展和城市中铁路合理布局的需要，1953 年上海市城市规划部门就提出迁移沪杭内环线，建设南莘外环线的方案。1956 年上海铁路管理局委托铁道部第四设计院进行"上海铁路枢纽"的设计工

---

① 上海特别市市中心区域建设委员会编《上海特别市市中心区域计划概要》，1929，附图。
② 《上海特别市全市分区及交通计划图说明书》（1930 年 6 月 6 日），《上海市政府第 151 ~ 160 次市政会议议程汇编》第 5 册，上海市档案馆藏，档案号 Q1 - 5 - 571。
③ 上海市都市计划委员会编《大上海都市计划总图草案报告书》，1946，第 25 页。
④ 梅福强、侯彧华、张万久编《上海市铁路终点问题》，1947。
⑤ 上海市都市计划委员会秘书处编《上海市区铁路计划、上海港口计划、上海市绿地系统计划初步研究报告》，1948，第 3 页。

作。次年1月，铁道部与上海市人民政府达成《关于上海铁路枢纽远期轮廓布置与保留用地协议》，沪杭内环线等保留为军事迂回线及旅客列车线，不再修建复线，"远期存废与否，视军事、城市交通与铁路业务需要而定"。

关于铁路与公路的平交问题，双方决定当沪杭线严重干扰公路时，由铁路负责改移公路，并由上海市规划部门做进一步研究。① 为此，上海市规划建筑管理局首先就长宁路平交道改建做了研究，但限于财力而采取了修建人行天桥和绕行支路的折中方案。② 该局还表示一时无法判断"抬高铁路路基和兴建立交桥是否经济合理"，③ 所以此后其他道路（如武宁路、延安西路、虹桥路、漕溪路等干道）的铁路平交道也未进行立交化改造。

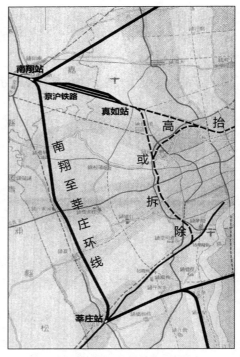

图6 1948年两路联络线改造方案

资料来源：《上海市都市计划委员会有关上海干道系统计划说明卷》，上海市档案馆藏，档案号 Q217-1-18。

虽然沪杭外环线于1970年竣工，④ 但该线主要通行货运列车，大部分客运列车（包括市郊列车）仍经由沪杭内环线，因此对城市交通的干扰日趋严重。1984年，沿线平交道每天共需要封闭100余次，受阻各种车辆约5万，波及30多条公交线路，全年造成670余万元和35万个工作日的经

---

① 《上海市基本建设委员会关于铁路枢纽规划》，上海市档案馆藏，档案号A54-1-35。

② 《上海市市政工程局关于改善长宁路铁路道口交通问题的报告》，上海市档案馆藏，档案号A54-2-342-35。

③ 《上海市基本建设委员会关于铁路枢纽规划（专用线、铁路桥梁）》，上海市档案馆藏，档案号A54-1-34。

④ 1960年上海市委要求改为南新（桥）环线。参见上海铁路志编纂委员会编《上海铁路志》，第63~64页。

济损失，① 此外还常常引发交通事故。②

但笔者认为，新中国成立后沪杭内环线问题的日趋严重与 1950 年代城市规划的失误有一定联系，而并不完全是铁路路线布置的问题。1950 年起，上海市人民政府在沪杭内环线外侧兴建住宅。第一个五年计划期间，市区住宅由于建设规模的扩大，迫切需要开辟新的建设基地。1956 年规划部门制定了《上海市 1950～1958 年住宅建设规划》，③此后市政部门按照该规划，于"文革"前又在沪杭内环线以外建成了天山、曹杨、石泉、洞阳、宜川等大型新村（参见图 7，沪宁、淞沪铁路外侧亦大量兴建）。由于市区的主要工厂大多分布在内环线以内，职工每天上下班等日常出行都必须穿越铁路，最终导致上述矛盾与日俱增。

为了彻底解决这一既成问题，上海市政府与上海铁路局采取了两方面措施：其一，于 1986 年 12 月建成包括复线工程在内的沪杭外环线全部工程，减少内环线列车的开行次数；④ 其二，于 1984 年提出高架化改造方案。⑤ 此后，该方案被纳入"城市快速铁路线"规划，于 1990 年通过评审。⑥ 1996 年，上海市政府正式决定拆除沪杭内环线和淞沪铁路北站至江湾站段，改建为城市高架铁路。⑦ 1997 年 6 月这条被称为明珠线（现改称轨道交通 3 号线）的轨道交通工程开工，⑧ 次年原沪杭内环线轨道与平交道基本拆除完毕，2000 年 12 月明珠线开通运营。至此，1916 年建成以来长期困扰城市发展的沪杭内环线寿终正寝，消除市区内铁路路线对城市发展不良影响的目标基本实现。

---

① 《治疗上海交通拥挤顽疾一良方——市区铁路可借天高架》，《文汇报》1984 年 12 月 13 日。
② 比较严重的事故有 1987 年 4 月曹杨路平交道 63 路公交车与火车相撞，造成 42 人伤亡。参见《中山北路今晨发生重大惨祸》，《新民晚报》1987 年 4 月 18 日。
③ 上海市城市规划设计研究院编《循迹·启新：上海城市规划演进》，第 67 页。
④ 《八千建设大军打了一场抢时间争速度的立体战 沪杭铁路外环线竣工通车》，《文汇报》1986 年 12 月 30 日。
⑤ 《治疗上海交通拥挤顽疾一良方——市区铁路可借天高架》，《文汇报》1984 年 12 月 13 日。
⑥ 《上海城市快速铁路线的建设初步方案通过评审》，《文汇报》1990 年 6 月 29 日。
⑦ 《申城辟建南北轨道交通》，《新民晚报》1996 年 2 月 7 日。
⑧ 《"彩练"当空梦成真——上海空中立体交通网编织成形》，《文汇报》1999 年 9 月 2 日。

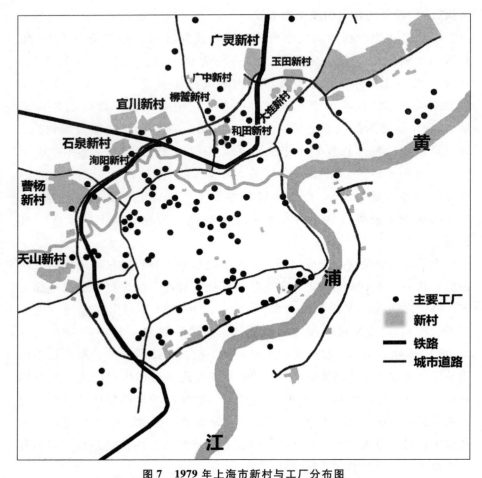

图 7　1979 年上海市新村与工厂分布图
资料来源：上海市城市规划设计研究院编《循迹·启新：上海城市规划演进》。

五　余论

　　众所周知，铁路对城市发展应具有促进作用，但从近代上海的经验来看并非尽然——在近代上海城市政权三足鼎立尤其是中方抵制租界扩张诉求下形成的铁路路线，不但与港口、航道、工业区的联系非常脆弱，而且对城市道路交通的妨碍程度也随着城市的发展不断增加，极大限制了城市空间的扩展。①

　　尽管从 1920 年代末开始，上海市政当局开始推行各项铁路改造规划，但这一历史契机又因国内外政治局势的干扰和两次大规模战争的打击而错失，而战争又导致多座火车站和多条铁路路线被毁以及棚户区大肆蔓延，因此到 1940 年代末上海已陷入了城市交通系统各个项目与城市空间"互相妨碍发展"的窘境。② 新中国成立后城市空间迅速拓展，但铁路运输布局没有根本性的改变，所以"蜂腰"问题日益突出，"文革"前后在铁路外侧新建居住区的行为则进一步加剧了铁路路线切割城市空间的问题。而这一局面最终通过建设新客站和拆除沪杭铁路内环线、部分淞沪铁路地面路段等方法得以化解。

　　总之，受战争因素影响，上海城市空间并未沿铁路路线方向延伸、拓展，铁路未能成为城市空间的发展轴，反而造成了较强的负面影响，并且这种影响一直延续到 20 世纪末。

　　　　　　（作者：岳钦韬，上海师范大学人文与传播学院历史系）

---

① 相关问题参见拙文《中外抗衡与近代上海城市周边铁路路线的形成》（未刊稿）进行的分析。

② 上海市人民政府工务局：《上海市都市计划总图三稿初期草案说明》，1950，第 15 页。

城市贱民

——宋代以来江浙沪地区堕民起源述评

谢一彪

内容提要：学术界对城市贱民的研究很少，特别是江浙沪地区的城市贱民——堕民。学术界对城市贱民起源问题的研究中，最具争议的问题就是堕民的起源问题。本文根据地方史志、文人笔记、堕民传说以及家谱记载等，提出堕民最初应是南宋时被贬的叛官降卒，元明改朝换代之际，战败者陆续被贬入贱民这一群体，一些罪臣和家奴也沦为堕民。

关键词：罪俘　罪臣　家奴

江浙沪地区的城市贱民——堕民，很少引起学者的关注，关于其起源，是学术界争议较多且迄今尚无定论的一个问题。归结起来，有十几种之多，主要有"宋焦光赞部曲说"、"蒙古后裔说"、"赵宋后裔和忠臣说"、"反抗洪武的忠臣义士说"、"项羽余部说"、"乐师说"、"家奴说"，以及"古越遗民说"。根据地方史志、文人笔记、堕民传说以及家谱的记载，堕民最初应是南宋时被贬的叛官降卒，元明改朝换代之际，战败者陆续被贬入这一贱民群体，一些罪臣和家奴也沦为堕民。

一　罪俘说

关于江浙沪地区堕民起源的诸多观点中，其中"罪俘说"最多，学术界也最为盛行，主要有"宋焦光赞部曲说"、"蒙古后裔说"、"赵宋后裔和忠臣说"、"反抗洪武的忠臣义士说"，以及"项羽余部说"五种。有关堕民起源的说法，第一种便是明代徐渭的"宋焦光赞部曲说"，以之最具代表性。徐渭在《会稽县志诸论·风俗论》中云："丐以户称，不知所始，相传为宋罪俘之遗，故摈之，名堕民。丐自言则曰，宋将焦光赞部落，以叛宋投金故被斥。"① 明代的沈德符在《万历野获编》中，记载绍兴甄氏之言："大贫者，乃宋时杨延昭部将焦光赞家丁，得罪远徙，流传至今，世充贱隶。"② 明代屠本畯也在《堕民猥编》提及，"堕民谓之丐户，相传为宋罪俘之遗，故摈之"。③ 明末清初顾炎武云："浙江绍兴府有一种人谓之惰民，世为贱业，不敢与齐民齿，其先是宋将焦光瓒部曲，以叛宋投金被斥。"④ 明人著作最早提出"宋焦光赞部曲说"。

"宋焦光赞部曲说"也载于浙东的诸多方志。《万历会稽县志》记载："丐以户称，不知所始，相传为宋罪俘之遗，故摈之，名堕民。丐自言则曰，宋将焦光赞部落，以叛宋投金故被斥。"⑤ 显然此为徐渭说法的转述。《嘉庆山阴县志》云："或曰有宋罪俘之遗也，名曰堕民。"⑥ 浙江各地方志，如《万历绍兴府志》《万历上虞县志》《康熙绍兴府志》《康熙山阴县志》《康熙会稽县志》《康熙嵊县志》《康熙萧山县志》《光绪诸暨县志》《光绪上虞县志校续》《民国萧山县志》《民国嵊县志》《民国新昌县志》，均载有"宋焦光赞部曲说"，且大都为徐渭说法的翻版。《民国鄞县通志》云："相传为宋俘之遗，故摈之（丐自言则云宋将焦光赞部落，以叛宋投金故被斥）。"⑦ 《光绪余姚县志》记载："宋南迁，将卒背叛，乘机肆毒，及渠魁以剿就戮，其余党焦光赞等，贬为堕民。"⑧ 《光绪慈溪县志》《民国象山县志》《民国镇海县志》均有此说。《嘉庆义乌县志》记载："丐俗

① 徐渭：《青藤书屋文集》第4册，中华书局，1985，第240页。
② 沈德符：《万历野获编》卷24《风俗·丐户》。
③ 屠本畯：《堕民猥编》，转《镇海县志》卷41《风俗》，《中国地方志集成》第34辑，上海书店出版社，1993，第809页。
④ 顾炎武：《日知录》卷13《降臣》，上海古籍出版社，1992，第55页。
⑤ 杨维新、张元汴纂《万历会稽县志》卷3《风俗》，《绍兴丛书》第1辑第7册，中华书局，2006，第111页。
⑥ 徐元梅纂《嘉庆山阴县志·风俗志》，《绍兴丛书》第1辑第8册，中华书局，2006，第34页。
⑦ 张传保修，陈训正、马瀛纂《民国鄞县通志（二）·文献志》，《中国地方志集成》第17辑，上海书店出版社，1993，第706页。
⑧ 周炳麟修，邵友濂、孙德祖纂《光绪余姚县志》，《中国地方志集成》第41辑，上海书店出版社，1993，第367页。

起宋焦赞。"① 《光绪定海厅志》和《民国定海县志》也有类似记载。浙东地区在新中国成立后新修的地方志，也载有"宋焦光赞部曲说"。

也有不少学者质疑"宋焦光赞部曲说"，焦点在于"焦光赞"其人投降之事，不载于正史。焦光赞又称焦赞，其事迹大都载于杨家将的戏剧和小说之中。但《元史·焦德裕》有焦光赞的记载："焦德裕，字宽父，其远祖赞，从宋丞相富弼镇瓦桥关，遂为雄州人。父用，仕金，由束鹿令升千户，守雄州北门。（宋）太祖兵至，州人开南门降，（焦）用犹力战，遂生获之。帝以其忠壮，释不杀，复旧官。"② 焦德裕生有二子，焦简任余姚州知州，焦洁任信州治中。焦德裕父焦用"仕金"，又降宋太祖。宋亡后，焦德裕及其二子均为元朝官员。焦氏家族似有任"伪职"的历史，因无史籍记载，焦光赞或焦赞实已难考。两宋长期对外战争，叛宋投金大有人在，宋对俘获的叛徒予以严惩，贬其为堕民，应属情理之中。

第二种在浙东广为流传的是"蒙古后裔说"。明王士性在《广志绎》中记载："绍兴惰民，谓是胜国勋戚，国初降之下，使不与齐民列。"③ 清曹斯栋也支持王士性之说："明王士性《广志绎》，曰堕民是元时勋戚，国初降之下，使不与齐民列，其说或可信。"④ 清代瀛若氏所撰《三风十愆记》也有类似记载："明灭元，凡蒙古部落子孙流寓中国者，令所在编入户籍，其在京省，谓之乐户。在州邑，谓之丐户。"常熟的"贫婆"（堕民）、绰号"草头娘"自述："先世在元时系贵戚元老籍，在中国宦户之上，谓之正户，明太祖于正字底画带笔略挑，遂成丐字，我岂真乞丐子孙耶。"⑤ 《清稗类钞》也记载堕民"或谓为元蒙古人之后"。⑥ 秦人在《杭甬段沿线的特殊民族——堕民》中也提及："元亡时，绍宁一带有蒙古兵千余人驻防，将被戮，哀求免死，愿世为汉人奴，不齿齐民，禁与考试，故

① 诸自谷修，程瑜、李锡龄纂《嘉庆义乌县志》卷7《风俗》，《中国地方志集成》第53辑，上海书店出版社，1993，第608页。
② 杨家骆：《新校本元史》卷153《焦德裕传》，鼎文书局，1979，第3617页。
③ 王士性：《广志绎》，中华书局，1981，第72页。
④ 曹斯栋辑《稗贩》卷2，北京出版社，2000，第16页。
⑤ 瀛若氏：《三风十愆记·记色荒》，《丛书集成续编》第224册，台北，新文丰出版社，1978，第397页。
⑥ 徐珂编撰《清稗类钞》卷36《种族类·堕民》，中华书局，1986，第1905页。

称堕民，传为明太祖所定。"① 堕民也被称为"亡元的遗产"，元朝廷贵族作恶多端，朱元璋建立明朝后，将其贬为堕民。

浙江各地大量流传"蒙古后裔说"，以宁波和金华最为流行。鄞县堕民传说："明灭元后，将蒙古人贬为堕民。"② 余姚北部的堕民也有类似的传说，"元朝将奄奄一息之际，汉人纵横联络，以端午节焚烟为号，将蒙古贵族斩尽杀绝，此辈合十求饶免死，愿世代为汉人奴隶。"③ 慈城天门下的堕民传说："元朝覆灭时，驻守在宁波、绍兴一带的蒙古军卒被俘后将被处死之际，他们哀求免死，发誓愿世世代代作为汉人的奴隶。"④ 据说，慈溪堕民不过端午节，因为这一天正午，四民以乌馒头传递发动武装起义的信号，熏烟引来四乡帮助，打败元朝官兵，将他们贬为堕民。金华也有堕民源于"蒙古后裔"之说，《浙江风俗简志》记载："元亡，上层分子逃离中原，而这些被派到基层的人便大多被杀，幸存者也赶出村庄，住于村口帮助看门，遂为小姓。"⑤ 金华的"小姓"（堕民）来源之一，据传也为被俘蒙古人的后裔。朱元璋灭了元朝后，为了报复元朝统治者的残暴，将流落中国境内的元朝廷后裔贬为堕民，以示羞辱。

第三种为堕民源于"赵宋后裔和忠臣说"。张其昀编撰的《浙省史地纪要》记载："惰民者，赵宋之苗裔也，宋既亡，子孙见哀于人，而人与之食，食之者多，遂不事生产，多以丝竹娱人，日流于惰，故曰惰民。"⑥ 陈志良在《浙江的堕民》中也提到堕民乃宋朝宗室的后代："当南宋即被异族蒙古人灭亡之后，赵氏宗室，受到压迫更加厉害，可是不会生产，生活都成问题，只靠平民的施舍来维持，久而久之，成为习惯，索性不事生产，专门玩弄丝竹来乞讨度日，自流于懒惰，所以称为'惰民'。"⑦ 对于堕民之起源，亦有"南宋忠臣说"。《绍兴市志》载有："元灭宋后，将其

---

① 秦人：《杭甬段沿线的特殊民族——堕民》，《绍兴县志资料》第 2 辑第 4 册，上海古籍出版社，2010，第 87 页。
② 谢振岳：《鄞县堕民》，《鄞县史志》1993 年第 1 期。
③ 诸水康：《说"堕民"》，《余姚文史资料》第 8 辑，1990，第 177 页。
④ 王静：《中国的吉普赛人——慈城堕民田野调查》，宁波出版社，2006，第 24 页。
⑤ 浙江民俗学会编《浙江风俗简志》，浙江人民出版社，1986，第 482 页。
⑥ 张其昀：《浙省史地纪要》，商务印书馆，1925，第 71 页。
⑦ 陈志良：《浙江的堕民》，《旅行杂志》第 6 期，1927。

罪俘遣送至江浙一带，贬为堕民。"① 上虞也有类似传说，"元军灭南宋后，将俘虏和罪人集中于绍兴等地，明代人称为'丐'"。② 《绍兴县志资料》第 2 辑载有原竖于绍兴府桥的《洪武四年禁止再呼堕民铜碑》，详细地叙述了南宋被元灭后，其忠臣子孙被元朝遣往金华、衢州、严州、处州、台州、宁波、绍兴和温州，贬为堕民。

第四种为"反抗洪武的忠臣义士说"。鲁迅提出堕民为明初反抗朱元璋的陈友谅、张士诚和方国珍的遗部。《绍兴市志》载有："明初，朱元璋战胜陈友谅、张士诚、方国珍等后，因其部属甚众，诛不胜诛，遂下令贬为堕民。"③冯巽占的《畲民堕民九姓渔户考》，也提到堕民为"明初，俘陈友谅之部曲，编之为丐户者也"。④ 明叶权在《贤博篇》提出堕民来源："又或吴王初，方国珍伪降，张士诚割据，法令不同，而沿袭因异也。"⑤《清稗类钞》记载，堕民"或谓为张士诚部落之后"。⑥《慈溪县志》载有："明初设置之说，其成员传系张士诚、方国珍的部属。"⑦ 上虞也有堕民为明初张士诚和方国珍部属之说。⑧

第五种为"项羽余部说"。该说认为刘邦将被打败的项羽余部贬为堕民。《绍兴市志》载："秦末，项羽于楚汉争霸中兵败身死，余部誓不臣汉，刘邦抚之不降，杀之不忍，将其贬为堕民。"⑨《夏履镇志》所记与《绍兴市志》如出一辙："秦末，项羽于楚汉争霸中兵败身死，余部誓不臣汉，刘邦抚之不降，杀之不忍，遂将其贬为堕民。"⑩《钱清镇志》也载有堕民为西汉"不臣之民"说："传说绍兴州山项里，是项羽发迹之地。项羽率八千子弟兵渡江入关，逐鹿中原。及乌江战败，子弟在项里者，抱田横五百义士之慨，誓不臣汉。叔孙通与儒生共立朝仪，抚之不降，杀之不

---

① 任桂全主编《绍兴市志》第 5 册，浙江人民出版社，1996，第 3368 页。
② 虞达人：《上虞堕民》，《上虞史志》2010 年第 1 期。
③ 任桂全主编《绍兴市志》第 5 册，第 3368 页。
④ 冯巽占：《畲民堕民九姓渔户考》，《地学杂志》第 11 期，1914。
⑤ 叶权：《贤博篇》，中华书局，1987，第 32 页。
⑥ 徐珂编撰《清稗类钞》卷 36《种族类·堕民》第 4 册，第 1905 页。
⑦ 慈溪县志编纂委员会编《慈溪县志》，浙江人民出版社，1992，第 952 页。
⑧ 虞达人：《上虞堕民》，《上虞史志》2010 年第 1 期。
⑨ 任桂全主编《绍兴市志》第 5 册，第 3368 页。
⑩ 夏履镇志编纂办公室编《夏履镇志》，中华书局，2010，第 672 页。

忍，遂视为不臣之民，任其自存。"① 项羽余部被贬为堕民之说，尚未见于史料记载。自西汉到南宋的一千年里，笔者查核也没有发现堕民的史料。

尽管某一时期某一支战俘是否沦为堕民，尚需史料证实，但堕民起源于战俘说，应毋庸置疑。宋元明时期，战争频繁，特别是改朝换代之际，胜利者将俘获的战败者予以严惩，罚为堕民。其他区域性的贱民，如九姓渔户，据传也源于战俘，"他们的祖先是陈友谅的部属，明初抗师，后来朱元璋做了皇帝，把他们贬为渔户贱民，不准上岸，不能与平民通婚，不准读书应试，上岸不准穿鞋，官家有事，还要应召服役。此说较为普遍，亦有文字记载可稽考"。② 在世界贱民史上，战俘沦为贱民，也比比皆是。日本的贱民"秽多"，有的日本史学家认为是"大和民族征服扶桑三岛之前的黑种土番之后"，也有的认为"他们的祖先是第三世纪时朝鲜人的战俘"，被放逐到日本。③ 印度的贱民，据传也是源于"种族征服"。吠陀时代末期，"高鼻、白肤的征服者雅利安人，将阔鼻、黑肤的被征服者达罗毗荼人当作奴隶。并不与之通婚和交往"。④ 征服者将被征服者贬为贱民，受到征服者的奴役，世世代代当牛做马，成为"国际惯例"。堕民的最早记载始于南宋的《嘉泰会稽志》，明以后地方史志以及文人著述开始大量涌现堕民的记载。因此，堕民最早的一支，应是南宋时叛宋投金的一支将领部曲，后来，元明统治者又不断将被征服者贬为堕民，壮大了这支队伍。

二　罪臣说

堕民起源的另一观点，就是"罪臣说"。先世原是官僚之后，有的还是朝廷重臣，因犯罪被贬，沦为堕民。"堕民也叫隋贫，其始都是宦家，以无辜罪杀平民，而夺他们妻以奸淫。平民怨，告官，官遂贬他们为贱

---

① 钱清镇志编纂委员会编《钱清镇志》，中华书局，2013，第188页。
② 浙江民俗学会编《浙江风俗简志》，第106页。
③ （美）Albert A. Brandt：《日本的三百万堕民》，《活时代》第2期，1946。
④ 尚会鹏：《日本和印度贱民制度的比较研究》，《日本学》第5辑，北京大学出版社，1995，第49页。

民。"① 有的提出堕民为"反抗洪武和永乐的忠臣义士"，鲁迅在《我谈"堕民"》中，并不认可关于堕民源于"宋焦光赞部曲说"，提出堕民"分明还有'教坊'或'乐户'的余痕，所以他们的祖先，倒是明初的反抗洪武和永乐皇帝的忠臣义士也说不定"。② 相传，明代忠臣义士被贬为堕民的事件有"胡维庸案"和"方孝孺案"。反抗洪武的"忠臣义士"，除已述及的陈友谅、张士诚和方国珍外，还有宰相胡维庸。《民国新昌县志》关于堕民起源，提及"为明胡维庸后"。③《民国新昌县志》声称关于因"胡维庸案"受牵连而沦为堕民的观点，"鄞志亦言"。但康熙、乾隆、同治、光绪以及民国五种鄞县志并无相关记载，明代史书也没有相关记载。据堕民族谱记载，"反抗洪武的忠臣义士"沦为堕民的还有朱元璋的部将周世光的后代。据嵊州三界割鸡镇周友灿介绍，"他年轻时见过族谱，上面记载该族祖上就是作为罪臣被贬作堕民。据说，朱元璋建都南京后，对部下封官不公，部将周世光等不满，因此被贬到诸暨、绍兴等地，并规定其子孙永不叙用，不准读书。周世光后代有一支流入割鸡山，女的养鸡鸭、做伴娘，男的捉青蛙、做轿夫和做堕民糖（即饴糖）为生"，④ 专门从事下贱之役。

"反抗永乐的忠臣义士"沦为堕民的还涉及"方孝孺案"。清阮葵生在《茶余客话》中提及，御史年臣"查其祖先，原是清白之臣，因明永乐起兵不从，遂将子女编入教坊"。⑤《绍兴市志》载："明永乐皇帝朱棣将其政敌贬为堕民。"⑥ 周建人也持同样观点，"浙江萧山、绍兴、宁波一带，有一种奴隶叫堕民，据调查者说，他们原是明朝建文皇帝逃到浙江来的臣民的后裔，他们干着'最下贱'的工作，被人们所瞧不起"。⑦《陶堰镇志》也载："方孝孺不肯为明成祖朱棣起草登极诏书，被杀，其亲族受到

---

① 德恩：《鄞南的堕民》，《北新》第5期，1928。
② 鲁迅：《我谈"堕民"》，《鲁迅全集》第5卷，人民出版社，1973，第260页。
③ 金城修、陈畬等纂《民国新昌县志》，《中国地方志集成》第38辑，上海书店出版社，1993，第748页。
④ 俞婉君：《绍兴堕民》，人民出版社，2008，第59页。
⑤ （清）阮葵生：《茶余客话》卷2，中华书局，1959，第80页。
⑥ 任桂全主编《绍兴市志》第5册，第3368页。
⑦ 周建人：《科学战线上一个老兵的话》，《人民日报》1977年12月14日。

株连，被贬为堕民。"①《安昌镇志》也有相同的记载："方孝孺不肯为明成祖朱棣起草登极诏书，被杀，其亲属'六姓'贬为'堕民'。"② 燕王（明成祖）兵入京师，方孝孺拒不为其起草登位诏书，被磔于市，并灭十族，波及方孝孺的学生，被处死者达 870 余人，至于"远戍"则"不可胜计"。按国家刑律规定，仅有株连九族，即父族四、母族三、妻族二，再加上朋友和门生为一族，构成十族。"在凑成的十族中，由于关系疏远，略微沾边的人，将他（她）们贬为'堕民'，迁徙到'天老地荒'的穷乡僻壤的地方去生活。"③ 20 世纪 80 年代，在钱塘江南岸西陵古镇的一个堕民村，发现了一份因受方孝孺案牵连而沦为堕民的手稿。当事人为宁海的高廉清，做过几任县令，幼时与方孝孺有过诗文之谊。告老还乡后，因慕其道德文章，将方孝孺的《扇子铭》"用之则行，舍之则藏，惟我与尔有是夫"写成扇面。方孝孺案发后，高廉清与秀才儿子高文毓均受到牵连，沦为堕民，离开宁海，被发配到西陵古镇。高氏父子写成《堕民迁徙志》，记录了整个过程。作家莫荞据此创作了长篇小说《堕民》。

　　1403 年 5 月 23 日，400 余人从宁海出发，徒步涉过梅溪时，3 人溺水，1 人死亡。多人川资告罄，有的向路人行乞，未被制止。7 月 1 日，数人遭市井无赖侮辱，责令隐忍，赔礼了事。7 月 9 日，山洪暴发，桑河猛涨，平地水深过膝，汪洋肆虐，因未到达"天荒地老"之处，不敢驻留，乃奋力强渡，众志成城，又有 3 人溺亡，余得生还。1404 年，生还之人到达钱塘江南岸西陵古镇之东的荒僻之地，开始建造"堕民村"。至 1405 年 3 月 3 日，筚路蓝缕，才草草建成"堕民村"，取名"银杏村"，从此定居下来。从宁海出发时有 423 人，虽途中生婴儿 7 人（3 男 4 女），但此时已减为 361 人。3 月 5 日，建立堕民村"学馆"，学科有修身、接物以及吹拉弹唱。入学者均为聪慧乖巧的少男少女，首届共 34 人，由高文毓任学师，以便尽快学习谋生技艺，生存繁衍。9 月 18 日，首届学员结业，经学师暨全村父老评定，合格者 29 人。以后每年一期，春天开馆，入秋结业。

　　从宁海迁往西陵古镇的堕民仅属于"远戍"的一部分。至于散落在宁

---

① 陶堰镇志编纂委员会编《陶堰镇志》，中华书局，2011，第 430 页。
② 安昌镇志编纂委员会编《安昌镇志》，中华书局，2000，第 395 页。
③ 吴生廉：《堕民与灭十族关系初探》，宁海新闻网，http://www.nhnews.com.cn，2007 年 5 月 9 日。

海本地的所谓"堕贫"，估计是应迁徙而未被迁徙遗留下来的堕民以及其后代子孙，他们仍然被当作堕民看待，一代一代传递着，只能从事一些卑贱的行当，如吹唱、剃头、值堂、阉鸡、详梦等，也只能居住在祠堂庙宇，成了宁海人俗称的"堕贫"，处于被遗忘的阶层。因此，宁海的堕民乃因为"方孝孺案"被灭"十族"而株连的人。

朱元璋编定户籍，将堕民编为"丐户"。朱元璋建立明朝后，诛杀丞相胡惟庸，制造了"胡惟庸案"。朱棣发动靖难之役，夺取帝位，诛杀方孝孺等大臣，制造了"方孝孺案"。《堕民迁徙志》等史料表明，明初一部分"反抗洪武和永乐的忠臣义士"因政治斗争而遭到迫害，沦为堕民。

三　乐师说

堕民源于"乐师"，此说也在堕民说中流传。各种版本的"乐师"被贬为堕民的传说，略有差异。王静进行慈溪堕民的田野调查时，采集了两种流传的说法。一是居住在慈城东门外的 91 岁陈大爷之叙述："20 世纪 50年代，他与吹行堕民一起参加村文宣队，当时一些任姓堕民都自称是乐师后代。"另一是绍兴老年堕民的说法，他"自称是唐玄宗梨园子弟六姓之后"，其祖先本是"六部大臣"，因游惰获遣，贬为堕民。王静对"六部大臣"表示怀疑，认为"六部"或为"乐户"谐音。[①]《绍兴市志》有唐代宫廷乐师因"乐而忘忧罪"被贬为堕民之说。"唐明皇精通音律，酷爱弹唱、歌舞，不理朝政，沉湎声色。'安史之乱'后，宫廷乐师辈以乐而忘忧罪，遣为'堕乐'，遭贬斥流落绍兴等地，以'度曲'度日，人称'度民'，贬称'堕民'。"[②]《绍兴县志》也载有大同小异的唐朝"乐师被遣"说。"绍兴安昌镇流传：堕民先辈，原为唐明皇宫廷乐师。安史之乱平息后，梨园子弟以乐而忘忧罪，被遣为'堕民'而流落江南。为度命，唱'度曲'以度日，人称'度民'。'堕'与'度'为一声之转。堕民或即是'度民'也未可知。"[③] 安昌彭家溇堕民多以唱戏为业，信奉祠山大帝，又称"老郎菩萨"，据传祠山大帝即创办梨园、教授霓裳羽衣曲的唐明皇，

---

①　王静：《浙东堕民揭秘》，《鄞州文史》2007 年第 3 期。

②　任桂全主编《绍兴市志》第 5 册，第 3368 页。

③　绍兴县地方志编纂委员会编《绍兴县志》第 1 册，中华书局，1999，第 387 页。

又称"唐皇菩萨"。

作家赵锐勇在绍兴三埭街采访时，劳动路居委会召集了杨圣静、陈绵虎、彭阿珠、张阿招等十多位年过花甲的老人，他们绘声绘色地谈起了堕民的起源故事。居委会的钱少楼主任还从抽屉拿出一本无名氏整理出来的《三埭街与堕民的传说》，形象生动地讲述了唐代千秋太子的梨园子弟被贬为堕民的故事，这是另一个"乐师"被贬为堕民的传说：

> 据说，唐代有名的诗人、书法家、礼部侍郎兼集贤学士贺知章归乡后，曾在明真观设席，教千秋太子读书。由京城老郎（唐代梨园主管人）挑选了六名能歌善舞、作曲演戏的梨园子弟（甘、柯、严、裘、应、彭共六姓）跟随千秋太子在此读书。空闲时伴千秋太子玩嬉，深受太子的青睐与器重。当地有些官宦士绅的子弟在千秋太子玩乐时在旁作伴助兴。久而久之，不仅与梨园子弟厮混相熟，并随同学艺，也学会了一些弹唱歌舞的技巧，一起参加嬉乐。遇到婚禄寿诞等喜事时，就邀请他们到家，演唱作戏，表示庆贺，以示显贵。以后互相效尤，流传到民间，竟成了一种风俗习惯。每逢红白喜事必请他们到场弹唱演戏。由于梨园掺入了部分官绅子弟，难免鱼龙混杂，良莠不一。不肖之徒乘机勾引良家妇女，为所欲为，一直发展到新婚之妇，必先与之同房，然后才可与新郎同房。百姓慑于梨家子弟系太子近侍，只得忍辱依从。由此怨声载道，民愤极大。不久，梨园子弟在民间为非作歹的事情，被唐皇知道了，龙颜大怒，立即派大臣持诏书来到绍兴，召回千秋太子，并贬罚六姓梨园子弟为堕民，划三埭街为堕民巷。限制堕民只能在巷内居住，不准与巷外百姓通婚，不准到巷外求学应举，也不准到巷外烧香拜佛，甚至死人也不准到巷外的土谷祠烧庙头币。一旦违诏被发觉后，重则非打即吊，写服辩；轻则罚香烛，洗神座等侮辱性的禁令，从此压迫惩罚堕民。幸亏有人暗中通风报信，六姓人家可离即离，可隐即隐，化整为零地进行疏散。所以在浙东一带如宁波、嵊县、诸暨、上虞及绍兴的钱清、衢前、皋埠、马山、昌安等地都有六姓的梨园子弟定居。①

---

① 赵锐勇：《别了，中国的吉普赛人——来自堕民后裔的报告》，《野草》1998 年第 1 期。

　　赵锐勇认为梨园子弟被贬为堕民的传说真实可信，因为现在三埭街主要姓氏仍是甘、柯、严、裘、应、彭六大姓。堕民的职业如坐唱清音、吹鼓班子、戏文班子，明显带有传说中的"教坊"、"乐户"的余痕。赵锐勇向三埭街老人求证起源的传说，老人们均异口同声地肯定祖传的说法"绝勿会错"。贺知章，字季真，初唐的著名诗人，自号四明狂客，进士及第，历官太常少卿、礼部侍郎、集贤学士、太子右庶子兼皇太子侍读、检校工部侍郎，迁秘书监、太子宾客、庆王侍读。744 年，85 岁的贺知章上书告老还乡，欲剃度为道士。唐玄宗作诗以赠，皇太子率百官饯行。贺知章回到山阴五云门外道士庄，入居千秋观，建"一曲亭"自娱。贺知章旋即病逝，享年 86 岁。贺知章做过太子老师，即位后为唐肃宗，但并未在绍兴设席教所谓"千秋太子"读书，六姓梨园子弟陪读也是子虚乌有之事，与史载不符。

四　出身低贱说

　　还有一种堕民起源的说法，为"出身低贱说"，具体可细分为二。一为"家奴说"。据传堕民原是世家大族或官员的家奴，后来不断繁衍，成为堕民群体。"小姓"为堕民的别称。《浙江风俗简志》载："小姓的祖先原是村中某大族祖先的奴仆，主人帮助其娶妻成家，生儿育女，传种（宗）接代。"① 《永康风俗志》也载，堕民乃"被有权势者带之乡里，在当时是很受重用的亲信。如管家、账房之类，而后沦于纯粹奴仆者"。② 《义乌风俗简志》又载："或谓系前朝官吏家奴，经家主代为婚配，所育子女，随父从业，不能为自由人，虽有祖先，以家奴身份未去，呼为小姓，以别于平民。"③ 据《浦江风俗志》记载，"浦江的小姓大多原是官家富户的奴仆。主人为永久奴役仆人，乃配之于婢，授之于产，命其'成家立业'、'传宗接代'，以专为主人做一般平民所不愿做的行当。于是，自然而然，就逐渐沦为小姓"。④ 《金华地区风俗志》《金华市风俗简志》《东阳市

---

① 浙江民俗学会编《浙江风俗简志》，第 482 页。
② 永康县文化馆编印《永康风俗志》，1986，第 158 页。
③ 陈元金主编《义乌风俗简志》，浙江省义乌县文化馆，1985，第 160 页。
④ 浦江县县志编纂委员会办公室、浦江县文化馆编印《浦江风俗志》，1984，第 210 页。

风俗志》对此也做了大同小异的描述。

浙江有故事谈及《奴婢小姓过"端六"的来历》，"小姓"男主人公阿才和女主人公阿才的妻子阿囡，两人都是家奴。阿才是赵员外家的长工，"古时候，有一对夫妻，男的不知其姓甚，从小就在赵员外家当长工。年纪十七八，松树连根拔，他担东西，硬树扁担一挑三百斤，因为力气大而出名，赵家村里二三十里村镇的人都叫他健汉，勤劳而艰苦的人们都叫他阿才，童姑们尊叫他阿才哥。流传开来，他的名字就叫阿才哥"。阿囡则是被父母卖给钱家村钱大人家的奴婢，"阿才哥的老婆，乳名阿囡，当她还只是小姑的年龄时，就被乞讨为生的父母卖给钱家村的钱大人家当奴婢，为钱大人三妻四妾的孩子洗尿布，磨麦又舂米，脏活重活样样干。每天的黄昏时分，还要进书馆去打扫"。① 封建社会等级制度严密，讲究门当户对，奴才娶婢女，婢女嫁奴才，乃天经地义。阿才和阿囡遂成为一对奴婢夫妻。这故事形象地说明，世家大族或官员的家奴，由主人给予婚配，生下后代，也沦为"小姓"（堕民）。

浙江的绍兴和金华也有两个家奴沦为堕民的事例。一个是作家徐懋庸谈到上虞老家下管的宗族问题时所重点讲述的徐氏家奴成为堕民的经过。下管有两个堕民村，即东、西夹笆，其堕民原是明代徐氏官员的家奴。家奴繁衍的后代，成了徐氏家族的"公共奴隶"——堕民。

> 下管的居民几乎全部是姓徐的一族。据族谱记载，下管徐氏的始祖，是元朝末年因兵乱从江西逃难路过下管，认为这个地方好，定居下来的。所以，从建村到民国初年，已有五六百年的历史。在我离开下管的时候，徐氏已传至二十三世，我是属于二十世一辈的。下管镇上，外姓人不到十户，那是由于入赘或其他原因陆续迁来的。但在管溪西岸和镇子南边，却有两个非徐姓，而与徐姓有密切关系的人所住的小村。一个村子叫做"西夹笆"，另一个叫做"东夹笆"。这两个村子住的是"惰民"。下管两个村的惰民的祖先，当是明朝下管徐氏某个大官的家内奴隶。这个大官的后裔繁衍起来，他的奴隶的后裔就成为徐氏一族的公共奴隶，所以让他们另立村居。"夹笆"是打篱笆的

① 卢德谋：《奴婢小姓过"端六"的来历》，《中华民俗源流集成·节日岁时卷》，甘肃人民出版社，1994，第348页。

意思，东西夹苞，两个村设在下管镇的两头，可能是表示作为下管的屏障的意思，让奴隶来保卫徐氏。①

　　另一个典型的家奴沦为堕民的案例，是俞婉君在兰溪女埠镇童公山堕民村进行田野调查时了解的"奴才起源说"。"传说堕民的祖先为奴才，当地堕民有王、陈两姓，王氏的祖先为童澄的奴才，陈氏的祖先为方太古的奴才。"童公山村坐落在童公山上，为王氏堕民的发源地和宗族所在地。童氏宗族后来迁往距兰江埠头五华里的下童村，而让从北方带来的奴才照看老房子，并赐姓王。后来，童氏发祥地遂成为堕民聚居村。童公山村的王氏堕民与周围村落的依附程度不同，突出表现在过年讨彩头的习俗上。童公山王氏每年岁末年初必到礁石邵氏和下童童氏讨彩头，每年腊月都到童氏分支的泽基村中家境好的人家讨彩头，对其他九个村落的家庭唯有对做过红白喜事的人家，才在三年内的正月上门讨彩头。礁石邵氏势力高于下童童氏家族，童氏租种礁石邵氏的土地。而童公山与下童和泽基也相隔三四个自然村，从地缘上也难以建立紧密的依附关系，只能从双方存在的历史渊源来理解，王氏的祖先曾是童氏的奴才。另从童公山王氏对童氏的特别称谓，也可佐证王氏曾是童氏奴才。堕民称主顾的男主人为"某某爹"、"某某爷"，而主顾对堕民则直呼其名。"而童公山王氏与童氏互称则特别。王氏称呼下童和泽基童氏男性户主为'大伯'，而童氏称呼童公山堕民为'亲哥'。'大伯'与'亲哥'的称呼由来当地人已不得而知。"但是，童氏和王氏阶层不同，双方也不可能通过过继或联姻产生亲属关系，这种反映上下尊卑的似血缘关系的称谓，唯有主人与家奴之间的关系。"王氏与童氏之间主仆称谓保留下来，大概是因为在身份上演变为堕民后的王氏为依附于童氏的需要所致。"②童公山王氏的堕民起源案例，说明局部地区的堕民由奴才的身份演变而来。

　　二为于越的"野合之后说"。《绍兴市志》和《绍兴县志》均引用茹三樵的《越言释》，提及越王勾践集中越国的寡妇与士兵"野合"，所生之后代，与四民不同，成为堕民。"故绍郡八邑，宁、台、金、衢、严、处

① 徐懋庸：《徐懋庸回忆录》，人民文学出版社，1982，第4页。
② 俞婉君：《兰溪的一支堕民起源考》，《浙江档案》2001年第8期。

和徽州等古越地，均有堕民。"① 茹三樵在《越言释》中，对徐渭听信传言，在《会稽县志诸论》所述堕民源于宋焦光赞部曲提出异议，他提出焦光赞查无此人，投金之时也不清楚，南宋腐败无能，也未闻以此惩为堕民，且逃师叛卒也应惩其首恶，岂有株连其部曲之理；降金者也是过江之卿，何以唯有焦光赞部曲沦为堕民，孰不可信。故提出堕民起源于越国"野合之后说"。

> 吴越事，特详于《国语》，其他若《越绝》、《吴越春秋》，虽后人依托为之，然必有旧传，未尽失实。颇闻勾践时，简国中之寡妇淫泆者，则皆输山上，壮士忧愁者，令游山下，以适其意。此其所孕育皆出于野合，其势自不得与齐民齿，或者支流蔓延，遂成此一种乎？此虽未必为凿据，但今之为惰贫者，自绍郡八邑外，宁、台、金、衢、严、处以及上江之徽州皆有之，则皆古之越地也。渡浙江而西入吴境即无有。意当日卧薪尝胆之余，务驱除其游惰，又法严而令，必能使三四千年之后犹守之而不改。如此亦可见当日生聚教训精神之强固矣。然而天地有往复，日月有乘除，世无与为终古之罪。吾越自汉晋以来，名流接踵，南宋为三辅地，尤士大夫所聚，其时说部盛行，土风物产、街衢纤语无所不登载，而惰贫一种，绝不闻谈议及之，况谋所以处之者。今者幸蒙国家特与荡涤，化贱为良，然不追其所自始，无以见本朝德意之宽大。又或者有司之奉行，未尽得其条理，以致其名尚在。用敢私识之，以俟后之志越者订。②

史载越国小国寡民，由于战争频仍，死伤甚众，兵源和劳动力严重缺乏。越王勾践十年生聚，十年教训。为了加强国防和发展生产，使越国迅速繁盛壮大，实行奖励生育政策。据《国语·越语》记载，主要实行两方面的措施。一是规定婚配年龄，增加孕育机会。严禁青壮年男子娶老妇为妻，老年男子也不得娶年轻妇女为妻。女子17岁不出嫁，其父母有罪。男子20岁不娶妻，其父母有罪。努力通过提早婚龄和要求婚配年龄相当的办法，增加育龄妇女孕育的机会，以达到增加人口的目的。二是保护孕妇和

---

① 绍兴县地方志编纂委员会编《绍兴县志》第1册，第387页。
② 茹三樵:《惰贫》,《越言释》(上)，江苏广陵古籍刻印社，1990，第5页。

儿童，奖励生育。越王规定妇女临产要报告官府，国家派医生守护孕妇接生。生下男孩，国家奖励两壶酒，一条狗；生下女孩，国家奖励两壶酒，一头猪。三胎时，即第三个孩子，国家供给乳母。一胎生两个孩子，国家供给粮食。在生活和医疗条件低下的古代，这两项措施有效地保证了人口的迅速增长。越国鼓励生育，如果确有寡妇与士兵"野合"的后代，越王勾践不仅不予歧视，相反，应还会给予奖励。故堕民源于越"野合之后说"难以成立。

五 堕民源于"古越说"的商榷

尽管堕民源于越"野合之后说"不能成立，但也不能排除历史上一部分非婚子女受到社会歧视，从事下贱职业，而沦为贱民，只是目前并无相关的史料予以支撑。然而，关于堕民的起源说中，堕民源于古越的说法却不少，只是依据各不相同。沃尔夫拉姆·爱伯哈德（Wolfram Eberhard）提出堕民为一些少数民族的后人，与畲、瑶关系密切。爱伯哈德对金华的畲族做了考查，畲族分布在浙南以及邻省山区，语言以及文化习俗与广东、广西和湖南的瑶族接近，畲的来源有二说，一是瑶从粤东移往东北的一个分支；二是中国东南百越人之遗。而这两种说法都有可能。畲族传说会稽山乃其祖先之家。爱伯哈德认为畲族可能迁出浙江，又迁回浙江。畲族和瑶族均有关于狗祖为盘瓠之说，所以，瑶族和畲族都有狗头发型和狗头帽。瑶族妇女节日梳狗头发型。而畲族妇女头部顶着狗头头饰。而堕民失去原始文化习俗，仅有少量残存的遗迹可资鉴别，诸如堕民戴狗头帽。有学者认为堕民"戴狗头帽提示了与畲部落狗头神话及古越土著文化的联系"。[①] 堕民妇女穿横布裙，而畲族、瑶族人也穿横布短裙，长不及膝盖。爱伯哈德将畲族祖先在会稽山以及畲族、瑶族关于盘瓠狗头人身的传说，梳狗头发型和戴狗头头饰，与堕民戴狗头帽、穿横布裙联系起来，以此断定堕民与畲族、瑶族均源于古越，但并无明确史料支撑该说法。堕民作为贱民，在衣服方面有所限制，"四民中即所常服彼也不得服"。[②] 堕民戴狗

---

① （丹麦）Anaer Hansson：《中国的贱民——堕民》，《绍兴学刊》1999 年第 4 期。
② 徐渭：《青藤书屋文集》第 4 册，第 240 页。

头帽、穿横布裙与否乃良贱的区别，基于《别贱录》关于堕民的规定，与盘瓠的神话风马牛不相及。

俞婉君也提出堕民源于于越，可追溯到于越的巫文化。① 堕民戴"狗头帽"，与于越有关系的瑶族和畲族都有梳狗头发型和戴狗头头饰的习惯。于越尚黑，堕民身着黑色，具有于越的服饰特征。堕民的语调独特，保留了少许古越语的遗音。堕民的分布地与于越的生活圈吻合。堕民的巫业乃于越文化的传承，堕民信仰玄神、煞神和五显神，在民俗活动中主要从事巫术活动，居于"阴煞"之地。宋代社会转型时，堕民地位边缘化，从而沦为贱籍。明初朱元璋定户籍，将不从事士农工商的堕民，视为游手好闲之徒，将其打入另册，编为丐户。但俞婉君所说，并无史料作为依据，仅仅属于臆测，且所提各点，也经不起推敲。堕民戴狗头帽，穿横布裙，乃依据《别贱录》对贱民服饰的规定。"《别贱录》者，明太祖定制，服式居业不与齐民等也。"② 堕民的"堕民腔"是否古越语的遗音，俞婉君也不能肯定，仅表示可能与于越有渊源关系，有待语言学家进一步考证。堕民分布地与于越文化圈的核心地区浙江宁绍平原重叠，似也不确切。俞婉君否认安徽徽州和江苏有过堕民，这与史实也不符。堕民并非局限于宁绍平原，原来分布于江浙沪的广大地区，后来萎缩到浙东的宁绍平原，这是历史发展的结果，其原因有待探讨。堕民居于"阴煞"之地，乃因无所选择，朱元璋对堕民"居业"有明确限制，堕民只能居住在低矮的小屋和"四民"的祠庙，号称"祠堂人"和"庙堂人"。堕民供奉玄神、煞神和五显神，乃国人的多神信仰，见佛烧香，逢庙磕头。"越人好淫祀"，巫师从事巫业，但从事巫业的人全国都有，何以宋代社会转型时，唯有越地巫师沦为贱籍，而其他地区未入贱籍。

朱希滨则提出堕民很可能也是东南沿海疍民的一种，是疍民陆居后演变而成，属于百越后裔。明代陆容和郎瑛均记载乐清丐户兄弟共娶一妻，此乃"岛夷之俗"。乐清丐户可能是"岛夷之民"的后裔，堕民也应是"岛夷之人"。明人殷聘尹在《外冈志》中也提到堕民被"置之海边"。《三风十愆记》也载"丐户多在边海之邑"。因此，堕民很可能来自海上疍

① 俞婉君：《绍兴堕民》，人民出版社，2008，第30页。
② 陈汉章：《民国象山县志·风俗》，宁波天胜印刷公司，1927，铅印本。

民。堕民男子捕蛙，而疍民在沿海和河口以捕鱼、取蚌为业，陆居后从事原先擅长的捕蛙。堕民女子梳发，疍民女子也被称为梳头女。福建疍民正月上岸讨年糕，堕民也是春节到主顾家讨赏赐。绍兴堕民以吹打和演剧为业，疍民也擅长演奏音乐。堕民擅长小买卖，疍民也要从陆上人家取得日常用品，将所捕之鱼卖给岸上居民。《义乌县志》载堕民从事"灶糖"职业，据说义乌的糠梗从福建沿海传入。堕民不穿长衫，疍民也是如此。堕民居于小屋和低屋，疍民也因沿海和岛屿台风频繁建小屋和低屋而居。堕民和疍民均有源于陈友谅或张士诚所部的传说。堕民两字可能就是疍民二字的变形而已。堕民最初写成疍民，后来因歧视而由疍民变堕民。据此，"堕民是疍民移居陆上居住以后而变成的，是疍民的另一种表现形式"。[①]堕民就是疍民，是百越的后裔。朱希滨关于堕民乃疍民陆居后形成的观点，虽然提出了诸多证据，但诉诸史实，则既无史料依据也无堕民的传说相印证，纯属臆测。堕民也称"乐户"，山西贱民也称"乐户"，二者也有许多共同之外，但此"乐户"与彼"乐户"同名而实异。

（作者：谢一彪，绍兴文理学院人文学院）

---

① 朱希滨：《近世浙江文化地理研究》，复旦大学出版社，2012，第202页。

民国时期孀妇的再嫁境遇与社会救济[*]

——以《益世报》为中心的考察

赵秀丽

内容提要： 民国时期，由于多数女性不能实现经济独立，婚姻的赡养功能尤为突出。法律虽然赋予了孀妇改嫁的权利，但是孀妇的再嫁在窘困的经济状况和宗族势力的欺压之下往往带有悲剧色彩。经济的窘困和再嫁的困境将孀妇置于生死边缘。《益世报》关注下层民众生活，对于孀妇被再嫁的命运和遭受宗族势力欺压的处境给予了深刻的揭露，为争取社会同情、号召社会救济发挥了积极的舆论引导作用。在对孀妇的救济中，《益世报》逐渐成为社会捐助的桥梁，推动了天津社会救济事业的发展。

关键词： 孀妇再嫁　《益世报》　孀妇救济

近代社会经济的凋敝，进一步凸显了婚姻的赡养功能。在生存压力的逼迫、妇女解放思潮的浸染等因素驱使下，传统的贞操观念日渐被摒弃，孀妇再嫁的藩篱逐渐被打破，选择再嫁逐渐成为孀妇谋生的重要方式之一。然而，孀妇再嫁依然面临着重重困境。当时围绕孀妇再嫁的案例和纠纷层出不穷。因为贫穷，孀妇不得不将希望寄托于婚姻。而婚姻作为谋生的出路之一，夫家或娘家往往将孀妇置于被利用和被出卖的境地。即便是稍有资财的孀妇，也常遭受同族人欺压，其家产也面临着被霸占的危险。因此，社会对于孀妇的救济便更显迫切。作为社会的弱势群体之一，孀妇的境遇逐渐得到《益世报》的关注。

　＊　本文为 2011 年度教育部人文社会科学研究青年基金项目"近代中国报刊媒体世界的女性身体建构"（项目编号：11YJC770022）和青岛农业大学高层次人才启动基金项目"《益世报》与近代婚姻家庭变迁"（项目编号：631201）的阶段性成果。

一　孀妇再嫁的境遇

（一）再嫁的无奈

1915 年，北京政府颁布的《民律草案·亲属编》对于孀妇再嫁已有明确之规定，孀妇再嫁"须经夫家父母允许。夫家父母双方亡故或在事实上不能表示意思时，须经夫家祖父母允许。夫家祖父母双方亡故或在事实上不能表示意思时，须经母家父母允许。母家父母双方亡故或在事实上不能表示意思时，须经母家祖父母允许"。① 上述规定虽然为孀妇再嫁提供了法律依据，但同时也为孀妇再嫁规定了种种条件。对于孀妇来讲，虽然在法律上已经获得了再嫁的权利，但法律规定，孀妇再嫁必须由父母主婚，因此，孀妇的择婚权实际受到了种种限制。在夫族和娘家的干预下，孀妇往往被再嫁，成为买卖婚姻的牺牲品。1930 年，天津的王王氏之子王喜病殁，其儿媳张氏自愿守节。王王氏出于年老无依考虑，竟将其外甥王恩甫过继为子，强迫其儿媳与之婚配，为"换马不换鞍"② 之法。后因王恩甫以小贩为生，获资有限，难供一家之用，于是王王氏又逼迫其儿媳为娼，遭到反对后又拟将其卖往东北。此案说明，孀妇再嫁与否，夫家往往握有决定权。昌黎县李树林之妻李王氏与儿媳孀妇李某氏共同生活，因家境窘困，又欠债若干，拟将孀媳改嫁，借用其身价偿还旧债。不料人心叵测，其中间人周某欺诈李王氏并从中牟利，最后仅仅还掉利息 269 元，而本钱依然没有还清。③ 孀妇自身的软弱和娘家的失助，导致其成为夫家敛财的工具。

孀妇自愿再嫁，本属自由结婚，但受传统"父母之命，媒妁之言"的婚姻观念影响，孀妇自主择婚通常并不为娘家或夫家接受。1929 年，天津人张吕氏，因夫病故，又无子女，为自己物色程兴义为夫。其母以婚姻未

---

① 《民国民律草案》第 4 编，见杨立新点校《大清民律草案·民国民律草案》，吉林人民出版社，2002，第 351 页。
② 《老妪因贫昏聩，孀媳匹配外甥，又欲逼令为娼》，《益世报》1930 年 8 月 30 日，第 5 版。
③ 《乡间妇女直如货物》，《益世报》1931 年 1 月 26 日，第 5 版。

经其允准为由反对，与程兴义争执不休，最终其母诉之法院。① 张吕氏之母反对其女自主择婚的原因表面上是女儿的婚姻没有得到自己的允准，其深层次原因则在于意图通过女儿再嫁获取彩礼。可见，孀妇的婚姻不仅为夫家所利用，娘家也会因贪图资财而牺牲女儿的婚姻。在穷困潦倒之际，孀妇再嫁成为娘家与夫家度过经济困境的方式之一，也是传统社会视女性为私有财产的表现。在传统天津社会，孀妇再嫁首先要征得夫家的同意，否则无人敢娶。在有些地方，孀妇再嫁必须由夫家出卖契，娘家用钱买契，女儿才能将妆奁拉回娘家，新丈夫则应到娘家迎娶。② 只有合乎双方利益的婚姻才能避免因孀妇再嫁引发的财产纠纷。在夫家与娘家的利益纠葛中，不难看出，孀妇再嫁充斥着买卖婚姻的色彩。

在近代社会经济凋敝的境况下，孀妇选择再嫁多出于生存的考虑。对于没有子嗣的贫孀而言，再嫁的阻碍除了夫家和娘家之外，并没有子嗣的拖累。但对于带有子嗣的孀妇来讲，即便是夫家允许再嫁，也通常难以获得满意的婚姻。对于她们而言，子女越多改嫁越难。1930 年，《益世报》登载了一则题为《孀妇待聘》的启事，称乐姓家有少妇现年 31 岁，26 岁守节，生有 9 子。其改嫁的条件是"彩礼洋 30 元，并带 9 子"。③ 在宗法家族社会，虽然这样的女子对于乏嗣的家庭具有吸引力，但是在经济萧条的近代社会，又有几家能够养得起这 9 个孩子？子女众多成为孀妇一生的负担。又如，1930 年 1 月，《益世报·慈善界》专栏刊登的争取社会救济的孀妇中，多为子女较多、生活无着的贫孀。如，"今有孀妇阎门陈氏，年 39 岁，生有女孩 9 岁，男孩 4 岁……孀妇霍刘氏，年 40 岁，生有儿女 4 人，皆未成年……高门杨氏年 42 岁，家有 7 口，家贫无资无衣乏食……崔门宁氏，年 42 岁，家有 3 口，家贫无资无衣乏食"。④ 对于无子嗣的富孀来讲，虽然衣食无忧，不用为生计发愁，但因无子而导致的赡养压力也是选择再嫁的重要原因。1933 年 9 月，《益世报》登载了五旬孀妇某某氏的征婚启事。该孀妇出自名门，夫死后守节 20 年，并拥资巨万，因为孑然一身，苦于年老无人照管，打算"招夫养子，继后承宗"。条件是"三十左

① 《自由结婚——孀居不惯无郎，阿母无端阻扰》，《益世报》1929 年 10 月 23 日，第 5 版。
② 《井陉变态之婚姻，鬼妻寡妇童养媳》，《益世报》1932 年 4 月 16 日，第 5 版。
③ 《孀妇待聘——五胎生九子》，《益世报》1930 年 9 月 9 日，第 5 版。
④ 《冰点空气中凄楚之音》，《益世报》1930 年 6 月 1 日，第 7 版。

右之壮夫，身无家室者"。① 该富孀与贫困多子的孀妇恰成鲜明对比，说明了无论贫富，孀妇的处境都是艰难的。

（二）财产博弈

孀妇再嫁不仅体现了娘家与夫家的权力博弈，而且也体现了宗族势力对女性的控制。孀妇再嫁首先面临的是娘家家族的压力。因为按传统社会习俗，孀妇改嫁必须由娘家主婚，或者写出嫁婚书并由村公所加盖公章。而夫家借用写婚书的权利故意抬高身价。如果娘家垫付不出，则孀妇不能改嫁。《民律草案·亲属编》规定了孀妇再嫁，"为法令所不禁，虽夫族不肯主婚，依婚姻自由原则，其婚姻亦属有效"。② 所以孀妇再嫁，无须夫家主婚，更无须娘家垫付彩礼，孀妇改嫁只要符合婚姻条件即可，"应有公开仪式及二人以上之证人"。以此为前提，即使不通知夫家，夫家也不能因此阻挠。至于夫家财产"能否任意处分，须视其夫妻有无契约及其契约如何规定以为断"。③ 为防止孀妇再嫁带走家族遗产，宗族往往给守节的孀妇过继子嗣，以便维护家族利益。其中不乏强迫孀妇立嗣以夺取其财产的案件发生。

法律虽然认为翁姑为子立嗣如果既成事实，孀妇不能否认，但孀妇有携子改嫁的权利。民国以来，传统宗族势力对于孀妇再嫁的约束逐渐丧失。当孀妇改嫁引发的经济纠纷得不到解决的时候，夫家往往采用极端的手段施加报复，甚至有孀妇携遗产改嫁后，招致族叔觊觎，购买子弹以栽赃的事件发生。④ 富孀除了忍受丧夫之痛，承担抚养子女、孝敬公婆的责任之外，其财产还有可能被亲族侵吞。平山县南皮庄石国信之继室石许氏，夫死后抚养前室子女不愿再嫁。儿子夭折后，夫族石国良强行将他的孙子过继给石许氏，借为石国信立嗣，霸占孀妇财产，并到石许氏家中搜罗一空，且搬至石许氏家中居住，"视许氏及其女如眼中钉"。⑤ 石许氏之舅父闻之，帮助石许氏将其控告。

---

① 《一篇妙文：五旬孀妇征婚启事》，《益世报》1933 年 9 月 15 日，第 5 版。
② 《妇孺救济会积极进行》，《益世报》1922 年 4 月 28 日，第 5 版。
③ 《恶俗夫族留难孀妇改嫁，在法律上之疑问》，《益世报》1931 年 4 月 20 日，第 6 版。
④ 《孀妇携遗产改嫁致遭族叔觊觎》，《益世报》1937 年 1 月 7 日，第 6 版。
⑤ 《同族见财灭义霸占孀妇田产：趁人子亡女弱迫为立嗣，结伙同谋强行瓜分无遗，舅舅震怒呈控县府》，《益世报》1933 年 7 月 20 日，第 5 版。

此外，孀妇还有可能遭受丈夫兄弟的欺侮、敲诈。1923 年，天津芦庄子德润里居住孀妇张姓，虽与夫弟张裕德分家，无奈他"不务正业，酗情嫖赌，并扎打吗啡，致将己产荡尽，因其寡嫂可欺，常往讹诈"。如不能满足其需要，就殴打其嫂。邻人不平，遂"联禀惩戒，以儆刁风"。① 天津人马逢春的三儿媳青年守节，马逢春对其待遇优渥。但马逢春病逝后，马氏兄弟对马王氏加以歧视，"马王氏不惯居白眼之下，因往娘家居住"。② 马氏兄弟不仅不赡养，反而变卖家产，私吞马王氏应得份额。

不仅如此，孀妇含辛茹苦抚养子女，待年老力衰之后，也有遭到儿媳虐待的情形。1934 年《益世报》登载了孀妇李氏的求助信。李氏在信中诉说了大儿媳虐待她的情形，恳请主笔先生"伟鉴素仰，持正公论，除恶扶弱，无任钦佩"。该氏年近六旬，长子不孝，"子媳随之终日打骂，暗打不令声张，两餐亦不给饱"。不仅如此，还听说要将其毒死。迫不得已，李氏恳请主笔披露以便促其悔改。记者认为，如果该氏之媳拒不悔改，那么社会人士和当局应当维护人道，予以制裁。③ 《益世报》对孀妇处境的披露，体现了报人对下层社会女性的人道主义关怀，对于维护女性利益，通过舆论压力惩治社会罪恶，维护社会道德具有积极意义。

民国时期，受传统婚姻伦理的影响，孀妇多不愿改嫁。然而，传统女性谋生能力的匮乏驱使她们不得不选择再嫁以谋生存。对于贫孀而言，再嫁除了要忍受乡邻的耻笑之外，遭受虐待、被拐卖甚至被逼为娼的情况也时有发生。对于有子嗣的孀妇而言，改嫁也失去了优势，只能居家守寡，背负着侍奉翁姑、抚养子女的重担。在社会风气尚不开通的社会环境下，孀妇谋生与救济成为亟须解决的社会问题。

二 《益世报》与孀妇救济

《益世报》倡导"道德救国"，尤为强调政治、宗教、风俗三者与道德

---

① 《讹诈寡嫂》，《益世报》1923 年 8 月 21 日，第 5 版。
② 《大伯欺骗孀弟妇：平素待遇太歧视，分家又说债务多》，《益世报》1929 年 5 月 30 日，第 5 版。
③ 《孀妇李氏函本部陈述长男子媳虐待情形，恳请早日披露俾其悔改》，《益世报》1934 年 4 月 13 日，第 5 版。

的关系。"欲使人人有道德，非先注意于政治、宗教、风俗不可。而欲注意于政治、宗教、风俗，尤非先注意于社会不可，盖必有良社会而后有真道德。此本报发刊之唯一宗旨也"。① 宗教、道德不仅与政治相关，而且与社会风俗紧密相连。对下层女性尤其是孀妇生活的关注和救济体现了《益世报》的办报宗旨。《益世报》的社会救济事业涵盖面极广，除了报道各慈善团体②消息之外，其内容涉及社会救济事业的多个方面，其中最重要的就是妇孺救济与妓女救济。1922 年天津各教会领导人组织讨论成立天主教妇孺救济会，由蓝恩天、宋愚溪、刘明义、马千里、宋则久等人发起成立，马千里担任主席。该会以"临时救济妇孺为宗旨"，③ 其职员由基督教各教堂之教友及男女青年会的中外教员组成，以天津东马路青年会为事务所，以男女青年会及各教会为临时收容处，主要收纳并保护因兵匪战乱而逃难的妇孺。该会成立两天后收容的北仓地区妇孺就达到 2000 余人。其中多数由临近村庄投靠而来。

天主教妇孺救济会成立之后，《益世报》不仅主动承担起了信息沟通的职能，而且成为读者参与社会救济的桥梁，推动了天津慈善事业的发展，成为天津社会救济不可或缺的一部分。1925 年，报纸开始刊登天主教妇孺救济会所收捐款名单并代灾民致谢。1929 年 12 月，因旱蝗灾害，天津周边民不聊生。《益世报》开辟"慈善界"一栏，刊载贫民求助信息以呼吁社会救济，其中多为赤贫孀妇。从醒目的标题中可以看出《益世报》编辑群体对于灾民的同情和赈灾的热情。笔者以 1930 年 1 月"慈善界"专栏的标题为例，整理为表 1。

表 1　《益世报》"慈善界"专栏有关社会救济的文章一览表

时　间	标　题
1930 年 1 月 6 日	冰点空气中凄楚之音：太太小姐们皮大氅向外穿着，同志老爷们吃咖啡围火炉谈天。都听见！老的、小的、跛的、哀痛的呼声在那儿求救。
1930 年 1 月 7 日	千呼万唤尽是乞哀词，伤心中原鼎沸穷人死路一条，祝寿昊天慈悲黄金勿变炮灰。建设第一重要工作是救民众性命。

① 梦幻：《本报发刊词》（社论），《益世报》1915 年 10 月 1 日，第 1 版。
② 比如女红十字会、妇孺救济会、救济妓女会等。
③ 《妇孺救济会积极进行》，《益世报》1922 年 4 月 28 日，第 2 版。

续表

时　间	标　题
1930 年 1 月 9 日	严寒中贫民酸鼻战栗，婉转哀日声嘶力竭何等凄惨。金钱是势利鬼都去奖励捣乱。穷无所归的都是真民众，他的血汗已榨干净了。
1930 年 1 月 10 日	冻馁难当竟抱砖而死，一个车夫无衣无食饿毙之惨状，各报皆已登载，慈善家看见了吗？
1930 年 1 月 11 日	饥寒交迫是安分民众，他不要几百万出洋只求窝窝头，残冬过了依然可以努力自求生。
1930 年 1 月 14 日	冬日可爱惟穷人深知，衣狐裘者曾念及陌巷有人瑟缩否，食肉糜者亦知道窝棚有人呼饥饿否。为父母儿孙祈福者速发善心援救穷人生命。
1930 年 1 月 20 日	造成贫乏之阶级谁之过，省刑罚薄税敛民才可以生活，谋国根本老者安之少者怀之。哀鸿嗷嗷待哺日夜呼号，愿慈善贵人勿坐视不救。
1930 年 1 月 21 日	青天白日下哀此孤独，鳏寡孤独有养才算天下为公。
1930 年 1 月 23 日	生活不平等之人生观，欢乐的！食有大餐坐有汽车。凄惨的！民有饿色野有饿殍。
1930 年 1 月 25 日	惊心惨目有动于衷否？看嗷嗷哀鸿竟如此流离失所，望哀哀同志还要把鳏寡为怀。鳏寡孤独废疾者在冰天雪地中啼饥日寒以泪洗面……
1930 年 1 月 26 日	你的良心上过得去吗？节省点骄奢淫逸算什么呢！把几个穷而无告民都救了啊！欲知前世因今生受者是，欲知后世果今生作者是。

资料来源：依据 1930 年 1 月《益世报》"慈善界"专栏编排。

1928 年 12 月至 1930 年 1 月底，《益世报》刊载的等待接济的孀妇共有 351 人，[①] 占求助总数的一半以上。为了敦促更多的慈善家提供捐助，该报还以"业报轮回"的口吻为民请命："太太救一命！生个小宝贝！小姐救一命！嫁个好女婿！女士救一命！恋爱不失败！同志救一命！一定当主席！学生救一命！准保考第一！阔少救一命！家财保得住！老板救一命！元宝纷纷至！"这些恳求救济的孀妇年龄最小的在 35 岁，最大的为 70 岁，多有子女，生活无着，处于赤贫的状态，"坐以待毙，终日不得一饱"。[②]

1933 年 11 月 15 日，《益世报》"社会服务版"创设。该版以服务社会为宗旨，其中也不乏孀妇救济的内容。"社会服务版"刊登了大量等待救

---

① 　此数字系笔者依据《益世报》相关内容而做的统计。
② 　《哀鸿满目》，《益世报》1929 年 12 月 10 日，第 7 版。

济的孀妇信息，发挥了媒介的积极作用。如1936年4月刊登了"陈刘氏居孀失明，双目不能见物，率儿街头乞讨，长子送人抚养，举家无以为炊"，① 请求救济；"胡张氏居孀茹苦，儿女均在髫龄，闻啼饥之声，恤金被人骗取又感起诉无力"；② 王媪"年老失明病儿又死，邻人集款购棺仍苦无力营葬，陈孔氏新寡抚幼女生活艰窘"；③ "李刘氏新孀无生路，孤儿四个最大者年仅十二，家徒四壁住荒园满目凄凉"；④ 等等。"社会服务版"还为孀妇介绍职业，对于救济孀妇做了切实的工作。

1934年，贫孀张石氏因儿媳患有肺痨，孙子尚幼，家境赤贫，请求援助。该报登载张石氏境遇之后，读者通过《益世报》为张石氏募捐，第二批的捐款有60元。此外《益世报》还延医为其诊治。但因病情难医，报纸只能"救急"，不能"救贫"，捐助张石氏一家生活的全部费用是无法做到的。在张石氏提出回乡之后，该报记者转达了"社会服务版"主笔"秋尘"的建议，认为回乡是该氏一家最好的选择。⑤ 由此可见，孀妇谋生本为不易，若再加之疾病困扰便难以承担起侍奉翁姑、抚养子女的重担，流落于城市中的孀妇因为失去了土地，衣食无靠，生活堪虞。《益世报》积极参与社会救济事业，开辟"慈善界"专栏和"社会服务版"为社会提供各种救济信息并投入社会救济工作之中，在天津社会赢得了口碑。其对孀妇的救济推动了近代社会救济事业的发展，成为近代慈善事业不可或缺的一部分。

三 小结

综上所述，民国以来，法律虽然赋予了孀妇改嫁的权利，但是孀妇的再嫁在窘困的经济状况和宗族势力的欺压之下往往带有悲剧色彩。因孀妇再嫁引起的财产纠纷、婚姻纠纷以及逼良为娼案件时有发生。孀妇被再嫁

① 《贫苦调查：陈刘氏居孀失明，双目不能见物，率儿街头乞讨，长子送人抚养，举家无以为炊》，《益世报》1936年4月15日，第7版。
② 《刘焕章君代求援助》，《益世报》1936年5月7日，第7版。
③ 《吕顾两君代王媪求助》，《益世报》1936年5月9日，第7版。
④ 《李刘氏新孀无生路》，《益世报》1936年9月20日，第7版。
⑤ 《贫孀张石氏久客思归，其媳痨病已愈不许孙作螟蛉，二批捐款寄出共计六十元》，《益世报》1934年6月25日，第7版。

的遭遇一定程度上体现了婚姻的买卖性质。由于谋生能力的缺乏，多数孀妇没有能力实现自养，更不可能起而维护自身权益。无论是贫孀还是富孀，其改嫁都不得不面临着宗族和社会舆论的压力。经济的窘困和再嫁的困境将孀妇置于生死边缘。孀妇的悲惨境遇成为近代城市下层女性的真实写照。

《益世报》不仅披露了孀妇的悲惨生活，而且在孀妇救济中发挥了积极的作用。该报不仅刊登慈善团体消息，成为慈善团体与被救助者之间的桥梁，而且还积极参与社会救济，组织社会募捐，直接参与社会救济事业。不仅为天津社会救济做出了贡献，而且也体现了近代报人群体和天津绅商改造社会和维护社会道德风俗的热忱以及忧国忧民的爱国主义情怀。

（作者：赵秀丽，青岛农业大学人文学院）

从城市景观破解城市现代性*

——评柯必德《天堂与现代性之间：重建苏州，1895～1937》

张笑川

内容提要：柯必德此书是目前海内外最新的苏州城市史专著，也是美国的中国城市史研究中的较新成果之一。作者通过城市景观探讨苏州城市现代性的生成，强调在整体城市景观没有重大变化的情况下，现代性已经通过新式城市景观的建造、旧城市景观的改造和重新诠释，逐渐渗透城市生活中，并支配着城市的发展。同时，作者力图通过苏州个案，反思中国都市现代性的多元和复杂性质。此书研究视角的新颖和资料的多元令人印象深刻。但是，作为一部地方史著作，其缺憾在于"地方性"的缺乏，具体表现在地方权力结构和精英活动分析的缺乏、经济和社会状况分析的缺乏。

关键词：城市景观　现代性　苏州城市史

2006 年，美国学者柯必德（Peter J. Carroll）的苏州现代城市史专著《天堂与现代性之间：重建苏州，1895～1937》（*Between Heaven and Modernity: Reconstructing Suzhou, 1985 – 1937*）由美国斯坦福大学出版社出版。此书不仅是目前海内外最新的苏州城市史专著，也是美国的中国城市史研究中的较新成果之一。①

---

* 本文的写作得到 2013 年江苏省社科基金资助，项目名称"民国苏州城市史研究"（编号：13LSB003）。

① 吾友何方昱博士正从事此书中文翻译工作，已完成初稿，并进入出版社审校程序。该书中译本将列入"海外中国城市史研究译丛"，由上海辞书出版社出版。感谢何博士提供译稿作为参考！本文对此书标题和语句的翻译与何博士译稿有所不同，望读者查之。

自 20 世纪 80 年代以来，美国的中国史研究中，城市史异军突起，非常兴盛，产生了大量研究成果。但是，研究的热点并不均衡，其中上海史研究几乎占据半边天，此外北京、天津、武汉、广州、成都、重庆等特大城市也吸引大量的目光，其他非首都、非省会、非通商口岸城市则相对较少受到关注。该书作者跳出热点，以相对冷僻的苏州为研究对象，显示了其第一个独到之处。在苏州 2500 余年的漫长历史中，近现代的苏州相对暗淡，作者选择 1895～1937 年作为研究断限，显示出其第二个独到之处。近现代苏州研究并非完全缺乏，较著者有朱英、马敏的苏州商会研究，张海林的苏州城市早期现代化研究，以及方旭红的苏州城市化研究，作者另辟蹊径，从城市景观入手，显示了第三个独到之处。以上三个独到之处，决定了此书值得充分关注。据笔者所见，此书出版后，美国学界先后有三篇书评，作者分别是三位中国城市史研究专家司昆仑（Kristin Stapleton）、华志建（Jeffrey Wasserstrom）和顾德曼（Bryna Goodman）。他们的书评除了对作者的个别观点提出商榷之外，都充分肯定了此书的创新之处，代表了美国中国史学界对此书价值的认可。① 反观中文学界，似乎还缺少对此书的应有评介，故不揣简陋，略做评述，以供参考。

从该书标题可知，作者探讨的主题是"现代性"（modernity）在苏州的生成。这并非是一个新话题，但作者采取了相对新颖的视角。该书前言云，"在本书中，通过为了经济发展而展开的都市计划、历史保护及创建公众国家纪念物（national monuments）等活动，我将探究城市景观（city-scape）作为刻画及阅读苏州相对现代性（relative modernity）的特定路径"。（第 9 页）也就是说，作者试图通过城市景观或城市空间来探讨苏州的城市现代性。

该书除前言和结论之外，分为三部分，每一部分两章，共六章。第一部分聚焦苏州的马路，讲述清末至民国苏州马路的建设及其现代意义。第一章讲述清末新政时期苏州第一条碎石马路的修建过程及其带来的社会和文化影响。作者指出，碎石马路是"中国现代性的决定性人造物"（第 24页），是"现代城市生活的首要工具和场所"（第 72 页）。作为商业发展的

---

① Kristin Stapleton，*Journal of Chinese Studies*，2007，Vol. 47，pp. 528–531；Jeffery Wasserstrom，*The Journal of Asian studies*，Vol. 66，No. 4（Nov.，2007），pp. 1110–1112；Bryna Goodman，*Harvard Journal of Asiatic Studies*，Vol. 68，Issue 2，2008，pp. 202–205.

矢量，道路将会根本地改变苏州的经济、社会、道德和城市审美。同时，碎石马路也是殖民现代性的一部分，是"一个帝国主义殖民化所带来外国技术和工程"（第23页）。吊诡的是，苏州的第一条碎石马路并非外人所建，它是两江总督张之洞为控制《马关条约》之后苏州开辟日本租界的潜在经济和领土影响而建。新建的马路虽然没有产生张之洞所希望的"中国工业区和外国工业区能够联合发展，并赶超上海"的效果，但是它确实起到围绕日本租界划定警戒线的作用，并利用其毗连日本租界的特点而起到发展华界地方经济的作用。有趣的是，虽然这条马路没有有效促进工业发展，但是催生了商业化休闲的出现，这条马路意外地成为妓女、鸦片和都市娱乐文化的集中区。第二章讨论民国时期城内马路的修筑和由此带来的争论。作者指出，在民国时期，人员和物资的顺畅流通在经济社会发展中有重要作用，马路作为城市"动脉"保证了这种流通的重要性，这得到了全国范围的一致认同，并被认定为现代性的重要标志。在这种认识之下，苏州的市政当局计划在环绕城市的城墙上拆除月墙、开辟新的城门并在城内开筑新式马路，以促进苏州城内的交通。拆除月墙的行动虽然最终实行，但引起了广泛的争议，尤其是遭到古迹保护主义者的反对。而伴随新式马路而引进的道路管理规则，强调街道畅通的重要性，代表了精英阶层和商业的利益，剥夺了小商贩和小市民对于街道的传统利用方式，这种道路利用的不平等性，也引起了相当的城市冲突。

该书第二部分将焦点转移到苏州府学——文庙，分析其从晚清至民国的角色变换及其所体现的现代性意涵。第三章指出从宋代始建以来，文庙一直在苏州城市景观和城市文化中具有重要地位，按照风水的观念，文庙是保证苏州繁荣"龙脉"的"龙头"。总之，不管是在外国人眼中还是在中国人眼中，文庙都是中国文化的重要表征。从清末开始，文庙成为各种创新发生的场所。在清末新政教育改革中，文庙成为新式学堂的所在地。朝廷效仿欧洲国家设置国家假期的实践，规定孔子诞辰为学校假期，使祀孔仪式更为普遍化，文庙反而逐渐失去了其作为庆祝孔子诞辰典礼的唯一场所的地位。随着科举废除，儒学在教育体系中的支配地位开始丧失，但是朝廷仍"颂扬孔子为现代教育的支持者与楷模"（第123页），并且于宣统年间提升祭孔典礼为"大祀"，文庙也装饰了具皇家象征意义的黄色屋顶。第四章指出进入民国以后，文庙依然在各种力量的作用下，不断变化其文化内涵和象征意义。北洋政府时期，孔子诞辰作为学校假期的制度仍然施行，文庙祀孔典礼得以继续。但文庙在新兴旅游业中的地位日渐式微，西方国家和日本旅游者从文庙的衰颓中看到了中国文明的衰败。国民政府建立后一度废除祀孔典礼，在文庙中，只有一些地方保守人士惨淡地维持民间的祭祀。但是很快，政府仍然规定孔子诞辰作为学校假期。苏州市政规划专家提出将文庙和毗邻的沧浪亭和植物园扩建为"超级公园"，但未果。1934 年开始的新生活运动中，孔子诞辰成为公众纪念日，祭孔仪式也得到恢复。民国时期的国家在操弄孔子诞辰的象征意义之时，总是略显犹疑，并在其与中山纪念堂等新兴纪念物的关系上显得摇摆不定。文庙却在现代中国人追寻传统建筑文化的过程中确立了其重要的地位，文庙屋顶建筑中历史悠久的斗拱结构，最终确立了其作为中国传统文化重要遗产的地位。

该书第三部分探讨了古迹在现代都市发展中的价值与意义。第五章讲述了晚清寒山寺的重修过程及其文化意涵。因为张继脍炙人口的诗句，寒山寺在中国和日本获得了广泛的声名，但是晚清的寒山寺已破败不堪。彼时，日本人士筹集资金重建寒山寺，为维护对古迹的控制权和抵制日本对中国的文化侵略，中国地方政府自主展开修缮。作者通过这一事件，展现中日两国的文化关系，也展现了古迹所具有的国际意义。第六章论述民国时期苏州的古迹保护工作，包括古墓和玄妙观。晚清以来，随着现代国家建设的展开，古迹获得确立国族认同和体现文化遗产的现代意义，古迹保护由此得到国家和地方精英的高度重视。作者首先分析苏州的古墓保护运动，指出，虽然保墓人士鼓吹古墓作为"国粹"或文化遗产在中国现代化中的价值，但在现代性的另一个重要特征——商业利益，尤其是新兴都市房地产商业利益的竞争和压力之下，保墓运动的效果并不理想。古迹保护与经济和商业发展的矛盾在玄妙观改造过程中体现得更为明显，围绕玄妙观的宋代院墙之拆与不拆，保护主义者和发展主义人士展开了激烈的争论，最后发展主义获得胜利，院墙最终被拆除。总之，作者通过保墓运动和玄妙观的改造，强调苏州都市现代化过程中存在两种模式——保护主义模式和经济主义模式，或者是文化为本与经济为本两个范式（第 174 页），这是都市现代性中内生的矛盾，这种矛盾在当前的苏州都市建设中依然存在。

马路、文庙、寒山寺、玄妙观和古墓都可被称为城市人造物或城市景观，因此，该书以苏州的特定城市空间（space）或城市景观（landscape）为研究对象。作者细致入微地探讨这些新式景观建造与旧景观重新建造的过程，展现围绕景观建造与重建的冲突与争论，从中探讨现代性在苏州城市中的形成及其"传统"与"现代"之间的复杂关系，以透视其中支配性的力量。作者论点大致包括两个方面。首先，作者反驳了长期流行的苏州在中国现代化过程中相对滞后或停滞的观点，强调即使在整体城市景观没有重大变化的情况下，具体的城市景观利用已经出现了重大的变化。工商业利益、民族主义、国家政权、全球性的现代化观念等作为现代性表征的力量，已经通过新式城市景观的建造和旧城市景观的改造与重新诠释，逐渐渗透到城市生活之中，并支配着城市的发展。现代性已经在苏州深深地扎根了。

其次，力图反思中国都市现代性的多元和复杂性质。这可以从三个方面加以阐释。其一，在现代化的驱动之下，传统的城市空间被赋予了现代意义（例如文庙），体现了中国自身通过"旧瓶装新酒"追求现代性的努力，而来源于西方的现代性事物被中国"挪用"后，也往往产生意想不到的功用和复杂的效果（例如苏州的第一条马路意外地成为妓女、鸦片和都市娱乐文化的集中区）。其二，"现代性"对于不同的阶层具有不同的义涵，例如新式马路所强调的流通功能更多地代表精英阶层和大商业的利益，而以牺牲小市民和小商业的利益为代价。其三，作者强调中国的都市现代性深深地嵌入到全球现代性的语境之中，中国都市对于马路功能的认知，对于古迹的理解、保护和利用，都深深地受到流通于全球的现代性话语和逻辑的影响。

我们将此书放在海内外众多近代中国城市史著作中衡量，其中有两个方面令人印象深刻。第一，是研究视角的新颖。相比于此前城市史研究多关注经济史、社会史和政治史，柯必德此书采取都市文化史的路径。通过对城市景观细致入微的考察，作者从貌似平凡的细微之处发现意义重大的变迁，在都市景观的连续性中看见现代性的悄然生成，在都市行政管理的理性化之外看见偶然性的力量，在地方性事件和争论中看见工商业利益以及现代化国家发展的强大制约力量，从苏州城市景观建设中看见全球现代性话语对中国现代性形成的影响（即所谓的殖民现代性）。作者思考问题的角度和切入问题的路径是新颖的，论述也是相当细致入微的，因此，这部书不仅仅是至今已经数量不少的城市史个案研究中的一砖一瓦而已，而且是具有很强的方法论借鉴意义的论著。第二，是资料的多元。在此书写作中，作者不仅深入挖掘报纸、杂志、档案、文集、方志、旅游指南等数量巨大并且零碎分散的中文资料，而且充分发挥海外学者的优势，大量使用英文和日文资料。这不仅使该书的资料更为丰富、多元，而且有力地支撑全书强调的苏州现代性的国际语境论点。这些外文资料的使用，不仅补充了中文资料的盲点，更重要的是展现了外国人士有关苏州城市景观的视野，从而将有关苏州城市景观的讨论置于跨国性的多重视野之下。例如，在关于苏州文庙的讨论中，作者使用了美国传教士约翰 L. 马特尔（John L. Mateer）的游记和杜布西（Hampden Bu Bose）的文章，展现了美国传教士对于文庙象征意义的感受（第三章）；使用芥川龙之介的《江南游记》以及关野贞、伊东忠太等人的文庙游记，展现了近代日本知识阶层对于中国文化的普遍认知模式（第四章），不仅使文庙的象征意义更为多元，更将文庙置于全球现代性语境之中。在关于寒山寺的讨论中（第六章），作者充分利用芥川龙之介、谷崎润一郎等人的游记以及多个版本的日文导游指南及旅游故事，有力地展现了寒山寺在日本的影响力以及近代日本人士对于寒山寺的文化认知，从而将晚清时期寒山寺的重修事件在近代中日关系中的象征意义凸显出来。

此书在亮点鲜明的同时，缺点也显而易见。作者以苏州城市史为研究对象，是一部地方史（local history）著作。虽然作者在前言中强调地方（place）在该书研究方法中的重要地位（第14页），但是通观此书，不能不说其最大的遗憾是"地方性"的缺乏。作者当然不是完全忽视苏州的地方特点，但是这种地方特点只是被归结为古迹众多、中国传统都市文化的代表等这样较为抽象的概念，而非建基于对地方社会、经济结构等的细致考察之上。从20世纪80年代以来兴起的"地方史"研究，建基于对中国社会、经济、文化发展的区域性、不平衡性的认识，着力挖掘特定地方的社会经济发展的内在脉络和特定地方的社会权力网络和结构。目的是使我们对于中国社会的复杂性认识更加深入，从而不仅为构建更立体、多元的中国社会图像提供扎实的基础，并且也为地方文化的阐释提供必要的基础。但是作者明显忽略了这样的努力。具体来说，该书缺乏"地方性"主要体现于以下两点：

第一，地方权力结构和精英之活动分析的缺乏。社会由人组成，人的行动和人与人的相互关系是制约社会发展的重要力量。地方史的一个重要内容是勾勒所研究地方的社会权力结构和地方精英网络及其行动，目的是更好地把握该地的社会环境和解释各种社会事件的内在动力。该书对于这个环节却明显忽略。虽然吴荫培、李根源、张一麐、张一鹏、金天翮等地方名流以及总商会、市民公社等地方组织的名字与名称不时地出现于书中，但是作者并没有给我们提供一个晚清至民国时期苏州地方精英网络和社会权力结构的清晰描述，也没有说明地方精英和社会权力结构在该书所研究的各类事件中的作用。相反，作者对于苏州所发生的各类事件的解释，更多的是从全国甚至全球的角度展开，而缺少地方性的诠释。在作者的笔下，苏州似乎被全国性力量和全球性力量所穿透，地方的特定社会环境和精英行动在这些强大力量的笼罩下似乎没有了分量。但是，缺少了地方社会权力运作和精英行动的中间环节，国家的力量、全球的影响并不能直接在地方上产生作用，因为各种普遍性的力量需要地方社会权力结构的支撑和运作才能在特定地方产生或正面的或负面的影响。因此，一个地方的社会结构是我们分析社会发展和社会变革不可缺少的要素。晚清至民国时期苏州形成了什么样的地方权力结构？地方精英网络的构成情况如何？他们与政府和民众是何关系？地方精英阶层对于苏州的现代化变革有何构想？他们的构想和行动与政府和普通民众的构想是否一致？地方权力结构和精英行动为苏州的城市重建和景观改造提供了怎样的支撑和形塑作用？作者对这些问题都没有清楚地解答。由此导致作者笔下的苏州成为一个简单的、平面的，由全球资本主义现代性、民族主义、工商业力量等抽象的、普遍性的力量所编织而成的城市，而缺少一种由地方社会环境所支撑的立体的场景。总之，作者太专注于文化分析，而缺乏对作为文化运行环境的社会权力结构的分析，由此往往直接诉诸各种全国性甚至全球性的力量和逻辑，因此苏州给人的印象是相对飘忽的、扁平的。

第二，经济和社会状况分析的缺乏。特定的文化行动总是在特定的社会经济环境中运行，城市文化的分析需要城市经济社会环境的分析作为基础才能更为清晰和准确。作者所研究时段，正是苏州2500多年城市历史中一个转折时期，或者更准确地说是一个低潮时期。这一时期，苏州的城市经济、社会环境出现了很多重大的变化。如果将近代苏州与明清苏州相比，我们可以肯定地说，近代苏州处于一个相对衰落时期。首先，太平天国运动时期开始，苏州人口大量流失，从 19 世纪早期的 100 万，下降到最低时不到 20 万人，此后虽然有所恢复，但亦不超过 50 万人。20 世纪 20 年代末，苏州城区人口大体停留在 5.5 万户，即 26 万～29 万人之间。30 年代初开始，苏州城区人口逐渐增多，至抗日战争前夕，达 35 万人。至新中国成立前夕，苏州城市人口达到 41 万多人。总之，整个民国时期，苏州人口一直没有超过清代鼎盛时期的一半。[①] 伴随着人口流失的是经济发展的相对滞后，虽然苏州的传统手工业依然存在、新式工业也有所成长，但是民国时期苏州的经济发展水平，不仅没办法和上海、杭州相比，甚至逐渐落后于无锡、镇江。近代苏州不仅丧失其经济中心的地位，民国时期又丧失其作为江苏省会的地位，在近代的城市体系中已经逐渐降为二流城市。如果说此前苏州具有很强的象征意义，在民国时期，苏州则很难保持这样的地位。因此，当作者声称："苏州的城市布局、物质文化和繁忙的社会生活被视为直接的象征（unmediated symbols），揭示了明确的社会事实（social truths）：苏州作为一个地方的特质、中国的国家活力、城市在帝国时期及此后民国时期的角色，以及中国传统或现代文明的相对的世界等级（global level）。"（第 7 页）显然有些定位不准，甚至夸大其词了。或许明清时期的苏州可以代表中国的国家活力、城市在帝制时期的地位以及中国文化在世界上的等级。但是，若说民国时期的苏州可以代表中国的国家活力、城市在民国时期的地位以及中国文化的相对世界等级，恐怕很难得到当时人以及后来研究者的认同。或许民国时期的苏州对日本以及西方人士仍具有很强的作为中国文化代表的象征意义，对于当时的中国人则绝谈不上如此。20 世纪 20 年代，郁达夫曾用"颓废美"来形容自己对苏州的城市印象。[②] 30 年代，曹聚仁更将苏州与杭州进行对比，提出"（苏州）是老年人的城市；杭州至少该是壮年人的城市"。[③] 这些言论和观点都表明，在当时人看来，苏州在中国的现代化进程中相对停滞和落伍了。民国苏州在中国城市体系中的地位、其经济和社会活力及其在中国文化中的代

---

① 苏州市地方志编纂委员会编《苏州市志》第 1 册，江苏人民出版社，1995，第 292 页。

② 郁达夫：《苏州烟雨记》，原文刊载于上海《中华新报·创造日》第 57～64 期，1923 年 9 月 19 日至 26 日。此处转引自秦兆基选注《苏州文选》，苏州大学出版社，1999，第 44 页。

③ 曹聚仁：《吴侬软语说苏州》，孟庆琳等选编《品读江南》，济南出版社，2007，第 145 页。

表性，与明清鼎盛时期的苏州相比，不可同日而语。作者由于对以上近代苏州经济、社会的变化缺乏分析和阐释，导致该书对苏州现代性的描述存在夸大的嫌疑。

作者在该书结论中曾批评余秋雨关于苏州是"中国文化宁谧的后院"的说法。（第 244 页）确实，苏州并非"一直是"中国文化宁谧的后院，至少明清苏州曾长期是中国文化的"前庭"。余秋雨的断言，由于缺乏对苏州城市历史的长期考察，犯了以偏概全、以一时代状况概括苏州 2500 余年历史的错误。但是余秋雨"中国文化宁谧的后院"的说法，却非常形象地反映出近代以来苏州的社会现实。该书作者对于余秋雨的批评具有相当的洞见，但是他完全忽视余秋雨"宁谧后院"的比喻所代表的近代苏州的社会现实。这就不仅使作者对于近代苏州现代性的描述和分析缺少必要的社会现实基础，而且导致该书结论的相对夸大和误导。

作者对于章开沅、马敏和朱英、张海林等人的苏州研究有以下评论："这些研究细节丰富，富有洞见，不过，他们只是通过商业和行政组织来考察现代转型，没有考察更为广泛的文化的或社会的（cultural or social）结构，也没有追索他们所研究的这些组织所带来的各种影响。此外，上述研究未能对现代化变革的目的或意义提出质疑，而将其视为当然。"（第 8 页）作者对于以上研究优缺点的把握是准确的，并且试图弥补这些研究的缺陷。该书的研究确实不仅关注更为广泛的文化结构，而且着力于对现代性变革的复杂目的和意义进行批判性分析。但是，作者几乎完全忽视对地方经济和社会舞台的勾勒，而专注于演绎自己的文化阐释，也存在很大的危险。我注意到，作者在上述"更为广泛的文化的或社会的结构"一语中，将"文化的"和"社会的"两个形容词用"或者"（or）加以连接，而不是用"和"（and）来连接。这是否意味着，作者认为"文化的"和"社会的"这两个形容词在本质上是同义的，因而是可以互换的呢？如果真是如此，则无怪乎作者忽视社会和经济方面的探讨了。

此外，司昆仑在书评中批评作者过于凸显马路在苏州都市现代性中的地位，司昆仑和顾德曼一同对该书关于苏州文庙中蝙蝠粪便的阐释提出质疑，笔者亦有同感。因无关宏旨，此不赘言。

（作者：张笑川，苏州科技学院历史系）

生态视角下的区域兴衰与历史变革

——《跟随黄河改变：河北环境史，1048~1128》述评

许哲娜

内容提要：《跟随黄河改变：河北环境史，1048~1128》一文从水文、植被、土壤等方面阐述了1048~1128年发生在北方粮仓——河北的黄河灾害对当地生态环境造成的破坏，从生态视角探寻了河北地区衰落的根源，从北方视角回应了唐宋变革、经济重心南移等重要命题和假说。该文为古代华北区域以及唐宋之际南北差异的研究提供了新的视角，但作为一篇环境史、区域史的学术论文，仍有进一步探讨的空间，环境变迁过程中长期性、多样性问题以及政策性因素等需要更充分的论述。

关键词： 环境史 灾害史 唐宋变革 经济重心南移

北宋河北两路（主要是从太行山以东到渤海西岸，包括今天的河北省大部分、山西和山东的部分地区）的历史因其转折性意义而成为深化认识近现代华北区域的重要基础。纽卡斯尔大学张玲（音译）博士发表于《哈佛亚洲研究》第69卷第1期（2009年6月）的《跟随黄河改变：河北环境史，1048~1128》（以下简称《河北环境史，1048~1128》），无论是从环境史还是从河北区域发展史而言都是一篇值得关注的论文。这篇文章从黄河灾害造成河北环境变迁的视角，展示了河北农业在宋代不断与黄河灾害及其造成的环境问题进行抗争的发展困境，凸显了其与有宋一代"奠定了中国经济的基础"等观点形成的鲜明反差。

一 从北方视角解读唐宋变革与经济重心南移

20世纪八九十年代以来，日本内藤学派提出的"唐宋社会变革"假说和以郑学檬为代表的"经济重心南移"问题，成为在推进唐宋史学研究过程中贡献最为突出的两大研究范式。虽然近年来，在区域实证研究成果层出不穷的背景下，"唐宋变革"和"经济重心南移"的问题模式开始遭遇了越来越多学者的质疑和挑战，如刁培俊通过对"乡村民户的管理体制，元丰官制的改革，身丁钱物的征收"等制度实践在唐宋时期曲折反复的历史事实，对"唐宋变革"理论模式存在的悖谬进行了反思，进而指出"中国国土广袤，民族众多，区域间差异很大，即便在统一中央皇权控制下的政治制度、行政策略、礼法习俗等，诸多领域都未必千篇一律，实际运行中也更多因地制宜，因俗而治。不但区域间未必能整齐划一，而且时段上也不能一概而论，即并非所有事物均在'唐宋之际'发生了断裂式'变革'"。[①] 但是这也恰恰反映了"唐宋变革假说"、"经济重心南移"仍然是目前学界无法绕开的话题，许多区域实证研究实际上正是围绕这两大主题展开验证与辨析。

由于就目前研究看来，唐宋之际生产力的发展，生产关系的革新，在中国南方体现得更为典型，中国南方地区尤其是江浙、四川一带被视为孕育了以"商业革命"、"文艺复兴"为内容和特征的"世界近代文明"的摇篮。因此，无论是在"唐宋变革"还是在"经济重心南移"的问题模式下，南方地区都是学界关注的重点，经典之作也主要集中于南方地区的研究，如郑学檬的《中国古代经济重心南移与唐宋江南经济研究》[②]，斯波义信的《宋代江南经济史研究》[③] 等。

河北经济史研究领域虽然也不乏佳作，如程民生的《论宋代河北路经济》[④]，苑书义等主编的《河北经济史》[⑤] 等，然而这些论著主要着眼于河

---

① 郑学檬：《中国古代经济重心南移与唐宋江南经济研究》，岳麓书社，1996。
② 郑学檬、陈衍德：《略论唐宋时期自然环境的变化对经济重心南移的影响》，《厦门大学学报》1991年第4期。
③ 斯波义信：《宋代江南经济史研究》，方健、何忠礼译，江苏人民出版社，2012。
④ 程民生：《论宋代河北路经济》，《河北大学学报》1990年第3期。
⑤ 苑书义、孙宝存、郭书义等主编《河北经济史》，人民出版社，2003。

北区域的经济发展轨迹，缺乏在南北方比较与全国观照的视野下，考量河北经济发展的水平与质量，未能对河北在古代中国经济发展中的分量和地位进行衡量和评估，因此也就未能对"唐宋变革"和"经济重心南移"等假说、命题形成回应。

而《河北环境史，1048～1128》一文恰恰是为数不多的从北方视角来审视有宋一代中国经济地理格局变迁的重要论文。在对"发展"区域研究如火如荼、方兴未艾的背景下，一些学者也开始关注"衰落"区域，这篇文章的撰写正是由于作者认识到，"在中国北方的一个重要地区频繁出现这样的问题（环境灾难），意味着将唐宋转型看成仅仅是中国南方的现象是欠妥的。尽管长江下游地区开挖沼泽地和清理山林促进了人口增长和水稻种植，但是黄河下游频繁泛滥对河北地貌造成类似的重大改变，却让它的环境、人口和农业生产付出了巨大代价。这个中国北方古代粮仓在那个时期经历的环境和经济问题，应该成为唐宋转型不可缺少的部分"。就此，作者从北方的视角提出并解答了以下的问题：经济重心南移是否不可避免，中国近世的开端是否必然发生在唐宋之际？作者认为，1048～1128年恰恰是发生在北方粮仓的这数场看似偶然的黄河灾害在唐宋之际南北经济地理格局逆转的过程中起到了举足轻重的作用，这有助于对唐宋变革、经济重心南移的动因形成更为全面、客观的认识。

二　从生态视角探寻区域兴衰的根由

除了"北方视角"下选题的别开生面，这篇文章在研究范式上的新颖也给人留下深刻印象。文章尝试从"生态视角"解读河北农业生产环境的变动以及农业经济衰落的主要动因。1048～1128年，黄河在这一地区的多次改道、泛滥，成为该文关注的重点。

第一部分"1048～1128年的洪水"首先阐述了这一时期黄河洪水对河北平原的特殊意义。正如近年来一些学者指出的，灾害并不完全是一种自然现象，而更多的是一种文化概念的建构。夏明方指出，作为自然界一种异常的变化，是否被认定为"灾害"是相对于人类活动而言的。如果发生在人烟稀少的地方，对人类生产生活的破坏作用微乎其微，那么所造成环境景观的变化就可能被视为一种"奇观"；而如果发生在人口稠密的区域，对人类生产生活造成严重破坏，那么就多被视为"灾害"。因此史书上关于灾害的年份、地域记载并不能作为灾害频率的证据，很多灾害可能因为产生影响较小而未被记录。① 《河北环境史，1048～1128》也指出，这一时期的黄河洪水之所以对于河北平原有重大意义，正是因为"第一，它对河北的影响比此前任何时期都要大；第二，这是黄河在两千年内首次流经河北核心地区，成为河北泛滥的主要原因。此前，黄河曾有一到两次流经该地区，不过这些洪水对当时人口稀少的河北平原造成的影响有限"。

其次，作者分析了黄河洪水的重要原因，描绘了1048～1128年历次洪水在河北产生影响的路径，并指出"破坏性洪水出现频率高，让河北没有足够时间恢复人口、劳动力和其他资源来抗击随后到来的黄河洪水"。

最后，作者论述了宋朝迟缓的决策、不得当的治河措施加重了当地灾情。一是宋朝政府为了黄河回归故道堵住北流而形成的新河道，由于过于狭窄而无法容纳大量的黄河洪水，反而造成了黄河的决堤以及改道范围的进一步扩大；二是司马光和韩贽等官员提出的分流方案非但没有减轻洪水的危害，反而导致水流速度减缓和冲刷淤泥的能力变弱，淤泥的沉积加大了洪水泛滥的危险，还造成了河北中部的长期积涝。

第二部分"河患造成的环境变化"则从水系、植被和土壤三个方面分析了黄河洪灾频繁和改道对河北自然环境所造成的影响。

一是对水系的影响，主要体现为河流和塘泊两个部分。在河流方面，黄河改道之后与河北境内河流汇合，导致"当地河流水量大幅增加，河流水量暴涨和决堤"，破坏了当地河流的稳定性，而且黄河带来的大量泥沙改变了当地河流原本泥沙含量很低的情况，造成了河床淤塞与排水困难。在塘泊方面，宋朝政府为了抵挡契丹骑兵而修建的塘泊防御体系因黄河洪水所带来的泥沙淤塞而遭到严重破坏，失去了军事意义，从而引发了是维持还是放弃这些塘泊的争论。虽然以王安石为首的改革派最终赢得了朝廷的支持，对于塘泊的维护却未能取得预期的成效，"通过鼓励用河北的池塘来提高粮食生产的政策没能消除契丹的威胁，他们将黄河洪水化害为利的努力也没有取得什么成绩"。正如作者指出的，王安石的措施适得其反且难以为继，一旦"废弃后，该地的农业生产被渔业和野外食物采集所取

---

① 夏明方：《中国灾害史研究的非人文化倾向》，《史学月刊》2004年第3期。

代"。作者在随后关于黄河泥沙对河北土壤的影响的讨论中对王安石失败的根本原因进行了分析。

二是指出了河北地区抗洪措施反而加重洪灾的肆虐，以及其背后原因正是植被在抗洪活动中遭到严重破坏，从而失去了防止水土流失的重要保障。作者运用大量数据，包括历次抗洪活动中卷扫的大小及其所需的材料数量，来推断森林遭受破坏的程度。

三是论述了王安石旨在改善河北田地出产能力的"淤田法"的内容、方法和目的，以及其失败的根由。

第三部分"土地盐碱化：一个长期的后果"中，经过对水文、植被、土壤的全面分析，作者将"土地盐碱化"作为 1048～1128 年黄河灾害对河北地区生态环境造成的最主要、最根本的改变。这一变化在"此后的几个世纪中继续甚至加速"，成为河北地区农业经济恢复昔日繁荣的首要障碍，并奠定了经济重心南移局面的基础。

灾害作为区域经济衰落的主要诱因，已经得到学界的普遍关注和认同，并发表了一批颇有分量的研究成果。夏明方的《民国时期自然灾害与乡村社会》探讨了自然灾害与人口变迁、乡村经济、租佃雇佣关系以及其他社会冲突的关系。[①] 何一民主编的《近代中国衰落城市研究》也将灾害作为城市衰落研究的主要切入点之一。[②]

而黄河灾害对于中国古代经济地理格局的变迁更是起到了举足轻重的作用。如郑学檬在建构"经济重心南移"命题的过程中，就把黄河、永定河等周边河流泛滥导致的塘泊淤塞作为河北农业"从此一蹶不振、不复昔日发达景象"的最主要原因。王永平、王利华在"中古经济地理变迁"的讨论中也指出了黄河水文情况对于北方地区经济、文化发展的重要性。"到五代和两宋时期，黄河频繁泛滥，传统的北方黄河流域经济富庶区遭受了极大地破坏，由此引发了中国经济、文化中心的全面南移。"[③] "考察古代北方经济特别是农业生产的发展变化，有一个环境因素最不容被忽视，这就是黄河。因为自西汉以后，黄河对于这个地区的经济起落具有至关重

① 夏明方：《民国时期自然灾害与乡村社会》，中华书局，2000。
② 何一民主编《近代中国衰落城市研究》，巴蜀书社，2007。
③ 王永平：《唐宋时期文化面貌的局部更新》，《史学月刊》2005 年第 5 期。

要的影响。"①

　　然而，以往对灾害影响的研究主要还是聚焦于人口迁移、社会矛盾集中爆发等方面。灾害对人口、经济、社会等的影响固然直观而鲜明，但相对于正常年份而言，它毕竟是一种短期的异常现象，所产生的也多为短期效应，经过恰当的应对和调整是有可能回归正常发展轨道的。而灾害对于生态环境的影响则可能是长期的。郑学檬、王永平、王利华等学者虽然也已经从环境史的视角提出了黄河灾害造成环境变动，以至经济地理格局变迁的说法，但更多的是一种理论上的推导，并未进行更为详实的实证研究。

　　《河北环境史，1048～1128》一文立足于黄河灾害对河北生态环境的短期和长期影响，试图找出河北在受灾之后无法回归北方粮仓地位的根本原因，并从盐碱化、沙化和毁林等方面进行详实的实证分析。文章集中体现了运用生态学视角研究灾害史的两个重要突破。

　　一是借助生态学原理对灾害史料进行解读，探讨灾害究竟通过何种原理和机制对环境产生影响，这往往是生态史研究聚焦的难点和学术争论的焦点。如在中国西南河谷焚风带成因的研究中，虽然学界都确信清代在这一地区大规模炼铜、炼锌等活动是改变当地生态环境的重要原因，但究竟是冶炼过程中"大量二氧化碳的排放"还是"朝廷对铜、锌等金属原料的需求，推动了过度的伐木"导致了这场生态灾变，需要学者结合史料与生态学原理进行更加细致深入的实证研究。只有弄清楚在无机环境、生态系统和人类干预之间究竟是哪一层次的生态改性起到了决定性作用，才能找出西南河谷生态变迁的真正原因。②《河北环境史，1048～1128》一文将河北地区农业生产在宋以后的衰落主要归咎于黄河灾害带来的一个意想不到的长期后果——土地盐碱化。而研究表明，排水不畅是土地盐碱化的重要原因。因此，作者将研究重点放在河北地区排水问题的成因上，将黄河灾害发生之后该地区的水文、植被变化以及人类的应对措施等诸多方面综合起来，详细分析以上因素是如何一步步加重河北地区排水系统的负担。

---

① 王利华：《文化与环境互动作用下的中古经济与地理变迁》，《史学月刊》2005 年第 5 期。
② 杨庭硕：《目前生态环境史研究中的陷阱和误区》，《南开学报》2009 年 2 期。

二是结合人类应对灾害的活动来考量它对人类社会的破坏程度。人类作为生态系统中的高等生物，面对灾害的肆虐并不是无所作为、被动的受害者。在生态视角下的灾害史研究中必须充分考虑人类的能动性。夏明方强调了"人类系统内部的条件和变动状况"以及"人类社会对自然变异的承受能力"对于认定灾害强度等级的衡量作用。也就是说，在灾害史研究中应当注重考量人类应对灾害的方法和策略对于灾害破坏程度的影响。《河北环境史，1048～1128》起了较为成功的示范作用。该文除了指出黄河洪水对河北生态环境造成的直接影响之外，特别讨论了在当地救灾与重建过程中促使环境进一步恶化的两项主要措施——为制作抗洪扫岸而大量砍伐森林与王安石旨在"在盐碱地上形成新的肥沃的地表土"以改善当地农业生态环境的淤田法。

前者"无意中加快了河岸的损坏。长期缺乏植被导致严重的水土流失，特别是河北许多地方的沙化"。后者由于没有充分考虑到当地的社会、生态特性以及黄河淤泥的成分，反而加重了当地土地盐碱化的程度。文章指出环境进一步恶化体现在以下三方面：第一，"在 11 世纪河北大部分地区农业社区密集。任何人为通过决堤形成泛滥和淤田，如果无法同时做好控制洪水的准备，将不可避免地对人类居住区造成巨大损害"；第二，"在地势较低的河北平原，排水一直是个问题，在冲击平原地区地下水位与地表距离只有两三米，在沿海地区则不到两米……淤田法造成的洪水让情况更加严重。结果导致河北许多地方的土壤盐碱化"；第三，"也是最重要的，黄河的淤泥多含沙子和砾石，对提高土壤的肥沃度无济于事。公元 11～12 世纪频繁的河流决堤和洪水暴发沉积的是相对较大的物质，如岩石、石头和破损的木材。这些物质根本无法形成肥沃的地表土"。详实的分析使得读者对 1048～1128 年黄河灾害之后河北农业生产环境变迁的过程和原理有了更加深刻、明晰的认识。

三　需要进一步辨析的问题和探讨的空间

正如杨庭硕指出的，"生态环境史作为一种典型的跨学科研究，所需探讨的历史问题具有前所未有的复杂性……历史上的实际情形可能远不像预先想象和估计的那么简单、明晰"，在环境史研究中不可避免地存在着许多陷阱和误区。① 《河北环境史，1048～1128》的作者运用生态视角的研究来实现对以往灾害史研究有所突破的同时也不可避免地带有某些局限性。

一是环境变迁的长期性在该文研究中没有得到充分的体现。环境的变迁，是人类社会活动与自然长期互动、经历多次生态事件长期累积的结果。因此在环境史的研究中，长时段的考察尤为重要。在具体的实证研究中可以有时间的界限，但是方法和思维应该具备更加长远的眼光和宏大的观照。作者将目光主要集中在1048～1128年，就决定了盐碱化问题导致经济重心南移这一结论的说服力仍显不足。

事实上，土地盐碱化问题是自上古以来就一直困扰中国农业的一个问题。从时间上来说，不仅在西汉时期的关中地区就已经出现了土地盐碱化现象，而且正如作者在文中提到的"在黄河改道河北前，河北中部部分地区土壤已经因为排水差而盐碱化，无法进行农业生产"，黄河的入侵只不过"使情况更加糟糕"而已。从原因上来说，土地盐碱化的成因相当复杂，如西汉时期关中地区的土地盐碱化问题很大一部分就是人类农业生产活动造成的——"西汉在和齐不一样的陕西自然环境中，发展了大规模引渠水灌溉，为了实现大型渠灌工程，必然要用自然涌水为水源，开设郑国渠型的水稻田，而白渠采用的'引洪漫地'方式的旱地灌溉，则可能有次生盐碱化的危险性"。② 由此，引起思考的是，在1048年以前没有遭受黄河灾害的河北生态环境到底是一种什么样的状态，之前所出现的土地盐碱化现象是何原因造成，为何没有影响河北作为北方经济重心的地位？

土地盐碱化在宋代以后是继续加重还是得到改善，作者也未对这一问题进行更为详实的考证，而只是根据少量资料做出了主观推断："随后的两个世纪有关河北盐碱化的记录似乎很少，不过，我认为在此后的几个世纪中盐碱化过程继续甚至加速。"此外，作者将之作为河北农业生产无法恢复昔日繁荣的主要原因。事实上，土地盐碱化如果治理得当，并不会成为农业经济的"终结者"。正如西汉时期的关中地区虽然一度面临土地盐碱化对农业生产的不利影响，然而"轮台诏"发布之后通过经济政策的调整，这一地区"因灌溉排水系统设计错误形成的次生盐碱地很有效的旱地

① 杨庭硕：《目前生态环境史研究中的陷阱和误区》，《南开学报》2009年2期。
② 原宗子：《我对华北古代环境史的研究——日本的中国古代环境史研究之一例》，《中国经济史研究》2000年第3期。

农法"，① 从而使其保持了相当长一段时间的繁荣。由此看来，在宋代以后的河北，土地盐碱化问题为何没有得到干预和制止，导致河北农业从此一蹶不振，这实际上涉及了环境史研究中的另一个重要问题——政策因素。

二是政府决策对于环境的影响虽然在文中有所体现，如宋朝政府的决策、王安石改革在短时间内对加重河北生态灾难的负面作用等，但是尚未触及导致河北农业生产在宋以后长期衰落的决定性因素——政策因素。近年来，随着环境史研究的深入和跨学科研究能力的加强，政治因素在环境史所发挥的作用受到越来越广泛的关注。休斯指出，"环境史不能不顾政治和军事力量的现实格局，以及受其堂而皇之地利益支配的国家集团、经济组织和利益群体"。② 在唐宋时期的经济重心南移同样如此，生态环境的变迁固然是一个非常重要的因素，但是政治局势的变动以及政府的政策导向也不容忽视。在古代社会，很多地区的农业生产必须依靠大规模的水利灌溉工程，因此政府对工程的投入对于当地农业生产活动的成败起到了极为关键的作用。已经有学者指出宋以后南北农业生产水平逐渐拉开差距的一个很重要原因，就是政府把水利建设的重心逐渐转向了南方，"北方只进行一些维修工程"，"北方灌溉事业逐步衰落，一些古老的灌区水稻面积随之减少"。由此，这些学者得出与《河北环境史，1048～1128》作者截然相反的结论：北宋政府经营河北塘泊工程期间，水稻种植得到了短暂的发展。③ 这是否河北农业生产彻底衰落的真正原因？这也是需要《河北环境史，1048～1128》作者进一步加以辨析的。

三是环境的多样性。其一，在宋代的河北东、西两路所涵盖的从太行山以东到渤海西海岸这一片广阔地区，由于地形地貌的差异，遭受黄河泛滥侵扰程度的轻重如何，农业生产所受影响程度的差别在哪，及其在当时河北农业经济中所占比重究竟几何？作者对这些并未进行更为细致的分类研究。其二，"甲之砒霜，乙之蜜糖"，黄河泛滥对于不同环境以及不同经济形态而言究竟是利是弊，并不能一概而论。正如作者在结论中指出的，"洪水对河北西部沿太行山地区也产生了间接影响。1048 年之后，移民从

---

① 原宗子：《我对华北古代环境史的研究——日本的中国古代环境史研究之一例》，《中国经济史研究》2000 年第 3 期。

② 唐纳德·休斯：《什么是环境史》，梅雪芹译，北京大学出版社，2008，第 17 页。

③ 张芳：《宋元至近代北方的农田水利和水稻种植》，《中国农史》1992 年第 1 期。

河北中部的州郡涌入这一地区找活或躲避灾难。伐木、制陶、冶铁和煤矿开采都发展成了商业"。古代中国作为一个以农立国的国家，农业生产成败固然对其经济地位的衡量起到关键作用，然而发生在唐宋之际的这场具有近世特征的变革却是以"商业革命"为主要内容。那么，由黄河灾害引起的河北西部的"商业化"本应推动河北成为中国近世变革的重要组成部分，为何反而成为宋代统治危机的集中体现？

综上所述，应该说，《河北环境史，1048～1128》为古代华北区域以及唐宋之际南北差异研究提供了一个意义重大、具有突破性的视角，也留下了继续探讨和深化的空间。就这一点而言，该文尽管存在着许多缺陷和局限，仍不失为一篇颇有价值的环境史、区域史学术论文。

（作者：许哲娜，天津社会科学院历史研究所）

无常易变的工业家们[*]

〔美〕贺　萧　著　　任吉东　译　　刘海岩　校

内容提要： 本文对民国时期天津的工业家们进行了比较全面的分析。首先勾勒了工业家们在天津对外贸易的发展历史，指出了外国投资者对天津贸易的推动作用；其次分析了不同类型的中国投资者的投资特点；最后以棉纺织业为例阐述了近代天津工业发展与政治事件之间错综复杂的关系，而这正是天津城市经济发展与众不同之处。

关键词： 天津　工业家们　投资　棉纺织业

　　城市经济结构分裂成多个部分是天津城市空间分区形成的深层因素。对这个结构的分析涉及长期困扰着近代中国历史学者的一些问题：除了结构的分裂之外，在外国势力的侵占和瓜分下，天津呈现何种面貌？天津本地的华人精英在天津的发展中扮演了什么样的角色，哪些因素促进或阻止了他们的参与？更为普遍的问题是，怎样理解天津的成长有助于证明或质疑"帝国主义"和"封建主义"这些范畴的适用性，围绕这一点的辩论在很多历史著述中已经或明或暗地展开了。

一　投资者和权贵

　　直到1949年，天津一直是商业贸易居于首位的城市。城市的各权贵集团把大量的资金投向商业而不是工业。天津尽管是以中国声名显赫的工业

---

　　[*]　本文节选自贺萧（Gail Hershatter）所著《天津工人，1900～1949》（*The Workers of Tianjin, 1900～1949*）第二章《摇摆不定的工业家们》（"Inconstant Industrialists"），斯坦福大学出版社（California Stanford University Press），1986，第42～81页。

城市之一而著称，但是近代工业受到政治不稳定的影响而发展缓慢，一直
处于不成熟和踟蹰不前的状态。要理解其原因，同时也为了弄清工人阶级
成长的环境背景，就需要探讨每个统治集团在天津发展的过程中所扮演的
角色。

外国人

天津正因其作为市场和通向其他市场的门户，才得以吸引外国人在这
里定居。外国人在天津的 90 年间，他们大多致力于拓展口岸的对外贸易。
这意味着所有的辅助结构都是因贸易的需要而发展起来的：海关监察、航
运、保险、金融以及为贸易者提供舒适的居住之地。

因为一些出口产品需要清洗、分类和打包，一些外国洋行开办了出口
加工厂。这些工厂的规模通常不会超过安装有一两台机器的一间仓库，它
们几乎代表了外国对天津工业的全部投资。直到 20 世纪 30 年代中期，日
本人开始并购和建造纺纱厂及其他工厂时，外国人才在构建近代工业生产
体系中扮演重要的角色。

在通商口岸最初开放的年代，贸易出口主要由土产品组成，如："黄
花菜、药材、火石、乌枣与红枣、鹿茸、各种水果、坚果、子仁、毛发、
鱼骨、香菌、葡萄干、大黄、棉花和腌白菜。"[1] 而进口贸易则以鸦片和布
匹为主。[2]

从 1895 年甲午战争结束到第一次世界大战，外国人在中国的活动范围
有了极大的扩展。在天津，虽然义和团运动期间和清朝最后数年外国人的
活动减少了，但是对外贸易仍然出现了净增长。[3] 棉纱、棉布、糖、煤油、
染料和鸦片是主要的进口商品。在第一次世界大战期间和战后，许多外国

---

① 雷穆森（O. D. Rasmussen）:《天津插图本史纲》(*Tientsin: An Illustrated Outline History*)，天津印字馆，1925，第 283 页。

② 王怀远:《旧中国时期天津的对外贸易》,《北国春秋》1960 年第 1 期，第 70 页。有关天津对外贸易的更具体的讨论，见贺萧《天津工人阶级的形成，1900-1949》(*The Making of the Working Class in Tianjin, 1900-1949*)，斯坦福大学博士学位论文，1982，第 32~38、460~461 页。

③ 关于 1867~1948 年的贸易总量，参见萧良林（Hsiao Ling-lin，译音）《中国对外贸易统计资料，1864~1949 年》(*China's Foreign Trade Statistics, 1864-1949*)，哈佛大学出版社（Harvard University Press），1974，第 177~178 页。

洋行也开始进口武器卖给军阀客户。①

第一次世界大战后，进口贸易的构成发生了变化。钢铁、石油、机械和机械配件成为主要的进口商品。贸易伙伴也在改变，战前英国主导天津的对外贸易，战后美国增加了出口贸易的份额，而日本则在进口贸易中逐步占据了优势地位。然而，出口货物仍然大多为原料和半成品，如棉花、羊毛和鸡蛋。在出口贸易构成中，唯一明显的例外是地毯的制造和出口，第一次世界大战后，地毯很快成为出口国外市场的重要产品。②

在 20 世纪 30 年代的大部分时间里，天津的贸易量受到税收和世界范围经济萧条的影响而下降。中国新加收的进口关税把一些贸易逐出天津，转向日本纵容下的冀东走私区。而当西方因为经济萧条减少对中国商品需求的同时，外国商品却在人为操控下以低价倾销天津。③ 然而，尽管在两次世界大战之间，天津经济发展很不稳定，但天津口岸在各通商口岸的直接对外贸易中通常还是处于第二或第三的位置。在 1937 年日本发动全面侵华战争前几年，天津的进口量大约是上海的 1/6，出口量是上海的 1/3。④但是，在侵华战争期间，贸易不断受到政治局势动荡的影响，而且 1941 年后，日元区以外的所有贸易完全中断。到 1945 年，对美国的出口贸易虽略有恢复，但是直到 1948 年底，内战、通货膨胀和投机使得贸易近于停滞。⑤

---

① 王怀远：《旧中国时期天津的对外贸易》，《北国春秋》1960 年第 1 期，第 78 ~ 80 页；1960 年第 2 期，第 3、33 页。关于军火贸易，见米禄斋《阎锡山与帝国主义的军需贸易内幕》，《文史资料选辑》第 49 辑，1964，第 66 ~ 68 页。

② 王怀远：《旧中国时期天津的对外贸易》，《北国春秋》1960 年第 1 期，第 74 ~ 75 页；1960 年第 2 期，第 40 ~ 42，44 页。1936 年，华北农牧产品总量的大约 1/5 是通过天津进行贸易的。其中一半供出口，1/4 通过轮船转运，1/4 在天津本地消费。日本驻天津领事馆编《从工业角度考量的华北和天津经济状况》（出版地不详，1938，第 19 ~ 22 页），列出了 1936 年进出口贸易的详细目录。

③ 对经济大萧条时期天津贸易的分析，参见吴子光《经济恐慌中天津对外贸易之衰落》，《河北月刊》第 2 卷第 12 期，1934 年 12 月，第 2 页。1936 年的进口比 1935 年减少了1260 万元，减少的原因大部分是商品转向走私。参见王怀远《旧中国时期天津的对外贸易》，《北国春秋》1960 年第 2 期，第 33 页。

④ 贺萧：《天津工人阶级的形成，1900 ~ 1949》，第 37 页；日本驻天津领事馆编《从工业角度考量的华北和天津经济状况》，第 16 页。

⑤ 日本驻天津领事馆编《从工业角度考量的华北和天津经济状况》，第 16、31 ~ 42 页；王怀远：《旧中国时期天津的对外贸易》，《北国春秋》1960 年第 3 期，第 98 ~ 106 页。

从 1860 年至 1949 年，外国人一直控制着天津口岸进出口贸易的各个方面。从 1861 年以后，负责天津商业贸易的帝国海关就是由外国人代表中央政府进行管理的。海关税收绝大部分被用于偿还外国贷款，1900 年后用于偿还庚子赔款。[①] 绝大多数进口货物是靠外国货轮运输的，大部分商船属于英国人以及后来的日本人。随着外国轮船的到来，当地需要修船厂以修理和更换船舶，到 1922 年，天津附近至少有 5 家修船厂，其中 4 家属于外国人所有。外国人也参与大沽和塘沽的装卸行业，将货物用驳船转运天津。[②] 实际经营商业贸易的外国洋行，通常会雇用中国买办作为代理人与内地商人打交道。最大的外国公司，如英国的怡和洋行，日本的三井洋行、三菱洋行，都雇用大量的中国和外国职员。[③]

一个典型的有魄力的公司，一般都要从事一种以上的贸易活动。例如，从事进出口的美国大来洋行（Robert Dollar Company），从 1903 年开始将松木从海上运至上海和天津。该洋行不仅为天津和北京，且也为官办铁路和矿山供应大量的木材。1923 年，它在天津的海河旁建了一座木材加工厂，为华北市场加工木材。大来洋行还成立了一家无线电报公司，企图垄断电报通信业务。其他的洋行也以类似的方式从事多种经营，从纽扣到骨粉，从保险到出口检验等。[④] 这些洋行的业务大都得到位于"华北华尔街"及其附近的大型外国银行的资金支持。外国银行也代表他们的政府借款给清政府，甚至

[①] 关于海关的概况，参见李炳志《帝国主义控制下天津海关的内幕》，《天津文史资料选辑》第 9 辑，1980，第 54 ~ 68 页。

[②] 田红石：《天津概述（一九一九年前）》，《天津历史资料》1965 年第 3 期，第 10 页。《经济周刊》第 51 期，1934。王怀远：《旧中国时期天津的对外贸易》，《北国春秋》1960 年第 1 期，第 85 页；1960 年第 2 期，第 32、43 页，以及 1960 年第 3 期，第 109 页。刘谷侯：《天津工商业之鸟瞰》，《社会月刊》1 卷 5 ~ 6 期，1929 年 11 月，第 3 ~ 5 页；《中国年鉴》（1921 ~ 1922 年），第 768 页。简·谢诺（Chesneaux, Jean）：《中国劳工运动，1919 ~ 1927》（*The Chinese Labor Movement, 1919 – 1927*），斯坦福大学出版社（Stanford, Calif.：Stanford University Press），1986，第 35 页。

[③] 关于一些天津的外国洋行的历史和活动以及他们的买办的经历，可参考《天津文史资料选辑》第 9 辑，1980，第 79 ~ 145 页。

[④] 阮渭泾：《美商大来洋行在中国的掠夺》，《文史资料选辑》第 49 辑，1964，第 1 ~ 20 页；王怀远：《旧中国时期天津的对外贸易》，《北国春秋》1960 年第 2 期，第 32 页；其他几个外国洋行的历史参见黄献廷《三十年来英商仁记洋行在天津的掠夺》，《文史资料选辑》第 44 辑，1963，第 193 ~ 201 页。

还发行纸币。他们主要为外国人服务，很少与中国商人打交道。[1]

如果外国人想过上他们在自己的国家那种已经习惯了的生活的话，那么他们就必须自己建立各种设施。最初，一家英国公司承担了从海河取水为英国租界供应自来水的任务；1920年，英国租界当局接管了这项职责，改为通过打井提供自来水。城市其他地区则由德国人成立于1902年的济安自来水公司供水，该公司提供的是取自南运河和子牙河的、经过多重过滤和消毒的自来水。

英、法、日三国租界自己发电，但是其他地区则由比商电车电灯公司发电厂提供电力。该公司也经营有轨电车，他们1930年雇用了1900名中国人作为司机、售票员、轨道维修员以及工厂工人。这家电车公司之所以重要，不仅仅因为它提供了电力、运输和就业，且也因为他们出售车票时收集了大量的铜币。因此，该公司在决定当地的铜银比价上起着至关重要的作用，这又转而影响着大多数工人的生计。自来水公司和电车公司代表着天津早期最大的外国投资，此外还有开滦煤矿。[2]

在对外贸易及其附属行业稳步增长的同时，外国对天津工业的投资总量却一直保持很小的比例。在上海，外国对工业的投资从总体上刺激了工业的发展，尤其是1895~1905年，在天津却不是这样。1914年之前，这座城市大约只有20家外国人开办的工厂。这些工厂大多是属于贸易公司的小型打包厂，清洗供出口的羊毛。[3] 从第一次世界大战到20世纪30年代

① 在天津的大银行，主要包括汇丰银行（英国，1880年成立，以下只标注时间）、麦加利银行（英国，1882）、德华银行（德国，1897）、横滨正金银行（日本，1898）、华俄道胜银行（俄国，1897）以及花旗银行（美国，1913）。参见《天津工人生活程度及近四年来生活费之变迁》，《经济研究周刊》第19卷，1930年7月；《经济周刊》第49期，1934。王怀远：《旧中国时期天津的对外贸易》，《北国春秋》1960年第2期，第32页；《天津文史资料选辑》第9辑，1980，第69~78。吴世成：《天津之纸币》，《商学月刊》，1935年7月，第27~33页。常南：《英国汇丰银行的经济掠夺》，《天津文史资料选辑》第9辑，1980，第69~78页。
② 田红石：《天津概述（一九一九年前）》，《天津历史资料》1965年第3期，第7页。天津南开学校社会视察委员会：《天津南开学校社会视察报告》，1930，第199~209、231~251页。南开大学经济研究所编《天津市社会调查资料》，油印本，1931。郑裕孚：《天津游览志》，中华书局，1931，第201~4页；徐景星：《天津近代工业的早期概况》，《天津文史资料选辑》第1辑，1978，第137~39页；李绍泌、倪晋均：《天津自来水事业简史》，《天津文史资料选辑》第21辑，1983，第21~27页。
③ 雷穆森：《天津插图本史纲》，第83、286页；《中国年鉴》（1914），第106页；《中国年鉴》（1924），第225页；徐景星：《天津近代工业的早期概况》，《天津文史资料选辑》第1辑，1978，第134~136页。

中期，外国人的大部分工业投资一直限于出口加工领域。他们拥有几家大型的蛋品厂，主要从事出口鸡蛋的分拣，有时也做冷冻加工。外国和中国公司都很乐于从事坚果分拣加工工作。第一次世界大战后，外国人在地毯贸易中成为积极的买家，但是他们只是偶尔亲自监督地毯的生产。

这些外资企业的模式是规模小、很少使用现代机器、主要从事出口贸易加工，只有两家是明显的例外——天津英美烟业公司和日本人建立的东亚烟厂。华北最主要的外国投资的近代工业企业是开滦煤矿，该公司总部设在天津，煤矿开采却在唐山。①

到 20 世纪 30 年代中期，这种投资模式发生了显著的变化，当时日本公司开始购买经营不佳的中国人开办的棉纺厂。到 1936 年，日本人控制了天津大部分的工厂，出人意料地在当地工业界占有了优势地位。1937 年，日本企业在天津的投资刚好占了天津工业资本总数的一半，中国人的投资额仅次于日本，其他外国人的投资则微乎其微。但是，即使有日本的资金大量投入棉纺织业，在第二次世界大战前夕，外国人在天津的投资仍主要集中在金融和贸易。②

中国投资者

并不是所有在天津投资的都是外国人，当地从事经济活动的也有中国的企业家。他们大多数都是政治精英，最初是清朝的官员，后来是民国时

---

① 在蛋品厂中，英国人建立的国际出口公司或称"和记洋行"，可能是最有名的。见廖一中、吕万和与杨思慎编《天津和记洋行史料》，《天津历史资料》1980 年第 6 期，第 1～70 页。关于鸡蛋出口贸易，参见《中国经济杂志》第 2 卷 3 期，1932 年 9 月，第 172 页和《中国经济杂志与公报》第 14 卷 3 期，1936 年 9 月，第 213 页。关于坚果加工，参见《中国经济杂志与公报》第 4 卷 5 期，1929 年 5 月，第 433 页；《中国经济公报》第 16 卷 18 期，1930 年 5 月，第 223～226 页。关于英美烟草公司，参见高家龙（Cochran, Sherman）《中国的大企业：烟草工业中的中外竞争，1890～1930》（Big Business in China: Sino - Foreign Rivalry in the Cigarette Industry, 1890 - 1930），哈佛大学出版社（Cambridge, Mass.: Harvard University Press），1980；肖祝文：《天津英美烟公司的经济掠夺》，《天津文史资料选辑》第 3 辑，1979，第 166～94 页。开滦煤矿的公司设在天津，但煤矿开采是在唐山。因为他们没有直接影响到天津工人阶级的发展，所以这里没有将之作为天津的一项工业投资加以讨论。

② 《经济周刊》第 51 期，1934。关于二战前外国在天津投资的统计分析，参见王怀远《旧中国时期天津的对外贸易》，《北国春秋》1960 年第 2 期，第 29 页。主要外国企业名录及其资本额的高低，参见日本驻天津总领事馆《从工业角度考量的华北和天津经济状况》，第 13～16 页。

期的军阀。也许是因为天津距离北京——1928 年前的首都——太近的缘故，这种官僚投资的企业在华北显得异常的强势。中国官员创办、建立，并常常也管理着许多家天津的工厂企业。天津现代工业就是在官僚的支持下形成的，这一事实使得天津与其他主要通商口岸多有不同，也明显影响着城市的发展过程。

官员的参与使天津的工业得到了些许的保护，但是也使其异常脆弱。天津的工厂与保护它们的多变的官僚集团政治命运的变化息息相关。企业会因所谓的洋务派而倒闭，或者会因袁世凯而消亡，或者在一个与企业关系密切的地方军阀投资者失去其势力范围后失掉资金来源。尤其是军阀，他们对工业只有一时的兴趣，当工业投资似乎风险过大时，他们就更愿意把钱投往别的地方。与此同时，在其他情况下可能成为中国资产阶级核心群体的中国商人们，也从来不会把他们大量的财富从商业转而投向工厂的生产中。

官办企业

当天津成为通商口岸后，清政府委派了一些能干的官员到天津负责处理外国事务和当地的行政管理。天津有史以来第一次成为全国最重要的政治活动中心。

特别是从 1870 年起，李鸿章被任命为直隶总督，这座城市成为中央政府"洋务派"最重要的试验场。在天津执政的 25 年，李鸿章指挥修建的天津基础设施和兴办的工厂企业即使按照当时的国际标准来看也是大型和复杂的。他推动了附近开平煤矿的开采，创办了大沽船坞、电报局、铸币厂，铺设了天津第一条铁路。这些企业中，有些完全由官方投资运营，另外一些，像铁路和电报局，既有官方的大量投入，也有商人的投资和参与。①

李鸿章创办的最主要的工业制造企业是建于 1886 年的天津机器局。他指挥该机器局前后五次扩大。机器局完全由清政府投入资金，主要生产火药、子弹、水雷、机械，甚至还有钢材。机器局的两个分局，一个位于天津城正南的海光寺，另一个②位于天津城的正东面、海

---

① 关于官商合办企业的权威性讨论，参见费维恺（Feuerwerker, Albert）的《中国的早期工业化》（*China's Early Industrialization*），哈佛大学出版社（Harvard University Press），1958。

② 原文这里有误，可能漏掉了词汇。——译者注

河另一边大约 3 英里的地方。在机器局的全盛时期，曾拥有 2000 名工人，有些是从广东和上海招募来的有技能的工匠。这种大型企业对建筑材料和燃料的需求，促进了其他自强项目的发展。机器局是由政府创办、私人经营的开平煤矿的最主要客户。机器局也需要水泥，于是华北最大的公司先驱之一——启新洋灰公司由此得以创建，以满足这种需求。[①]

机器局是 1900 年以前天津最大的近代工业企业，它所聚集的工人数量和先进的设施，是天津此后多年再也没有见到过的。这种近代工业企业最终是否对近代资本主义企业的发展起到促进作用，这还是一个有待讨论的问题。1900 年义和团暴乱期间，机器局被摧毁殆尽。机器局消失得如此彻底，以至于大多数 20 世纪出生的天津人长大后甚至不知道天津曾经有过如此大规模的企业。[②]

政治不稳定——这个在近代天津历史上经常出现的现象，动摇了官僚阶层及其所建立的体系。然而，尽管他们在任的时间很短暂，但这些晚清官员对天津近代工业"黄金时代"的出现仍有直接的功劳。[③] 在 19 世纪晚期，天津估计有 5000 名企业工人，义和团失败后的数十年内，天津企业工人的数量再也没有达到这个水平。

义和团运动过后，直隶省的经济停滞不前。作为新任直隶总督和北洋通商大臣，袁世凯有效和坚决地挽救了这种局面，并在该地区巩固了他的权力。在他的治理下，天津的商业经济开始恢复，新的市政管理机构出

---

① 关于李鸿章在天津的活动，参见斯坦利·斯佩克特（Spector, Stanley）《李鸿章和淮军：19 世纪中国地方势力研究》（*Li Hongzhang and the Huai Army：A study in* 19*th - century Chinese Religionilism*），华盛顿大学出版社（University of Washington Press），1964，第 139、160 ~ 163 页；田红石：《天津概述（一九一九年前）》，《天津历史资料》1965 年第 3 期，第 7 页；恒慕义（Hummel, Arthur W.）编《清代名人传略（*1644 ~ 1912*）》（*Eminent Chinese of the Ch' ing Period*：1644 - 1912），台北，成文出版社，1972，第 466 页。徐景星《天津近代工业的早期概况》，《天津文史资料选辑》第 1 辑，1978，第 125 ~ 134 页。天津南开学校社会视察委员会：《天津南开学校社会视察报告》，第 179 ~ 188 页。

② 徐景星：《天津近代工业的早期概况》，《天津文史资料选辑》第 1 辑，1978，第 125 ~ 134 页。1981 年 5 月 10 日本文作者对徐景星的采访，关于"近代"，徐认为，"近代工厂要使用能源和机器从事生产并雇用大量工人"。但是他补充说，机器局并不是资本主义企业，因为它没有从事商品生产，也没有发生交换或产生利润。

③ 1980 年 3 月 17 日顾琳和本文作者与卜慧新的访谈。

现，并创建了近代警察制度和学校教育体系。[①]

与此同时，袁任命他的一名下属周学熙领导一个新的省级工艺局。周公开宣称工艺局的目标是鼓励当地的士绅和商人投资实业。他发起、创办了许多小型实习工场，训练从乡村来的学徒制造纸张、铁器、肥皂、纺织品、玻璃和牙粉。然而，大多数工厂都是采用手工方式并有意地训练学徒们学习适合农村生产的技术，而不是恢复到已知的义和团运动前的近代工业生产的技术和规模。[②]和李鸿章早期的企业一样，周学熙的工厂有些也是官办，而其他一些则是官督民办。但是周没有成功地使商人们始终对工业生产感兴趣，因为他和袁世凯都不愿意提供投资担保或分享决策权。1907年袁世凯离开天津后，他的经济改革计划也不复存在了。[③]

周学熙在民国几届内阁都担任财政总长，同时继续致力于在华北建立、重组或经营大多数大型企业。他在投资方面的兴趣，包括滦州煤矿、启新洋灰公司、几家银行以及华新纱厂。他在天津实业界突出的半官方角色——他失败于未能获得商人的持久参与——证明了由政府官方创办的工业部门所具有的优势和弱点。

---

① 麦金农（Mackinnon, Stephen R.）：《中华帝国晚期的权力与政治：袁世凯在北京和天津，1901~1908》（*Power and Politics in Late Imperial China: Yuan Shi - kai in Beijing and Tianjin, 1901-1908*），加利福尼亚大学出版社（University of California Press），1980，第37~61、163~179页。麦金农认为，"中华帝国晚期的政治权力结构，尤其是在北方，是随着1916年袁世凯的去世而不是随着清王朝在1911~1912年的倒台而崩溃的"。（参见该书第234页）本文作者对天津这一时期历史的研究也证明，1911年当地的变动很少，特别是在工业和商业方面。因为袁和他在兴办实业方面最重要的助手周学熙的活动期都跨越了1911年前后的两个时期，我把他们看作清朝官僚和北洋军阀之间的过渡性人物。也可参见陈志让（Chen, Jerome）《袁世凯》（*Yuan Shi - kai*），斯坦福大学出版社（Stanford University Press），1972，第55~76页。

② 关于周学熙的生平，见淳夫《周学熙与北洋实业》，《天津文史资料选辑》第1辑，1978，第1~28页；田红石：《天津概述（一九一九年前）》，《天津历史资料》1965年第3期，第7~11页；麦金农：《中华帝国晚期的权力与政治：袁世凯在北京和天津，1901~1908》，第163~179页；徐景星：《天津近代工业的早期概况》，《天津文史资料选辑》第1辑，1978，第142~145页；李志道：《中国实业银行兴衰小史》，《天津文史资料选辑》第1辑，1978，第54~63页；天津南开学校社会视察委员会：《天津南开学校社会视察报告》，第162~178页；雷穆森《天津插图本史纲》，第269~271页。

③ 麦金农：《中华帝国晚期的权力与政治：袁世凯在北京和天津，1901~1908》，第163~165、173页。

军阀投资

在袁世凯政权和北洋军阀混战的那些年（1916～1928），各派独立的武装势力或军阀令人眼花缭乱地先后占领天津，包括吴佩孚、张作霖、李景林和冯玉祥。① 天津也是被打败或退隐的军阀最喜爱的居住地。无论是当权还是下野，他们许多人都选择天津作为他们的大量私人财产——来源于在他们控制的地区征税所得——的投资场所。

这些军阀把他们的大部分财产不是投资于工业，而是投资于土地和城市不动产。他们中的一些人跻身于城市最大的地主行列。他们也是最活跃的房屋建造者，建造中式和欧式住宅，用于出租和供他们自己以及他们的家庭享受奢华的退隐生活。军阀们还把大笔的金钱用于购买黄金和珠宝，投资当铺，存入中国和外国银行，投资粮店，当然还从事军火生意。

军阀最初对投资工业感兴趣是在第一次世界大战期间，当时工业投资获利上升。许多军阀第一次投资的工业是生产军用品，诸如生产军服、干燥食品和马鞍。那些拥有政府官职的军阀，利用职权为他们的产品获得免税和较低的铁路运费。然而不久，军阀们就被吸引到两个赚钱多的行业，即成为天津工业核心的棉纺织业和面粉业。从 1914 年到 1925 年，天津超过 40% 的新工厂都有军阀参与创建，他们新投入的资本占了总投资的一半以上，如 11 个面粉厂中，6 个有军阀的大量投资。最大的个人投资者是安徽军阀倪嗣冲，他投资一家棉纺厂、一家油漆厂和几家面粉厂，投资总额 800 万（大致为 400 万美元）：他一个人投入的资金，几乎是 1895 年至 1914 年天津工业投资总量的两倍。②

---

① 英文著述关于这一时期的概述和第二手文献，参见谢里登（Sheridan, James E.）《分崩离析的中国》（*China in Disintegration*），自由出版社（Free Press），1975，第 20、57～106、298～300 页。

② 这段关于军阀经济活动的讨论主要依据下列资料：参见祝淳夫《北洋军阀对天津近代工业的投资》，《天津文史资料选辑》第 4 辑，1979，第 146～162 页；赵世贤：《军阀王占元经营工商业概况》，《天津文史资料选辑》第 4 辑，1979，第 163～171 页；董权甫、刘慎之：《曹锟家族与天津恒源纺织有限公司》，《文史资料选辑》第 44 辑，1963，第 85～114 页；陈世如：《曹锟家族对人民的经济掠夺和压榨》，《天津文史资料选辑》第 1 辑，1978，第 99～112 页；王子寿《天津典当业四十年的回忆》，《文史资料选辑》第 53 辑，1965，第 35～38 页；纪华：《倪嗣冲在粮食业的投资》，《天津文史资料选辑》第 4 辑，1979，第 194 页；何诚若：《倪嗣冲在安徽和天津的投资》，《天津文史资料（转下页注）

　　然而，军阀之间持续不断的战争导致的政治不稳定，打消了他们从工业投资中挣钱的念头。到20世纪20年代早期，所有工业企业都受到内战的影响。相互对抗的军阀政府征收的苛捐杂税阻碍了贸易，也扰乱了工业产品市场。货物堆积如山，即使有空的货运车厢可用，商人们也不得不花费比规定价格高出 3 ~ 4 倍的价钱让军队运输这些货物。[①]这些因素加上1934年后国民党的重税和世界经济大萧条的影响，构成当代分析者最经常提及的天津不断发生工业危机的原因。

　　军阀们的投资，为1949年前天津工业唯一的繁盛期提供了相当大的一部分资金来源。然后，他们在促成了工业利润急剧下降的形势后，又把他们的资金从工业中抽出，转而投向更有利可图（更传统悠久）的行业。[②]甚至在军阀们热衷于投资工业的时期，他们投入工业的资金，也仅仅是他们投入土地和城市不动产的资金总数的一小部分。他们需要持续不断地获取利益以满足他们追求权力的资金需求；而这种对权力追求所导致的不稳定，又使得工业不可能为他们提供这些利益。

商人参与

　　官僚和军阀利用他们的政治权力发展着天津工业，结果却是不稳定的。同样积累了大量财富的中国商人群体，我们或许指望他们能成为另一种提供工业投资的来源。而事实上，商人比军阀更不愿意把他们的钱投入工业。大多数人喜欢传统的投资渠道，而最有胆识的商人也只是尝试着闯入外国人控制的国际贸易领域。

　　最老的天津商人群体用当地的说法被称为"八大家"。这个称谓首先指的是盐商，但也指那些通过经营土地、粮食或船运发财的人。这个群体

(接上页注②)选辑》第 13 辑，1981，第 187 ~ 191 页。关于美元比价参见弗里德里克·李（Lee,
　　Frederic E.）《中国的货币、银行和金融》（*Currency, Banking and Finance in China*），美国
　　政府印务局（Government Print Office），1926，第 44 页，以及中华民国政府金融专家委员
　　会《金本位货币制度逐步引进中国的法律方案》（*Project of Law for the Gradual Introduction
　　of a Gold – Standard Currency System in China*），未刊本，1929，第 152 ~ 156 页。
①　刘谷侯：《天津工商业之鸟瞰》，《社会月刊》1 卷第 5 ~ 6 期，1929 年 12 月，第 6 页。
②　例如，可参见两篇关于阎锡山 1928 年到 1937 年在天津活动的论文，阎子奉：《阎锡山家
　　族经营的企业》，《文史资料选辑》第 49 辑，1964，第 46 ~ 65 页；米禄斋：《阎锡山与帝
　　国主义的军需贸易内幕》，《文史资料选辑》第 49 辑，1964，第 66 ~ 68 页。

的成员随着时间而改变，但是所有的人都是属于有大量资本用于投资的商人。例如，盐商因为他们的经营受到政府强制配额的限制，因此他们的利润仅有有限的、小的部分可以用于盐业的再投资。

像军阀一样，天津的富商通常只是用他们的钱投资土地、银号、当铺、私人的金银店，还要进行炫耀性的消费，如讲究排场的葬礼、赌博和斗虫等。有些家族还拥有私人杂耍戏班，以便他们能在每年的皇会游行时进行演出，从而可以从他们的支持者那里赢得更大的荣耀。商人们也会投资商业机构，诸如布庄、珠宝店、药铺和酒厂等。从 20 世纪开始，他们中的一些人还开办手工工场，制造军服、毛巾和其他纺织品。但是，他们很少把钱投入工厂生产，除非是无所不在的周学熙偶尔的一个投资项目或小规模的面粉厂投资。唯一明显的例外是宝成纺纱厂，它从商人那里吸引投资，用于棉纱和棉布贸易。①

第二批天津商人群体是买办，外国贸易洋行的中国雇员。② 天津最早的买办是从宁波和广州招募的，那里的外国洋行已经活跃了一段时间。后来，天津当地人也加入了买办的行列。③ 买办抽取的佣金可以高达一笔交易价值的 20%，到了 19 世纪晚期，最成功的买办可以与盐商争当城市首富。天津四个最富有的买办（怡和洋行、太古洋行、华俄道胜银行和汇丰银行买办）积累了多达 2000 万元的财富。④ 然而，四个人中仅有一个人选

---

① 关于盐商和"八大家"，更多的资料见《天津文史资料选辑》第 20 辑，1982，第 39~89 页，以及顾琳的进一步研究。两个关于 20 世纪富有商人和他们的投资的个案研究，为孙敬之《元隆绸布店与"庆修堂孙"的兴衰始末》，《天津文史资料选辑》第 2 辑，1979；蔡慕韩：《胜芳蔡发家史》，《天津文史资料选辑》第 2 辑，1979，第 130~141 页。

② 英文著作中关于买办这一角色的探讨，见郝延平（Hao Yenping）《十九世纪的中国买办：东西之间的桥梁》（*The Compradore in Nineteenth Century China: Bridge Between East and West*），哈佛大学出版社（Harvard University Press），1970。

③ 严逸文：《四十年买办生活回忆》，《文史资料选辑》第 38 辑，1963，第 69~97 页；毕鸣岐：《天津的洋行与买办》，《文史资料选辑》第 38 辑，1963，第 69~97 页；高渤海：《天津买办高星桥发家史》，《文史资料选辑》第 44 辑，1963，第 202~26 页；梁佩瑜：《天津怡和洋行与买办梁炎卿》，《天津文史资料选辑》第 9 辑，1980，第 79~106 页；郑志璋：《天津太古洋行与买办郑翼之》，《天津文史资料选辑》第 9 辑，1980，第 107~124 页；魏伯刚：《天津横滨正金银行与魏家两代买办》，《天津文史资料选辑》第 18 辑，1982，第 153~181 页。

④ 本文作者与卜慧新的座谈；《天津的洋行买办》，《天津文史参考资料剪辑之六》，1975，第 10 页。

择投资工业。吴懋鼎，是汇丰银行买办，与"洋务派"关系密切。也许，正是这种与官方的关系导致他很早就对工业产生了兴趣。在 1900 年之前，天津四家私人工厂中的三家都是由他创建的——一家火柴厂、一家制革厂和一家毛纺厂。[①]

后来的买办没有追随吴的步伐，反而选择了把他们的资金投到外国租界的不动产上。军阀混战期间，只有租界被认为是绝对安全的区域。富有的中国人涌入租界地区，导致租界不动产经济的繁荣，所产生的投机性利润远高于工业投资的获利。在这种形势下，买办迅速积累了大量资本。在第一次世界大战和 20 世纪 20 年代，买办们凭借经验和关系，开办了他们自己的进出口贸易行，和外国公司直接做生意。他们与外国洋行的关系也促使他们建立了许多小型出口加工工厂，其产品被外国贸易洋行收购。[②]

直到 1949 年，买办在天津的经济生活中仍旧扮演着重要的角色。他们投资商业，放贷给银号和商人，还投资当铺。但是，和他们的上海同行不同，天津买办在吴懋鼎以后，再也没有人投资于大规模的工业生产。一位中国的史学者认为，这是因为上海买办通过很长时间逐步积累起他们的财富，而天津买办则是暴发户，他们来钱容易花钱也快。[③] 无论事实是否如此，买办们经济上的精明和适应能力足以使他们在多次政局变化中都得以维持他们的地位。也许正是这种精明，使他们在这种贸易和投机性经济活动所获取的回报远高于长期工业投资回报的大环境中，成功避免了投资制造业带来的风险。

二 消失的工厂主和熔毁纱锭：棉纺织业

缺乏稳定的企业家群体，这个因华北地区政治的不稳定所导致的复杂

---

① 徐景星：《天津近代工业的早期概况》，《天津文史资料选辑》第 1 辑，1978，第 140～142 页；吴焕之：《关于我父吴调卿事迹的回忆》，《文史资料选辑》第 49 辑，1964，第 228～235 页；雷穆森：《天津插图本史纲》，第 268～269 页。

② 《中国经济公报》第 10 卷第 315 期，1927 年 3 月，第 28 页；严逸文：《四十年买办生活回忆》，《文史资料选辑》第 38 辑，1963，第 264 页。

③ 1981 年 5 月 10 日本文作者与徐景星的访谈。

化的问题，造成当地工业的发展一直处在毫无规律的时盛时衰状态中。在这一点上，没有比天津的最大型机械化工业——棉纺织业更为清楚的了。①天津成为中国棉纺织业的中心，有几大优势：资金雄厚的当地投资者群体、靠近原料产地和广大的市场。政局更迭引来了新的企业家，也给工厂带来了至少三次繁荣的机会——第一次世界大战期间、20 世纪30 年代后期以及第二次世界大战同盟国刚取得胜利之初。但是，每次都因频发的战争以及常常近乎残忍的政府政策，最终导致工业无法兴旺起来。

在第一次世界大战后的岁月，天津大部分棉纺厂是靠某个官僚或某派军阀出资兴建的。四家工厂建在租界的东南边缘；两家建在旧城的北面。奉系军阀②曹锟是恒源纱厂的主要投资人，裕元纱厂则控制在安福系军阀手中，它的最大股东是倪嗣冲（投入 110 万元），最初的董事会成员包括倪氏、段祺瑞和许多高级官员。周学熙的华新纱厂以及裕大纱厂是吸引军阀投资的另外两家工厂。③

但是，经过 20 世纪 20 年代的盈利后，工厂遭遇到了一系列的困难。1922 年以及 1926～1929 年，军阀之间一连串互相残杀的混战中断了交通，以致内地的棉花无法运到天津，从而导致原棉价格上涨。虽然有商人和工厂主提出抗议，但那些运到市场的棉花还是连续被几届军阀政府征收重税。持续不断的内战也间接影响到工业。因为旱灾、战争和缺乏政府的鼓励措施，整个河北的棉花生产量从 1919 年后持续不断下降。民众饱受抢掠成性的军队之摧残而日益贫困，进一步削弱了棉织品市场的购买力。最后，军阀参与投资的工厂如恒源纱厂，当其投资者在军事和政治上遭遇失

---

① 有关这一方面的情况，参见贺萧《天津工人阶级的形成，1900～1949》有详细的论述，第 161～183 页。
② 著者有误，应为直系。——译者注
③ 见前文有关军阀在天津经济活动的注释。另外关于军阀参与棉纺厂的资料，见王景杭、张泽生《裕元纱厂兴衰史略》，《天津文史资料选辑》第 4 辑，1979，第 173～174 页；夏少泉：《关于周学熙、杨味云和华新纱厂资料的补充》，《文史资料选辑》第 31 辑；1962，第 320～322 页；南开大学经济研究所编《天津市社会调查资料》，油印本，1931；朱梦苏：《天津北洋纱厂沿革及其与金城、中南两行的关系》，《文史资料选辑》第 49 辑，1964，第 196 页；吕露园：《北洋纱厂与朱梦苏》，《天津文史资料选辑》第 6 辑，1979，第 129～130 页。

败时，工厂也失去其资金来源。①

20 世纪 20 年代初期，战后对外贸易活动的恢复使工厂的经济形势变得更加复杂。当欧洲的商人又开始购买中国的原棉时，棉花的价格再次上涨，导致当地的纺纱厂更难获得原棉。② 同时，进口棉纱和棉布重回中国市场，与质量往往较差的本地产品形成竞争。上海的棉纱也把本地产品挤出天津市场。从 1926 年起，六家纱厂都开始出现了亏损，而到了 1927 年，华商纱厂联合会（Chinese Cotton Millowners Association）公开抱怨，交通、重税以及常年内战导致了对棉纱需求的减少，这些问题正一起危害着新兴工业。③ 1930 年后，形势愈发恶化，正如中国分析家所指出的，这是转折之年，正从"慢性危机转向急性危机"。④ 原棉的价格持续上升而棉纱的售价跌落，以至于天津的纱厂每卖出一包棉纱即亏损 27 元。⑤

外国的竞争使得中国的纺纱厂处于劣势。日本棉纺厂的产品进入中国市场，既有通过天津的合法渠道，也有经由冀东走私进入的非法途径。日本企业比中国的工厂资本雄厚，能够承受通过压低价格来倾销他们的商品，以便保持和扩大他们的市场份额。建在中国国土上的日资工厂享有同样的有利条件，此外还免征进口关税。到 1934 年春天，日本和中国上海的棉纱已经控制了高阳的手工织布市场。1931 年日本入侵东北地区，占领了中国纺织厂大部

---

① 南开大学经济研究所编《天津市社会调查资料》；华商纱厂联合会棉产统计部编《中国棉产统计》第 1~5 期，未刊本，1929；《经济研究周刊》第 30~31 期，1930；方显廷：《中国棉纺织业之危机》，《经济周刊》第 8 期，1933；董权甫、刘慎之：《曹锟家族与天津恒源纺织有限公司》，《文史资料选辑》第 44 辑，1963，第 96 页；方显廷：《天津的棉厂和原棉供应》，《中国经济月刊》第 7 期，1924，第 2 页。
② 1919~1932 年，外国出口商在天津购买的棉花，超过 2/3 棉花通过海运运往海外或其他中国口岸。方显廷：《天津棉花运销概况》，《经济周刊》第 76 期，1934。
③ 董权甫、刘慎之：《曹锟家族与天津恒源纺织有限公司》，《文史资料选辑》第 44 辑，1963，第 96~97 页；《中国经济公报》第 196 期，1924，第 10 页；南满铁路株式会社：《华北工厂实际状况的调查报告：天津》，出版地不详，1938，第 28 页；刘谷侯：《天津工商业的危机》，《社会月刊》第 1 卷第 1 期，1929，第 44 页；方显廷：《天津的棉纺厂和原棉供应》，《中国经济月刊》第 7 期，1924，第 1 页。
④ 下面的讨论依据伦纳德 T. D. 吴（Leonard T. D. Wu）《中国棉纺业的危机》，《远东调查》第 4 卷第 1 期，1935 年 1 月，第 1~4 页。
⑤ 价格下降的数据参见《天津纱厂实业近况》，《纺织周刊》第 5 卷第 22~23 期，1935 年 6 月，第 564 页；何廉：《白银征税与棉纱征税政策上之矛盾》，《经济周刊》第 88 期，1934。

分市场，而日本工厂可以轻而易举地在那里销售他们的产品。①

新的国民党政府加征的国内税使这个问题更加严重。统税导致不加区别地对待价值相差巨大的不同棉纱，使得专门生产精梳纱的日本棉纱厂和生产更为便宜的普梳纱的中国棉纱厂交纳几乎相同的税额。除此之外，1934年修订的关税税率，实际上减少了对进口棉纺织品征收的关税，同时增加了中国生产商所需要的原棉和纺织机械的关税。天津当地对棉花贸易征税，在20世纪20年代就引起很多麻烦，此时仍然是个问题，特别是1931年以后，面对日本人的威胁，政府不得不增加税收以应对新的军事开支，使得这个问题更加严重。②

与外国人的工厂和外国人投资的工厂相比，天津本地的工厂在技术上也处于劣势。根据一位学者的估算，一个拥有1万纱锭的工厂，如果是中国工厂主必须雇用多达400名工人，而如果是日本企业主，则只需雇用120～150名工人就能应付得了。③ 经营者无力承担修理或更换陈旧的设备；资金的缺乏又反过来直接决定了大多数中资工厂都是小型的合股公司，每

---

① 1932年对中国122个纺织厂的研究，得到的棉纺厂资本数据如下表。

所有权	工厂数目	每个工厂平均资本（元）
中国	78	1836911
英国	3	4720767
日本	41	9061869
	122（总计）	4335885（平均）

注：表中数据存疑，但译自原文，不宜改动。
资料来源：方显廷、陈振汉：《中国工业现有困难的分析》，《经济周刊》第8期，1933。关于日本和上海的棉纱，见王子健《民国23年的中国》，第44～45页。1929年，日本入侵东北的前两年，13.51%的中国棉纺织品进入东北市场。天津的一些工厂，例如宝成纱厂，所占比例更高。方显廷：《中国棉纺织业之危机》，《经济周刊》第8期，1933；《天津纱厂实业近况》，《纺织周刊》第5卷第22～23期，1935，第563页。
② 伦纳德T. K. 吴：《中国棉纺业的危机》，《远东调查》第4卷第1期，1935年1月；方显廷：《中国棉纺织业之危机》，《经济周刊》第8期，1933，第188页；万心权：《天津市税捐概况》，《河北月刊》第1卷第4期，1933年4月，第1页。
③ 伦纳德T. K. 吴：《中国棉纺业的危机》，《远东调查》第4卷第1期，1935年1月。关于上海和天津的日资和中资工厂每天每锭平均产出量的比较，见方显廷《中国棉纺织业及其贸易》卷1，直隶印字馆，1932，第95页。关于日资和中资工厂纺织工人生产能力的比较，见方显廷《中国棉纺织业之危机》，《经济周刊》第8期，1933。

年红利的大约 10% 必须用于支付债券。没有足够的资金再投入于他们的设备，大多数企业都深深地陷入高利率的债务中，这些债务也仅能从财政上保证企业的发展和为企业提供必要的流动资金。[①]

在破旧失修的设备和不断增加的债务的背后，如经济学家方显廷 1932 年指出的，是一个"由于无知、徇私和贪婪压榨而堕落"的管理阶层。方批评工厂效率低下。

> （这些工厂）在第一次世界大战期间，由一些纯粹被高利润所吸引的没有经验的人创建……整个价值数百万元的工厂，可能被委托给一个不知纺纱为何物的经理人管理。这个经理人通常是最有权势的股东所信任而指定的，往往既不掌握复杂的纺纱织布技术，也不懂成本核算、金融和市场。相反地，他把他的职责推给下属，依靠好运气来为工厂获得利润。在这样一个工厂，纺织部门的领导人通常是经理或股东的亲朋好友，他把这项工作看作榨取利润的来源，而把他的职责转而交给某个虽然技术熟练但缺乏科学训练的工头。结果是，机器缺乏保养，不能高效运转。工人没有经过精心选拔和培训，而且是在极其恶劣的合同制度下被雇用。产品质量低劣，而成本却一高再高。[②]

到 1934 年，天津的棉纺厂多数几近崩溃。[③] 与此同时，天津很快在日本建立"华北大棉业中心"的计划成为关键的环节。日本洋行开始通过收购那些被迫关闭的工厂扩张他们在天津棉纺织业中所占的份额。在租界东

---

① 对流动资金短缺的分析，见丁沽《中国工业的流动资本的问题》，《经济周刊》第 14 期，1933，以及方显廷《中国棉纺织业之危机》，《经济周刊》第 8 期，1933。关于裕元纱厂问题的具体统计，见方显廷《天津的棉纺厂和原棉供应》，《中国经济月刊》第 7 期，1924，第 2 页；《天津纱厂实业近况》，《纺织周刊》第 5 卷第 22 ~ 23 期，1935 年 6 月，第 562 ~ 563 页；王景杭、张泽生：《裕元纱厂兴衰史略》，《天津文史资料选辑》第 4 辑，1979，第 175 ~ 179 页；棉二：《厂史：1918 ~ 1949》（1958 年 9 月 15 日），手稿，天津工厂档案馆，棉纺织二厂，第 9 ~ 10、55 ~ 57 页。

② 方显廷：《中国棉纺织业及其贸易》卷 1，第 319 页。所提及的劳工合同制度实际是根据上海的而不是天津。关于管理问题的进一步讨论，参见杜文思《平津工业调查》，共济印书局，1934，第 23 ~ 24 页。关于恒源纱厂这种类型工厂的管理体系的记述，参见董权甫、刘慎之《曹锟家族与天津恒源纺织有限公司》，《文史资料选辑》第 44 辑，1963，第 97 ~ 99 页。

③ 关于这种危机的具体描述，见贺萧《天津工人阶级的形成，1900 ~ 1949》，第 174 ~ 175 页。

南旧的纱厂区，也有新的工厂正在建设中。到1937年初，只有三家棉纺厂还在中国人手中：大生、恒源和北洋。①

在天津被日本侵占的前三年，四个新的纺织厂建成了。到1938年末，在天津有462000支纱锭在运转，在18个月里增加了59%。② 在日本人占领前，天津没有工厂能够纺出比60支还要细的棉纱，而日本人安装的机器就能纺出更细的棉纱。织布能力从2500架增加到7800架织布机。由于华北战乱局势初步稳定，天津的棉纱和棉布市场都有所扩展。1938年，天津的四家纺织厂（公大六厂和公大七厂、裕丰以及恒源）棉布的主要销售地在河北，但是也在山东、山西、察哈尔、绥远、河南以及华中等地销售。1937～1940年，北洋纱厂的报告称，该时期是建厂以来最兴旺的时段。政府报告也乐观地预测说，到1946年纱锭将增加到680000支。③

当然，这些乐观的预测始终也没有实现。虽然发展期持续到1940年，但到了第二次世界大战后期，工业又陷入困境。随着天津周围共产党控制的解放区不断扩大，使得获取原料变得更加困难，可获得的棉花越来越多地被日本占领军政府所占有。④ 在日本侵华战争的最后几年，天津的中国和日本纺织厂都被迫熔毁部分设备为军队贡献钢铁。北洋纱厂"捐献"了纱锭总量的1/3以上，而大多数日本纺纱厂也遭到了同样的命运，裕大纱厂被改建成酒精厂。仅有两家天津的纺纱厂，即裕丰纱厂和上海纱厂，因

---

① 《日本在华北棉纺织工业的发展》，《远东调查》第5卷第17期，1936年8月，第185页；《天津逐渐成为新的棉纺织业中心》，《远东调查》第6卷第1期，1937年1月，第11页。关于裕元收购的具体过程，见《天津纱厂实业近况》，《纺织周刊》第5卷第22～23期，1935年6月，第561～563页；王景杭、张泽生：《裕元纱厂兴衰史略》，第178～179页。关于新建棉纺厂，见南满铁路株式会社《华北工厂实际状况的调查报告：天津》，第31～32页；罗克伍德Q. P. 秦（Rockwood Q. P. Chin）：《棉纺厂，日本在中国的经济先锋》，《远东调查》第6卷第23期，1937年11月，第263页。

② 这一百分比源自南满铁路株式会社的《华北工厂实际状况的调查报告：天津》，第26、30～33、36页所提供的数据。该项数据不同于上海市棉纺织工业同业公会筹备会编《中国棉纺统计史料》（上海，1950年）一书提供的数据。

③ 张绪玉（音译）：《我是一个纺纱业的工人——说几句对纺纱业的感想》，《华北劳动》第1卷第1期，1946年1月，第12页；南满铁路株式会社：《华北工厂实际状况的调查报告：天津》，第37、49、86页；吕露园：《北洋纱厂与朱梦苏》，《天津文史资料选辑》第6辑，1979，第132页。

④ 纪广智：《旧中国时期的天津工业概况》，《北国春秋》1960年第2期，第21页。

为他们与日本政府的关系而逃脱了熔毁法令。抗战胜利后，四家日本纺纱厂已经停止生产，而另外四家只能维持它们以前生产能力的一小部分。在中国人所有的纺纱厂中，北洋纱厂关闭，而恒源纱厂的生产能力下降。天津市纱锭总的拥有量在 1942 年上升到大约 506000 支，此后由于"献"铁而减少，到战争结束时减少到大约 407400 支，至 1945 年仅有大约 28000 支纱锭和 1000 台织机实际还在运作。①

日本投降以后，国民政府行政院立刻组成了中国纺织工业公司（China Textile Industries Corporation），以接管和经营属于日本人的工厂。1945 年 12 月，其分公司在天津成立。最终，该公司控制了七家棉纺厂和一些相关机构，只有恒源和北洋被归还给个人。② 这个时期，由于几乎全都是政府所有的工厂，棉纺厂避免了政府施加高压这种最糟糕的事情，他们的机器没有像许多私营工厂那样面临被南迁或当废品卖掉的危险。棉纺织业在城市的工业领域占据主导地位，这一点甚至比抗战前更明显。到 1947 年底，棉纺织品产量占到城市工业品总产量的 64%。③

然而，尽管有政府的保护，但工厂仍然面临严重的问题，首要的问题就是在战争后期所受到的损害。"在各工厂被接管时"，纺织工业公司 1946 年的年度报告谈到，"机器大多都严重失修，建筑被毁坏"。工厂一直受困

---

① 吕露园：《北洋纱厂与朱梦苏》，《天津文史资料选辑》第 6 辑，1979，第 200 页。天津市纺织工业局局史组编《旧中国时期的天津纺织工业》1960 年第 1 期，第 99 页。关于战争后期困境每个纱厂的记述，见天津纺织建设公司天津分公司编《天津中纺二周年》，1947，第 195～201 页。董权甫、刘慎之：《曹锟家族与天津恒源纺织有限公司》，《文史资料选辑》第 44 辑，1963，第 111 页。纱锭拥有量的估计数据，来自于李洛之、聂汤谷《天津的经济地位》，经济部冀热察绥区特派员办公处驻津办事分处，1948，第 252 页。该书显示在战争结束后受到国民政府的资助，1942 年的数据仅有日资工厂，而且各项数据都没有出处。尽管要做出准确陈述还不太可能，但是似乎可以肯定地说，纱锭拥有量一直迅速增加，直到太平洋战争爆发，此后因为设备熔毁而减少，尽管如此，占领时期天津的纱锭拥有量仍然出现新的增长。战争末期仍在运转的纱锭和织布机数量的估算仅仅包括日资工厂，因此实际的数据肯定更高。《1946 年中国棉纺业企业公司报告》，引自《中国通讯员月度报告》（1947 年 4 月），日内瓦，国际劳工组织档案馆，C13/2/75，第 3 页。

② 《1946 年中国棉纺业企业公司报告》，第 2、3、9 页。裕大纱厂和宝成纱厂变成某一个企业的一部分。

③ 多克·A. 巴内特（Barnett, A. Doak）：《共产党接管前的中国》（China on the Eve of Communist Takeover），普雷格出版社（Praeger），1963，第 56、57 页；高尔夫等：《解放前夕奄奄一息的天津工商业》，《天津文史资料选辑》第 5 辑，1979，第 158～176 页。

于缺乏备用零件，缺乏训练有素的工人，无法控制产品的质量。①

到 1948 年年中，由于解放区的扩大切断了河北棉花的运输通道，棉纺厂不得不大量使用进口原棉，达到大约 80%。频繁地停电也使工厂的生产受阻，一家工厂 1947 年停电总计竟然超过了 1617 小时。通货膨胀是另外一个普遍存在的问题。棉纺四厂（原上海棉纺厂）的总支出，包括工资、生产成本和厂务费，在 1927 年②从 1 月份的 9.92 亿元增加到 12 月份的170 亿。1948 年 8 月改用金圆券后，生产一件棉纱（181.44 千克）耗费超过了 900 金圆。而政府规定的限价为 707 金圆，工厂依靠销售他们的产品已经毫无利润可言，与 20 世纪 30 年代早期的情况如出一辙。③ 在这种情况下，棉纺厂商不得不像大多数天津百姓一样在黑市上做投机买卖。特别是布匹被当作流通货币的替代品，被许多天津市民用于购物、支付租金，甚至用于借贷。棉纺织品投机买卖的中心是哈尔滨路附近的胡同，那里每天有 5000～6000 匹布倒手。因为工厂 50% 的产品可以自由销售，所以人们经常会在哈尔滨路发现这些布匹的踪迹。④

纺织厂遭到的最后一次打击是政府消减了从美国进口原棉的城市供应量，从 1947 年的 668000 担减到 1948 年的不到一半。到 1948 年底，天津的纺织厂——这个城市长达 30 年引以为傲的工业部门，一周只能有三天开工。到天津解放时，在城市仓库中储存的棉花，仅够十天纺纱所需的原料。⑤

从棉纺厂最初建立到 1949 年这 30 年，有三类与华北政权关系密切的投资者掌控着天津的棉纺厂。无论哪一类投资者，他们对制造业的兴趣都

---

① 《1946 年中国棉纺业企业公司报告》，第 4、15 页；天津纺织建设公司天津分公司编《天津中纺二周年》，第 196 页。
② 此年代可能有误，似应为 1947 年。——译者注
③ A. 多克·巴内特：《共产党接管前的中国》，第 56 页。电力是由政府作为公用事业运营的冀北电力公司供应。棉四：《1946 年本厂简介和调查》，天津工厂档案馆，棉四；《1947 年本厂布告留底簿》，天津工厂档案馆，棉四。包敬弟：《新经济管制与纺织业》，《纺织建设》（1948 年），转引自《北国春秋》1960 年第 1 期，第 102 页。
④ 《北国春秋》1960 年第 1 期，第 103 页。
⑤ 《北国春秋》1960 年第 1 期，第 105 页。按照巴内特的说法（《共产党接管前的中国》，第 53～54 页），天津商界认为，对天津的这种不公平待遇是有意为之。因为每个地区的进口配额是国家制定的，他们断言，政府利用这一制度偏袒"政府官员在上海的商业利益"，并使政府在政治不稳定的北方投资的风险保持在最低程度。

很快从属于对政治生存的需求。棉纺厂就像天津所有的工厂一样，成为榨取利润、课征捐税、拆卸设备的剥削对象，并最终就像那些昙花一现的工业赞助者们，一个接一个地被抛弃。

三 结论

1949 年之前，贸易一直主导着天津的经济，而外国人主导着贸易，因为他们远比他们的中国同行能动用更大量的金融和政治资源。只有在外国人的经营活动减少的时候，比如一战期间，中国人才能获得自主发展的机会。

大致来说，外国人选择投资的是那些处于兴盛中的事业，而不会选择那些失败的行业。近代工业，除了 20 世纪 30 年代后期短暂的几年外，都属于后者。

与上海相比，天津在吸引外国工业投资方面的不成功，部分原因可以归结于天津开放为通商口岸较晚，但是其他的因素也很重要。来到华北的外国人主要对出口来自天津腹地的土产原料感兴趣。他们在天津购进的土产品价格非常低廉，而经过加工后就能获得高额利润。既然一间仓库安放一台打包机或摆上几张桌子分拣坚果就可以赚到大钱，外国人就很难再有动力去投资需要复杂设备的工厂。20 世纪以来天津腹地持续不断地政局动荡使这一有限的经济活动也备受阻碍而减缓下来。

此外，在 1929 年中国政府收回关税自主权之前，外国人进口工业品要比在天津本地生产在经济上更有利。他们也投资像开滦煤矿那样的采矿业，但是投资制造工业同样受到制约天津口岸发展的一些因素之影响，如基础设施不足和政治不稳定等的制约。

有人认为，在中国的其他地区，外国人对制造工业的控制阻碍了中国制造业的发展。在天津，直到 20 世纪 30 年代之前，很少有外国人投资工业，帝国主义的影响并不表现在天津的外国工厂和中国工厂之间的直接竞争。[①] 然而，天津有许多外国人，他们通过其他一些方式影响城市工业。

---

① 有关适用于中国的帝国主义各种定义的有说服力的论述，参见高家龙《中国的大企业：烟草工业中的中外竞争》，第 5～6、202～207 页。

义和团运动时期，列强的政治干预导致了天津最早的大型工厂被摧毁。受到有利的税收制度保护的进口产品，无疑会危及某些中国产品的市场。[①]只是在第一次世界大战期间，当本地市场暂时摆脱了外国进口产品的竞争时，天津的制造工业才得以浮现出来。

在工业产品进口和农牧业产品出口的贸易模式下，工业首先集中发展小型和劳力密集型的出口加工工业。当中国企业家在第一次世界大战后开始建造大型工厂时，他们要依靠来自外国的零件、机械，有时还有原料。市场的波动和价格的操纵足以使许多新生工厂倾覆。更有甚者，外国人所创建的金融体系完全有能力吸引中国人的资本——例如，军阀们在外国银行的大量储蓄——这可以被认为是外国人挪用了那些本来可以投资工业的资金。当然，导致外国银行可靠和工业投资有风险也都是缘于外国人。总而言之，外国人在天津对城市工业的影响是非常大的，但并不像中国其他地区由外国人控制工业生产那样直接。

各种中国投资者群体，包括官方的和私人的，也都投资工业，但是他们的努力大都是昙花一现。这些投资者中许多人所依赖的政治精英掌权时间都很短暂。所有中国投资者中，军阀是参与工业生产最多的。然而，他们在经济领域的投资和参与政治的行为方式，从根本上讲是相互矛盾的。他们勒索可以给工厂提供贷款的银行，向工业企业和消费者双方征税，并用战争扰乱了原料供给和产品销售的市场。20 世纪 20 年代，主要是由于他们所制造的麻烦，天津的腹地市场远逊于上海的长江下游市场。军阀充其量算是天津工业一个善变的资助者。

天津从来也没有培育出一个热衷于工业的、独立的中国资本家阶层。在袁世凯之后，北方的投资者对于工业化是一条"富强"之路，只是有一个懵懵懂懂的了解；他们更关心的是为他们的军队搞到军服和把搞到的钱放入他们自己的保险箱里。他们之所以被工业所吸引只是因为能分到高额的红利。除了投资，他们还管理工厂，常常会增加分红，和那些商业投资者竞争。

尽管如此，工业投资从未成功地竞争过政治精英们所熟悉的旧的投资

---

① 何诚若：《倪嗣冲在安徽和天津的投资》，《天津文史资料选辑》第 13 辑，1981，第 189 页；刘谷侯：《天津工商业的危机》，《社会月刊》第 1 卷第 1 期，1929 年 7 月，第 44 页；方显廷、陈振汉：《中国工业现有困难的分析》，《经济周刊》第 8 期，1933；吴瓯：《天津市火柴业调查报告》，天津社会局，1931，第 1 ~ 4 页。

渠道。政治动荡催生了一种短期投机性投资总能得到回报的环境；而制造业属于高风险行业。结果便是，工业缺乏固定资本和流动资金，在金融危机面前必然显得十分脆弱。投资不足是天津工业领域的顽症，被许多当代分析者引证为造成天津工业持续危机的最主要的非政治性因素。[①]

在整个通商口岸时代，天津被政治动荡所困扰，被一拨拨的政治势力所控制，经济发展时断时续。天津的内陆腹地在整个日本占领时期和内战时期始终是乱象纷呈，与城市只能保持脆弱的联系。20世纪40年代解放区的扩展，只是恶化了城市问题。城市经济的不稳定和分化折射出其统治阶层的不稳定和分化，反过来，统治阶级特定的行为方式，又对工人阶级的发展产生了重要的影响。

明确地讲，因为没有中国投资者群体对工业投资长期保持兴趣，所以他们也没有形成一套有经验的资本家所熟知的管理规范。天津的大型工厂，表面上看是机械化的和"现代"的，实际上却是在落后的生产技术和基于旧式社会关系的管理体系下运行的。这就影响到招聘体制、工作组织以及缺乏经验的资本家强迫工厂采用的同样缺乏经验的方法来训练工人们。

无论外国人还是中国人，他们对工业投资的兴趣都同样远低于对其他经济投资的兴趣。工业终归是天津经济和政治强势阶层一时的玩物。学者们对天津工人的研究一定不能仅限于少数几个机械化的工厂，以及反复无常和经常变换的工厂主，这项研究的对象必须包括从事出口加工的仓库和从河北乡下来到天津的许多由小企业主经营的手工作坊的工人，同时也不应该无视那些因搬运原料和制成品而来往于工厂之间的搬运工人。总之，这项研究应当探讨在危机重重、分崩离析的天津经济中形成的复杂职业结构，各种工作职业的多样性及其共性。

（作者：贺萧（Gail Hershatter），美国加利福尼亚大学圣克鲁斯校区历史系；翻译：任吉东，天津社会科学院历史研究所；校对：刘海岩，天津社会科学院历史研究所）

[①] 这种观点的一个例证可参见鲁荡平《发展天津工商业最低限度的工作》，《社会月刊》第1卷第5～6期，1929年12月，第1～4页。1929年，鲁谈到租界以外的天津有2148家工厂，总资产3140.6944万元，每家大约1万元。城市有2万家商店，总资产2223.0468万元，每家大约1000元。

"第三届中国世界城市史论坛
——城市化语境下的城市与乡村"会议综述

任云兰

2014 年 8 月 29～31 日，"第三届中国世界城市史论坛——城市化语境下的城市与乡村"在杭州召开，这次会议由杭州师范大学、中国社会科学院世界历史研究所、英国莱斯特大学城市史中心主办，杭州国际城市学研究中心、浙江省城市治理研究中心协办，杭州师范大学城市学研究所、《世界历史》编辑部承办。会议共收到论文 20 多篇，研究地域涉及中国、英国、美国、法国，与会者或从比较研究角度，或从宏观层面，或从微观层面，探讨世界各国的城市化问题。从中国城市到世界各国城市，从历史到现实，从城市政策到行政区划，从城市中心到郊区，从经济变迁到市镇盛衰，从河流治理、垃圾场改造到公园建设和环境变迁，从城市下层社区到慈善住宅医疗卫生，从城市知识分子到涉外团体中的华员群体，涉及方方面面，与会者条分缕析，进行了深入探讨。

在城市比较研究中，英国学者瑞贝卡·马德琴（Rebecca Madgin，英国格拉斯哥大学）的《超越边界的城市：比较的与跨国家的城市史和城市遗产的研究方法》认为，比较的与跨国家的城市史和城市遗产的研究方法，可以帮助我们理解城市居民想象、建构和组织他们居住城市的方式，这种超越个体城市的比较的和跨国的研究越来越多地为史学研究者所使用。他们用这种方法研究了世界各国城市在面临挑战时，采用了相同的办法和规律性的东西，比较了各国城市在文化遗产保护中所采取的方法的异同。马丁（杭州师范大学）《城市化进程中的中外行政区划比较》探讨了中、美、法、日等国家在城市化进程中的行政区划变迁与现状，就此提出为适应城市化进程，改革和调整中国农业社会遗留的不合理行政区划，进而优化行政区划的结构和功能，势在必行。

在关于城市化进程的研究中，英国学者托比·林肯（Toby Lincoln，英国莱斯特大学）提交的《20世纪无锡的城市化及其特征》，以太湖为例，探讨了城市化如何将自然环境与城市连接起来。作者认为，湖边的花园、寺庙甚至水域逐渐在外形上和在想象中被融入无锡城市自身，这一过程始于民国时期及1949年后无锡的快速扩张。鉴于区域灌溉的重要性，水资源的管理仍很关键，而且在抗日战争时期，太湖变成了土匪和游击队的避风港。然而基础设施的发展使太湖更紧密地与城区联系起来，这对无锡成为旅游城市和休闲度假胜地的身份认同至关重要。这一时期，规划者、官员和旅游者把无锡描绘得与太湖非常邻近，使无锡成为宜居之地。邵莹（杭州国际城市学研究中心）的《湖丝外贸与江南市镇的近代变迁——以南浔镇为中心的考察》对前近代、近代开埠以后湖丝外贸的全兴以及衰落过程进行了梳理，试图探寻湖丝外贸的兴衰对这一"江南巨镇"在近代发展的影响程度。陆伟芳（上海师范大学）提交的《人口 空间 交通：大伦敦的崛起》，从人口、空间、交通几个方面考察了19世纪大伦敦的崛起，首先作者通过人口规模、伦敦占全国人口比例、外来人口比例等方面，考察了大伦敦的形成。其次，作者将大伦敦的扩展划分为三个阶段，考察了19世纪头40年中产阶级向西向北扩展，19世纪40~70年代各阶级全面参与，向四周全方位扩展，和19世纪最后20年，伦敦空间上主要向东扩展的特征。最后，作者认为大伦敦的崛起，与伦敦公共交通革新息息相关。交通设施的变迁，从铁路到地铁的开发，使城市交通开始摈弃中世纪以来以马车为主体的城市交通理念，狭窄街巷逐渐变成宽阔马路，地面交通转变成地上地下空中相结合。以泰晤士河堤工程和下水道工程为代表的大规模城市基础设施，则为大伦敦崛起奠定了另一个重要基础。水晶宫（Crystal Palace）博览会则成为展示伦敦世界大都市辉煌形象的盛会。

在关于城市政策的研究中，台湾学者许文英（台湾高雄市立空中大学）的《殖民城市的发展桎梏与重生：美丽岛之城——台湾高雄经验》，以高雄市为例，说明其城市发展历程都难以摆脱日本政府"旧殖民时期"和台湾政府"新殖民时期"的国家主义式的发展桎梏，从而使得高雄在面对县市合并后的城乡和谐发展中，城市治理主政者多难以抵挡新资本主义发展的糖衣诱惑，忽略甚至掩盖城市发展基础的脆弱性，而难以在全球风险社会中为城市居民提供坚实的安全防护网保障。作者认为，以人权为依归的城市发展途径将成为使"城市人道化"的重要思维依托，以期调和全球化下的城市发展与国家发展之间的微妙冲突关系。孙群郎（浙江师范大学）的《美国马里兰州的精明增长政策及其评价》，探讨了美国马里兰州为应对大都市区的低密度蔓延导致的严重的经济、社会和生态后果，于1997年通过了美国历史上第一个以"精明增长"命名的增长管理法规，也是第一个以激励机制为主导的法规。作者认为，该法的实施虽然取得了一定的成效，但是由于其缺少强制性的管制机制，其效果也并非十分理想。石光宇（河南师范大学）的《全球城市成因分析——以纽约为个案研究》，初步探析了纽约这个全球城市产生的四个原因，既跨国公司、生产者服务业、信息化和移民。在全球化和产业分离的作用下，跨国公司和生产者服务业不断地集聚在纽约，跨国公司和生产者服务业的集聚，是纽约全球城市产生的主要原因。信息化便利了纽约与外界的联系，它是纽约全球城市实现辐射功能的中介媒体。移民为纽约全球城市提供了人力资源保障。信息化和移民是纽约全球城市形成的两个重要原因。与此同时，这四个原因相互作用，互相影响，共同促进作为全球城市纽约的经济发展。赵晓旭（杭州国际城市学研究中心）的《公租房、廉租房并轨运行模式的诱发机制与实施路径——基于杭州的实证研究》则认为，中国保障性住房因其具备多层次保障特色，惠及不同群体、不同收入阶层的住房困难家庭，各地在保障房建设中也不断进行着探索创新。作者采用杭州市公租房、廉租房并轨运行作为样本，指出公租房、廉租房分轨运行时适用对象衔接错位、交互性较差从而诱发两房并轨的机制，重点对公租房、廉租房并轨运行模式的立法政策、财政政策两大实施路径进行研究，就此对杭州市保障性住房运行模式做出风险分析和趋势预测。

关于城市治理也有几篇论文涉及，朱明（华东师范大学）的《20世纪初的巴黎城郊区域发展探析》认为，19世纪末至20世纪初是巴黎郊区发展的重要时期，其发展模式对法国和欧洲其他城市乃至其殖民城市都产生了极大的影响，并且推动了现代主义规划的形成和发展。这时期巴黎城市的发展受到工业化和外来移民增加的影响，主要表现在城郊景观的变化和社会住宅的建造。但是巴黎郊区在发展的过程中也与巴黎市区的差距日益扩大，导致巴黎郊区问题的出现，至今仍未能有效解决。王莉萍（杭州国际城市学研究中心）的《城市公共治理视野里的盲区——城乡结合部》则认为"城市之尾、农村之首"的身份使得城乡结合处成为城市治理的盲区，这既有政府管理规划的不作为，也有社区组织设置的不合理。同时，公众参与城市治理的意识薄弱，参与途径受限也造成了城乡结合部治理盲区的形成。王瑞庆（浙江省城市治理研究中心）的《依附于土地的农村集体经济向区域合作经济的转型——以杭州村级留用地为例》认为，随着"撤村建居""城中村改造""村改居"的实施，城中村的地理空间、社会结构、组织关系逐渐瓦解，城市社区形态逐渐建立。然而，在传统村落走向终结的同时，依附于土地的集体经济随着留用地制度的实施，转向了区域合作经济。原村民由村落成员转为区域合作经济的成员。这是实现农村城市化的一条平稳的路径，中国政府应该制定相应的法律进行规范和引导。

随着城市化进程的加快，城市环境问题日益突出，关于城市环境史与现实城市环境治理对策的研究也引起了与会者的广泛关注。任云兰（天津社会科学院）的《海河的整治与近代天津城市环境的重塑》认为，天津开埠以后，作为中国北方重要的港口，天津对外贸易繁荣，船只进出频繁，海河的蜿蜒曲折和淤塞对船舶运输造成诸多不便，19世纪末，在中外官民共同努力下，成立了海河工程局，专门管理海河疏浚和裁弯取直，后又有顺直水利委员会的加盟。以后历经6次裁弯取直工程和治淤工程，不仅缩短了从大沽口到天津市区的航程，增加了纳潮量，使航道加深、加宽，适应了船舶数量增加和船舶大型化发展的要求，而且重塑了天津的城市环境。郭巧华（杭州师范大学）的《从垃圾填埋场到城市公园的改造——以纽约弗莱士河为例》，则以纽约弗莱士河为例，通过对弗莱士生态历史的分析，得出垃圾填埋场景观再生有益的启示。作者认为，随着城市化进程的不断深入，越来越多的城市遭遇到"垃圾围城"的困境，原先位于远郊的垃圾填埋场已逼近城市边缘。垃圾填埋场作为处理城市固体垃圾的一种主要方式，对清洁城市环境起到了重要作用，也造成其自身生态系统结构和功能的严重退化，引起周边居民的严重抗议。在环保意识和环境正义等观念的影响下，诸多垃圾填埋场被关闭，并逐步向城市公园转化。蔡峻（杭州国际城市学研究中心）的《城市环境问题的传播困境与破解》则从中国现实问题出发，探讨了中国当前城市环境问题的传播困境与破解方法，他认为，当代中国，城市化高速推进，环境问题日益凸显，加强信息传播和沟通是化解危机的关键机制之一，但由于传播的连续性不强、专业性不深、互动性不够、透明度不足，信息传播效果尚未得到最佳发挥，要建构生态型媒介传播系统，建立"生态中心主义"理念，以信息公开为原则，拓宽报道主题，加深报道内容，提升传播者专业水平与协调政府主导和民众主体等方面，以破解当前困局。陶俊（杭州国际城市学研究中心）的《建国后杭州城市环境建设浅析》，对新中国成立后杭州城市环境建设进行了概览式分析，认为杭州在城市环境建设上注重生态环境效益、经济效益、社会效益的结合，初步走出了一条环境与经济双赢的道路。

城市慈善事业研究也引起了与会学者的极大兴趣。周东华（杭州师范大学）的《贫而乐：民国时期杭州的贫民住房问题》梳理了民国时期杭州市贫民新村的基本情况、居住者职业、管理条规等。作者认为，这种非制度化的贫民住宅救济制度虽然收容了一些无房贫民，但对于巨大的贫民人口而言，只能是杯水车薪。吕晓燕（江西师范大学）的《从富国强兵到教化穷人：18世纪伦敦慈善事业的历史嬗变》则将研究视角放在18世纪的伦敦，她认为，从18世纪早期到中后期，慈善活动经历了从侧重人口增值到强调道德教化的转变，这一转变同国内外形势、经济理论和主流价值观念的变化密切相关。作者考察了慈善变革与经济社会发展的动态关系，探讨了观念变迁如何推动组织革新和慈善活动的重心转移，探究了城市社会精英投身慈善，将缓解贫困问题与为国效力和解决时弊结合起来，为塑造理想国家与城市而努力。周真真（杭州师范大学）的《慈善视野下的英国模范住宅公司》也将研究视角置于英国，她认为，模范住宅公司在19世纪的英国社会中具有重要影响，它在缓解住房危机、改善工人的居住环境方面发挥了重要作用。然而，作为一种慈善性质的合股公司，它由投资者集资并分红，其主导者、管理方法，以及与政府的关系等方面都具有独特性，其发展体现了英国慈善事业的新变化。

人是构成城市社会的主要要素，因此对城市群体的研究也是学者关注的焦点。徐涛（上海社会科学院）的《万国商团中的华员群体研究》从起源、组织沿革、活动、结局等几个方面梳理了上海万国商团中的华员群体——中华队和翻译队，他认为，融入上海公共租界的华人商团，从成立起就与中国政治革命运动保有距离，而逐渐融入了公共租界，与公共租界当局化为一体，专心于地方利益的保护与秩序安全的维系，最终随着20世纪40年代公共租界的消亡而解散。万国商团及其华员群体，虽然对中国政治走势没有显著影响，而对上海而言，尤其是外国租界而言，的确具有莫大的历史意义，无疑是近代上海安全体系中至关重要的一环。胡悦晗（杭州师范大学）的《服饰、身体与现代性：以民国时期上海知识群体为例（1927～1937）》则将研究主体放在上海知识群体，他从服饰打扮、服饰品味与身体观三个层面考察了民国时期上海知识群体的身体经验与现代性特点。欧美派学人对服饰打扮具有主动选择能力，并发展出一套用闲暇时间与文化资本叠合而塑造出的服饰品味，主体意识较强。左翼知识群体、留日派学人等则未能建构出自身的服饰品味，在服饰打扮方面更多是社会仿效式的被动选择，主体意识较弱。现代医学的卫生与健康观念与民族国家话语，是构建上海知识群体身体观的核心理念。现代中国城市知识群体在思想观念与生活方式之间的不协调与不同步，既形成了知识分子个体无法回避的内在张力，也是理解半殖民地中国现代性呈现出的多歧性与复杂性的一扇窗户。

城区研究体现了城市史研究的细化和深化。张卫良（杭州师范大学）的《伦敦东区：一个城市的"另类世界"》中认为，伦敦东区是伦敦不可或缺的一部分。在19世纪末和20世纪初，伦敦东区的黑暗形象，无异于一个"另类世界"。事实上，伦敦东区自18世纪中期开始经历了一次重要的社会转型。航海产业和制造业的兴衰极大地影响了这个区域的社会生活，而土地属性、行政管理方式、城市基础设施、移民飞地和特殊服务行业等因素加剧了既有社会问题。伦敦东区存在的问题在其他地方也是普遍存在的，只是在与伦敦西区的比较中才显得特别严重。19世纪晚期的伦敦东区本质上是一个尚未完成城市化转型的郊区。

另外，也有学者关注城市的社会问题。沈汉（南京大学）的《工业革命后期英国城市的社会问题》讨论了英国工业革命后期城市的诸多社会问题，如手工工人数量减少、工资降低，工厂和矿山工人的劳动强度大、劳动时间长、劳动条件恶劣，城市人口贫困，失业人口众多，卫生和健康堪忧。作者认为，这些社会问题是社会政策需要关注的问题。

关于河流与城市的关系问题，在张丽（中国社会科学院）的《塞纳河在巴黎城市中功能的转变》中得以阐述，作者认为，19 世纪之前塞纳河是巴黎经济、交通和社会生活的中心。但是，到 19 世纪中期之后，塞纳河的功能发生了巨大的转变，仅为单一的交通要道，而促成河流转变的原因是多方面的。工业革命的冲击使得塞纳河面临诸多困境，转变势在必行。第二政府对城市和河流的规划与改造加速了这一转变。第三自然灾害及人为因素也是促进这一转变的原因之一。

城市的医疗卫生也是近年来学界比较关注的问题，吴玉娴（澳门大学）在《澳门医疗卫生与殖民》中独辟蹊径，将澳葡政府在澳门实施的西式医疗卫生与殖民统治联系起来考察，试图从医生在殖民社会扮演的角色、军队的医疗服务、公共卫生建设以及殖民政府如何预防流行病几个方面，探索医疗卫生这一具有高尚品德的事业是如何与殖民统治隐秘而紧密地联系在一起，并助力于澳葡政府推进其殖民统治的。

总体而言，本次会议的特点是：第一，中国史与世界史的融合。此次会议将中国史和世界史学者组织到一起，共同探讨大家感兴趣的问题，打破了学科的藩篱与界限，为中国史学者和世界史学者搭建了交流与对话的平台。第二，历史与现实的结合。此次会议参会的代表既有从事历史研究的专家学者，也有研究现实问题的实际工作者，大家互相学习，取长补短，弥补了不足，增进了了解，对历史研究者而言，接了地气，使今后的研究更加脚踏实地；对实际工作者而言，了解了历史的经验与国外的做法，提升了理论水平，使未来的工作更加明确。第三，讨论的问题涵盖面广泛，内容丰富，尤其是关于当前中国城市发展的困境，面临的现实问题，会议论文通过探寻历史源流，借鉴外国经验，寻求发展出路，解决困境，如城市化进程中的环境问题、住房问题、医疗卫生问题、城市慈善事业以及城市政策和城市治理问题，其中既有宏观的研究，也有微观的研究。

总之，这次城市史论坛是一次新的尝试，为未来史学与现实的结合以及跨学科的合作开创了一个良好的开端。

（作者：任云兰，天津社会科学院历史研究所）

中国城市史研究高端峰会研究综述

丁　芮

中国城市史研究会成立后于 2013 年 6 月 20～24 日在重庆西南大学召开了首届中国城市史年会。为进一步促进中国城市史研究及学科体系的构建，聚集城市史研究的力量，由浙江省社会科学重点研究基地浙江师范大学江南文化研究中心主办、中国城市史研究会协办的"中国城市史研究高端峰会"于 2014 年 9 月 26 日至 9 月 28 日举行。会议共收到参会论文 34 篇，近 50 位学者济济一堂，深入探讨了包括城市中的社会团体、城市发展的促动力、城市问题及治理、城市民众的社会生活等颇受关注的议题。

一　城市中的社会团体

城市的各种团体在城市社会中一直扮演着重要的角色，其不仅很大程度上弥补了政府力量的不足，且也极大地推动了城市各方面的发展。这次会议集中在此议题上的论文比较多。

高红霞（上海师范大学）的论文《移民城市的应对策略：近代上海同乡团体医院述略》对于关注比较少的同乡团体医疗卫生进行了研究。其依据相关档案资料，通过梳理近代同乡团体所设医院在上海城市的布局、医疗对象，比较了同乡医院与上海其他医院的收费标准，考察了同乡团体所办医院在上海医疗卫生体系中的地位与作用，从另一个角度探讨了同乡组织在近代上海城市管理中的角色。尤育号（温州大学）的《城市同乡组织与家乡的关系：温州旅沪同乡会个案考察》认为，温州旅沪同乡会在存续的 34 年间，通过各种方式维系与家乡之间持续不断地联系，并在此基础上构建了一张基于乡谊且颇有权势内涵的家乡网络，由此，同乡会得以在维护商民利益、慈善赈济和地方政治等方面，广泛而深入地介入家乡公共事务，在发挥助乡功能的同时，强化了旅居地和家乡社会之间的联结和双向互动。这种城乡间的双向互动，虽然不能从根本上消解家乡本土的"社会损蚀"，但在一定程度上起到了"乡土复员"的作用。

王敏（上海社会科学院）的《近代上海外国侨民的"上海情节"——以"上海问题"争论为中心》对于1927~1931年上海中外人士展开的一场关于谁对上海贡献大、谁是上海的主人、谁是上海的客人、未来的上海是中国的上海还是世界的上海等问题展开的辩论进行了研究。她通过考察认为，这场争论实际上是外侨的自由贸易理念、中国的反帝式民族主义和国际上的反殖民主义的交锋，对于华侨而言，这场争论是得理不得势。方秋梅（江汉大学）的《清末民初上海商界的市政参与及其示范效应——以上海救火联合会为中心》对于上海商界市政主体意识的觉醒进行了研究。她认为，上海救火联合会的市政参与，对上海市政建设与市政管理做出了贡献，并对江浙地区众多城市民间消防组织产生了明显的示范效应，这对江浙地区城市现代性滋长方面起到了积极的作用。

陈汉鸿（上海市历史博物馆）的《民间组织与地方自治——以晚清上海地区会馆公所为例》认为，清代上海会馆公所的兴起，其最初宗旨并不在于参与地方事务，而主要是为了处理内部事务、维护团体成员自身的利益，但随着社会情况的变化和新型社会管理制度的不健全，会馆公所通过其内部的管理，辐射到社会公共事务之中，进而参与到近代上海的发展进程中，成为晚清上海地方自治的重要组成部分。陈可畏（浙江师范大学）的《湘淮集团与十九世纪六十年代上海的崛起》认为，19世纪60年代有诸多因素影响上海的发展，但其中湘淮集团对于上海的有效控制无疑是重要因素之一，这一点以往研究分析较少。实际上，由于其控制，19世纪60年代上海成为中国对外交往中心及洋务运动的重镇，开始逐渐走向"上海的江南"的历程。

对于其他城市的社会团体，本次会议也有论及。李学智（天津师范大学）的《民间社团成长与城市的现代转型——以清末天津为对象的考察》认为，从19世纪中期以后，随着城市向现代转型，具有现代性的民间社会团体开始出现，并积极开展活动，政府推动社会变革，社会生活出现某些改良和进步，但清末天津的民间社团带有明显的过渡性特征，天津城市向现代转型的进程尚处于起步阶段。谯珊（四川大学）的《晚清城市团练研究——兼论地方政权结构的稳定和延续》，对史学界流行的晚清团练举办导致绅权扩大的观点提出了异议，她以重庆为例分析指出，晚清城市团练举办后，重庆的官绅权力结构并未发生根本变化，而是呈现出持续稳定的特点。晚清绅权始终受到国家的控制，并无扩张的可能，20 世纪初清政府废除保甲制，地方政权结构才因基层组织的取消发生大的变动。延续 200 年的官绅政治体系突然失去依托，致使地方秩序动荡，帝国政治体系率先在"地方"土崩瓦解，各地独立运动遂呈多米诺骨牌效应。清代国家崩溃与地方官绅政治体系失控同步，亦非绅权扩大所致。

二 城市的促动发展力

近代城市发展的动力来源于诸多因素，既要考虑到新出现的各种因素，也不能忽视传统历史的因素。历史上城市的发展亦是如此。陈雄（浙江师范大学）的《隋唐时期浙北地区经济发展及其城市扩张》认为，随着中国经济重心的持续南移，浙北地区的经济发展水平开始赶上中原地区，其中，人口的增长是推动这一时期该地区经济开发的强大动力，城市人口的增加和社会活动的多样化，促进了城市的扩张。黄敬斌（复旦大学）的《明清以来湖州城市经济与区域地为之重估——附论"湖州整个城，不及南浔半个镇"》认为，明清到近代的湖州城，一直是太湖平原上重要的丝织业生产和丝绸贸易中心，其工商业性格突出，经济职能突出。无论就地理、人口还是工商业规模来看，湖州城都较周边一些著名的工商业市镇更具优势，无疑具有区域经济中心的地位。"湖州整个城，不及南浔半个镇"这一谚语，仅指南浔帮的经济实力和影响力而言，不能延伸到城镇经济层级的比较上。

近代交通的出现极大促进了相关城市的发展，但也引起了一系列的城市问题。鲍成志（四川大学）的《近代江南水乡交通演变及其市镇兴衰》认为，江南水乡内河交通十分便利，近代以前，江南水乡的传统商品经济非常活跃，凭借着便利的内河交通与全国各地保持着密切的贸易往来，从而促成了一大批市镇的兴衰发展。但至近代，清王朝被迫对外开放，新型交通逐渐兴起，影响到江南市镇的发展，在推动许多市镇兴盛的同时，也导致了一些市镇的衰落。岳钦韬（上海师范大学）的论文《因江南而上海——区域铁路的路线布置与上海城市空间结构的演进（1867～1997）》从另一个角度考察了铁路以建筑工程的形式横亘在城市区域内在经济社会的转型过程中所扮演的角色。他认为，上海与别的城市相比，不同之处在于，上海城市周边的铁路路线形成于近代中西抗衡的特殊历史时期，很少出于经济发展的内生需求——区域层面的路线布置伴随着各方势力的博弈，因此城市层面的路线布置无法与主要分布在租界地区的港口、航道、新兴工业区取得充分联系。所以，近代上海铁路对城市空间结构的吸附作用并不充分，其并未能成为城市空间的发展轴，一定程度上反而造成了较大的负面影响。

在中国城市的发展历程中，经济和政治的因素一直起着重要的作用。姚培锋（绍兴文理学院）的《试论宋代绍兴城市经济与城市建设》认为，宋代绍兴城市经济有了明显发展，呈现经济商品化、形态多样化和城市市场发达等特点，这与宋代特别是南宋社会经济发展相适应，是自然经济向商品经济转型的必然反映。城市经济的发展，有力地推动了绍兴城市建设，促进了城市职能的转变，同时也对当地社会的思想意识、文化教育和社会生活等产生了一定的影响。董丛林（河北师范大学）的《清末直隶"双省会制"及其对天津、保定的影响》对于清末直隶独特的"双省会制"进行了论述，并着重考察了这种状况对于天津、保定两个城市变化格局和发展态势的影响，即对于形成津强保衰的局面有一定的促进作用，但作者认为，这种局面的形成也不能忽视别的因素。王明德（潍坊学院）的《试论明清时期运河城市社会结构的特点》的考察对象是运河城市，他认为，由于运河城市是一个开放的、复杂的、动态的系统，运河沿岸大规模的人口流动和聚居，带动了运河沿岸地区城乡之间的人口流动和社会各阶层之间的流动，使其社会结构呈现出开放性的特点。漕运和商贸活动则使运河城市的经济功能日益凸显，工商业者在城市社会结构中的地位也日趋重要。运河城市人口构成、职业构成成分的多样性和大量公开的或秘密的社会组织则又决定了其社会结构的复杂性。何一民（四川大学）的《中国军事城市的演变问题》认为，随着清代以后国家对内对外政治、军事和经济形势的变化，又因商而兴，军事城市发展为商城，这种城市功能的变化在清代具有典型意义，反映了城市发展的一种趋势，及城市经济功能的普遍增强。

城市中的外来人口对于城市的发展起着促进还是阻碍作用，这一直是城市史学者探讨的重要问题。熊月之（上海社会科学院）的《近代中国城市对于穷人的意义》认为，近代中国城乡二元对立的关系是缓慢发展的状态，近代的城乡能够自由流动有助于贫困人口推向城市，近代的城市成为吸纳农村贫困人口及救助难民的主要场所。但进入城市后，穷人对阶级关系的矛盾感受不同，使得革命动员运用阶级的理论动员穷人更有用。城市化不仅是城市的问题，城市贫民问题更是整个社会的问题。近代城市对于穷人不能只从压迫榨取等方面来看，换个角度看对于穷人也有积极的一面。罗翠芳（江汉大学）的《城市化进程中外来人口对汉口发展贡献研究——以 20 世纪前半期为中心的考察》认为，20 世纪前期汉口的辉煌主要是外地人造就的。从清末开始，外省人就引领着武汉的近代民族工业，民国时期汉口当地本省人逐渐脱颖而出，但外来农民仍是汉口劳工的主体，是城市建设与发展的基石，这塑造了汉口的城市特色。

三　城市问题及治理

随着城市的不断发展，各种城市问题也日益凸显，伴随着的就是对各种城市问题的治理，这种状况自古有之。李永（福建师范大学）的《中国古代城市违章建筑探略》通过实证研究认为，中国古代城市违章建筑给古代城市社会带来了诸多不利影响，为适应城市变革的发展趋势，从五代开始，统治者调整相应城市管理思想与管理策略，一方面主动扩大城市居民对城市空间的利用面积，提高空间利用率；另一方面逐渐放松对城市违章建筑的限定。违章建筑的背后既有官、民对城市空间资源的争夺博弈，又有制度建设与社会变迁的冲突磨合。梁建国（中国社会科学院历史研究所）的《人口、空间与功能：城市化视野下的北宋东京城市形态》认为，东京内城人口高度密集，随之带来一系列的城市问题，为了解决这些问题，其中一项举措是拓展城市空间用地，取得了一定的成效，但外城面积的拓展并未真正疏解内城的空间压力，因为城市的核心功能依然集中于内城。北宋政府充分优化都市空间，有效地缓解了人口与空间的矛盾，这种内聚式的发展模式有其合理性与优越性。

城市应对灾害和救助与农村不同，张剑光（上海师范大学）的《唐五代江南的城市灾害与社会应对措施》选取水灾（包括海洋灾害）、疫病和火灾三种灾害进行研究，勾勒出江南城市遭受灾害侵袭的大致情况，并对人们克服战胜这些灾害所做的努力有所认识，从而看出江南城市发展过程中的曲折和艰难，有助于从一个侧面对江南城市的发展做深入了解。陈国灿（浙江师范大学）的《宋代城市官方救助的类型与特点》考察和分析了宋代的城市官方救助类型和特点，认为在南宋城市的社会救助体系的形成，是在官方的倡导、推动和主导下实现的，官方的救助相对比较完善，且占主导地位。

李沛霖（南京邮电大学）的《试论抗战时期南京城市财政与公共交通之关联》从公共交通的税捐制度入手来研究城市财政与公用交通的关联，他认为，公共交通不仅为城市规模化建设提供必要资金，且亦是城市化进程的推动力。徐建平（河北师范大学）的《20世纪30年代北平市禁烟禁毒问题研究——以〈北平市政公报〉为中心》对北平政府1934～1937年禁烟禁毒方面的政策进行考察，通过对这一时期北平市禁烟禁毒具体活动的分析，探究了其失败的原因。张利民（天津社会科学院）的《近代中国政府对城市经济管理的初探——以城市捐税为例》认为，近代以来，中央和地方政府加强了对城市经济活动的管理，一些城市开始设立经济管理机构、制定相应的法规条例和征收捐税，并随着地方自治的推广和城市行政管理机制的初成，城市经济管理开始趋于制度化和规范化。

四　城市民众的社会生活

城市社会生活一直是城市史研究者关注的重点，本次会议有不少论文从不同的角度丰富了这方面的研究。姚建根（浙江师范大学）的《元代江浙城市饮食生活简论——以士人阶层为视角》以元代活动在江浙城市的士人饮食生活为主题，通过一个特定的阶层来描述元代江浙社会生活的一面，论述了士人阶层的生存实态，展现该社会阶层的特征或个体的性格，有助于更客观地理解元朝对江南统治的实际情况。丁芮（天津社会科学院）的《北洋政府时期警察对北京城市饮食卫生的管理》认为民国成立后，京师警察厅成为北京负责公共卫生管理主要的官方机构，在整个北洋政府时期，其比较系统地对饮食行业进行了规范和指导，提高了民众对饮食卫生的认识，促进了城市公共卫生的发展。

近年来，城市史学者越来越关注城市下层民众的生活状态。张献忠（天津社会科学院）的《晚明城市底层文人的生存状态——以南京王世茂车书楼为中心的考察》通过考察与车书楼有联系的 40 余名作者、校者和刊刻者，借鉴新文化史的研究范式，对车书楼及其所编纂、校注和刊刻的图书考察，并探究商业出版环境下晚明城市底层文人的生活方式、价值观念和精神诉求以及人际交往的情况，从而揭示其生存状态和晚明底层文人谋生方式的多元化。谢一彪（绍兴文理学院）的论文《论城市贱民——宋代以来江浙地区堕民的起源》对于学界很少关注的堕民的来源进行了详细的考察，其从地方史志、文人笔记、堕民传说以及家谱记载等多方入手，认为堕民最初应是南宋时被贬的叛官降卒，元明改朝换代之际，战败者陆续被贬入这一贱民群体，一些罪臣和家奴也沦为堕民。

范瑛（四川大学）的《空间·景观·记忆：成都少城公园与保路运动的历史记忆》围绕"辛亥秋保路死事纪念碑"在少城公园的修建，追溯了城市公共记忆空间的塑造过程，讨论了关于四川保路运动及辛亥革命的记忆具体化和可视化的物理过程和心理文化过程，重点分析了民国时期官方与民间各种势力的政治实践对少城公园这一公共记忆空间的重塑，揭示了政权更迭背景下，围绕公共空间的控制和使用展开的复杂的权力争夺和社会关系。戴鞍钢（复旦大学）的《近代江南工矿业述论》考察了主要分布于沪宁铁路沿线和近海的浙东地区近代工矿业的发生、发展之历史进程、资金技术来源、地理空间分布及其与相关城市的互动关系。苏智良（上海师范大学）的《上海历史人文地图的构想与实践》认为，每一座城市都有其自身独特的进化路径，在目前多学科可协同参与的条件下，利用地理空间数据和 GIS 技术，采取新的技术手段批量化、系统化文本和数字，对空间进行精确定位已成为可能，这就要求历史学等人文学科研究者在数字化理念下对多源的历史资料进行大量的收集、考证和梳理，创建一种新型的数据化的历史和文化研究模式。

结　语

　　城市史研究作为新兴的史学分支学科，具有强烈的现实关照感，近年尤其显示出其强劲的发展势头。作为城市史研究会首届中国城市史年会后的第一次小规模高规格论坛会议，吸引了各地不同年龄层次的研究者前来参加。综观本次会议，有四个方面的特点：（1）史料扎实，言之有据；（2）宏观视野与个案研究相结合；（3）积极吸收国外相关先进理论；（4）选取的研究对象具有典型性和启发性。

　　同时，通过这次会议讨论，笔者认为有几个方面的问题应提出来引起大家的思考：（1）怎样进一步构建中国城市史理论框架与方法理论体系；（2）如何进一步加强中国古代城市史的研究，尤其是明清以来城市史的研究；（3）如何突破城市史研究的时代条框的限制；（4）如何加强城市史研究中的比较研究；（5）如何强化与海外城市史研究者的联系和沟通，学习最先进的研究理念和方法。

　　总之，本次高端峰会是继城市史首届年会之后的第二次会议，虽然规模不大，但讨论很深入，更重要的是通过这次会议巩固了城市史研究的学术沟通平台，给城市史研究者提供了一个良好的交流机会，有利于"城市史研究群落"的形成，使城市史研究形成合力，在取长补短、资源共享层面获得进一步的发展，在思想的碰撞与交锋中促进城市史学的拓展与深化。

　　　　　　　　　　　　　　　　　（作者：丁芮，天津社会科学院历史研究所）

深入日常生活研究　推动学术共同体形成
——"中国史上的日常生活与民生问题"会议述评

王　静

2014 年 11 月 22～23 日，由南开大学中国社会史研究中心主办的"中国史上的日常生活与民生问题"学术研讨会在天津召开，与会学者分别就信仰生活与地域社会、城市社会与生活、饮食、生计、经济与民生、教育文献等专题深入探讨了历史上的日常生活与民生问题。

一　"民"从"生"来：常态生活中的民生关怀

近年来，以"日常生活"为切入点去发现世俗理性，进而探索中国社会文化发展①逐渐成为学界热点之一，其中民生问题亦是学者的主要关注点。具体而言，民生指的是民众的生活层面，内容包括具体生存方式、生活状态以及基本的发展。日常生活与民生的关系正如常建华所强调的，"民生问题在很大程度上产生于日常生活的变化，民生问题的解决又会维系或改变日常生活。将日常生活与民生问题联系起来探讨，有助于加强对二者的深入理解"。因此，日常生活成为发现民生、解决民生问题的重要途径之一。因此，从生活层面来探讨日常生活与民生的关系是日常生活史研究的一个重要思路。比如常建华认为，探讨清代江西的土地买卖应从民众生活常态的财产关系着手，并指出江西主佃关系日常性与复杂化、土地典当与赎回中的人际关系以及借贷助人与利益的困扰就是民生。陈宝良则

---

① 刘志琴：《社会文化史的视野》，周积明、宋德金主编《中国社会史论》，湖北教育出版社，2000，第 104 页。

详尽地描述了明代宦官、士人、庶民、军人、贱民的收入，以及物价波动和消费支出，探讨了明代各个阶层人们生活质量的不同以及个中原因，进而阐释了明代人的生活观和幸福感。

大体上，与会学者主要围绕着不同社会群体的生活状态、治生方式以及群体间的相互关系，从生活层面深入研究了社会群体的出路与地方社会的关系、心态以及信仰等。其中，最大的亮点就是学者们侧重于从群体生存观念的世俗化，从"私人叙事"而非"宏大叙事"，从"亲历者"的身份去记述、描述、评述历史事件。首先，涉及群体出路问题的讨论，比如赵树国根据《醒世姻缘传》和《聊斋志异》构建了明清时期的鲁中士人如何游走于农耕之"本"业与经商放贷之"末"业间。冯玉荣《儒道医风：明清医者画像中的理想形象》指出明清时期医者向儒道转变不仅是医学才能的展示，而且也是医者生活方式的转变，但恰恰是因为医者儒化导致了医者职业化很难获得专业化地位。此外，土屋悠子重点研究了医生科举应试的出路问题。

其次，社会群体的发展离不开群体与地方社会的互动，与地方社会结合起来研究，才能使生活史研究充满立体感，且落到实处。王善军从契丹降人的物质生活、精神生活以及家庭生活考察了南宋契丹降人融入宋代社会的过程，折射出北方民族南迁后日常生活的演化及族际认同。罗艳春的《兄弟联居：万载周家大屋的传说与历史》通过对周家大屋历史的梳理，揭示了建筑不仅反映了明清时期宗族的发展演变，而且也反映了地域社会的历史进程。田宓《清代归化城土默特地区的草厂纠纷与蒙汉关系》突出了归化城土默特社会变迁的复杂性。另外，魏文享描述了近代会计师公会为争取职业空间，就会计师上庭服饰、法庭地位与政府、法院交涉，有效提升了会计师的专业和社会地位。梁敬明则对当代胡宅村从村庄向社区转变进行了探讨，指出胡宅人向"新胡宅人"的转变是持续艰难的过程。

再次，有关士人观念和心态的研究，与会学者借助丰富的日用类书籍资料有了进一步的发现。学者们借助大量的文书、家训、住宅、家庭、收支以及修身等记载日常生活细节的文本进行重新解读，从而描绘出士人观念的变化。其中有冯贤亮对顾鼎臣真实心态与家国情怀的窥探；郭玉峰对曾国藩家人在择医、诊疗以及医患协商中医疗态度的展现；朱林芳对魏晋时期家族对其成员日常教育的图景以及在教育过程中以家训为主体的士族家风的勾勒；阿风对明代休宁珰溪金氏撰写族谱的研究；王日根则从晋商《交易须知》中发现了经商者在交易活动中的各种生活细节以及应对日常生活的本领等。

最后，民间信仰作为研究传统农业社会的重要内容，长期以来备受学者关注。本次大会，学者们另辟蹊径，从社会与聚落、村落的角度，将乡村民间信仰与日常生活联系，进而透视信仰中的民生问题。张小坡《祭祀首重社祭：明清徽州社祭祀习俗初探》一文指出祭祀是传统徽州民众重要的日常生活活动，一方面祭祀仪式等内容对乡土习俗的形成、民众行为的养成发挥着重要作用；另一方面也强化了该地区的宗族观念和认同，部分实现了宗族整合。蔡勤禹的《海神信仰禳灾功能述论》在揭示沿海地区人民海神信仰活动的基础上，强调了海神信仰对沿海地区发展的作用。周尚兵的《"搜扬好人"与北齐山东乡村的"乡论"》指出了随着各类佛教信仰和山东民间信仰的传播，相应的佛教思想内化所形成的思维方式、外化所形成的行为方式重组了民众的价值取向与日常活动。

二　多视野下的日常生活史研究

日常生活关注的是人们的日常行为，其中既包括衣食住行消费等"生活性消费"内容，也涉及日常行为牵涉的所有制关系、财产继承、人口变化、家庭关系、亲族组织、城市制度、工人运动、法律争讼等。①如何在庞杂的生活中发现历史，发现日常生活背后的逻辑与意义，突破以往传统的史学研究范式，跨学科研究是一个趋势，这一特点也是本次会议的亮点之一。

社会性别史研究开始与婚姻家庭、消费领域以及社会交往下的日常生活史相结合。耿超、于素敏在深入考察了明故孺人李氏墓志铭的基础上，不仅梳理了李氏作为孝媳、贤妻、慈母的完整生命历程，有助于了解明代女性的日常生活，而且也为研究士大夫阶层的婚姻关系、出仕、交往等提供了素材。李志生的《"立塔写经"与"内外之际"：唐代妇女的佛教功德活动》和李晓敏的《隋唐世俗家庭与佛教生活》，二者均探讨了家庭成员的崇佛活动，不同的是，前者更加侧重于从性别意义上展现唐代妇女假

---

① 刘新成：《日常生活史：一个新的研究领域》，《光明日报》2006 年 2 月 14 日。

借男性之手进行门户之外佛教的功德活动；而后者则突出了隋唐时期家庭成员，包括女性成员在佛事造像活动中的角色和作用。

从城市生活史的角度来探索民生关注的城市发展和法律争诉也是学者们的一个关注点。王健通过英文《文汇报》中的《素描》与《概述》，从社会民众、建筑方面探讨了19世纪80年代西方人眼中的上海城市社会情形，同时勾勒出西方人中国观的变化。同样是对具体城市的研究，王静则以天津《大公报》"法律解答"为例，探讨了20世纪30年代律师和民众通过报纸法律咨询栏目来解决日常法律问题的行为，并在此基础上考察了近代国家对民众日常生活的控制和管理。王洪兵则围绕士子、官绅与国家的互动，指出了京师育婴堂从绅士化、国家制度化到官督绅办的演化过程，以及清代京师慈善机构的发展。透过城市生活现象，特别是关注城市的"生活性消费"问题来深入分析城市社会，这是学者们积极探索的方向之一。许哲娜在新旧抗争、中西冲突不断凸显的背景下对天津民俗饮食文化进行了剖析，认为节日饮食是国人借以感知、反思和批判包括城乡、阶层、性别等诸多差异的重要媒介。王凤展、余新忠指出随着近代人们对牛奶饮用的认知以及近代身体国家化的趋向，工业化生产的牛奶作为卫生而有营养的食品，成为解除人们身体焦虑，增强体质、强国保种的神器，牛奶也由此成为中国近代化的一种标志物。李惠民则梳理了近代石家庄城市居民日常饮食消费情况，发现城市居民不仅在饮食品种上日渐多源丰富，而且就餐便捷化程度也有所提高。此外，在对城市居民生活的问题研究上，胡悦晗尝试将"空间"的观念带入社会群体的社会分层研究领域，力图从民国时期上海知识群体的居住空间、生活感受、迁居等活动中发现社会分层的根源。陶良成则借助营养学的知识拓展了对生活质量、生活水平等问题的研究。

史料的意义在于"解释"，日常生活史学者亦开始关注从他者角度解释日常生活史面临的史料凌乱问题，站在历史当事人的位置上去理解史料，发现历史。张佩国在《"业"与"报"——明清祁门县善和里的公产与福利实践》一文中提出当下学界对明清祁门县善和里的研究仍主要着眼于宗族和地方会社两个独立领域，要打破这种局限性，需要走进"他者历史"，解读史料中的民俗语汇，展现历史当事人的在场解释。因此，他通过对善和里史料的文本解读，探讨了善和里乡人是如何围绕"业"与

"报"展开他们的民间福利实践的。

三　促进日常生活史研究学术共同体的形成

"中国史上的日常生活与民生问题"会议尽管只有短短两天的时间，但对于有志于日常生活史研究的学者们而言，此次大会见证了日常生活史研究共同体的形成。

此次大会吸引了一批具有相同或相近价值理念、史学研究兴趣以及专业技能的学者。学者们在研究中更加关注特定时空中具体的个人，更加关注个体生活的全面呈现；在研究方法和理念上，意图通过对个人生活的呈现，透视一个国家或地区的时代风貌和特性。学者们不断深入地反思日常生活史的发展，有的学者从史料上力求有所突破，夏炎利用"中古史实重建"的研究范式，突破了史料相对有限的中古时代的既有研究，重建了魏晋南北朝地方官灾后救济相对完整的历史形象，弥补了当前中古灾害史研究的缺失。有的学者从理论意义上对城市日常生活史的研究提出了独到见解，项义华认为从社会史的角度探讨民生与日常生活之间的关系，应注意既不能撇开民众生计问题来谈日常生活，也不能将日常生活局限在民生问题的范围，以至于抹杀了其他方面的丰富内涵。同时，他还指出日常生活研究属于社会生活史范畴，民生研究大体属于社会经济史方向，两者的结合可从"日常生活的结构"入手研究。万晋则阐述了日常生活可以作为检验城市史模式与定论的切入点，为重构活生生的古代城市注入活力。在具体研究上，学者突破了空间的限制，研究视角已从传统的江南地区扩展到北方乡村和城市，且有不断加强之势；日常生活史研究更强调与地方社会相结合，史学研究不仅注重传统乡村社会的研究，而且加大了近代城市社会研究；研究时段在加强晚明或明清之际研究的基础上，学界也出现了对隋唐、晚清乃至近代的研究，拓展了日常生活史的研究范围。

总之，在此次会议搭建的良好平台上，与会学者在问题意识、资料反思和学术追求上都形成了一种共识：建立更趋于整体性意义的中国日常生活史图景。

（作者：王静，天津社会科学院历史研究所）

"明清以来华北区域市场的演变"
工作会议暨座谈会综述

熊亚平　刘凤华

2014 年 9 月 13 ~ 14 日，由天津社会科学院历史研究所主办的"明清以来华北区域市场的演变"工作会议暨座谈会在天津召开。作为 2015 年在日本京都召开的第 15 届世界经济史年会的预备会，本次会议旨在对参加年会分组会成员的报告进行前期讨论，并进一步发掘国内从事华北区域经济史研究的青年学者。日本上智大学名誉教授顾琳、信州大学教授久保亨、东京大学副教授吉泽诚一郎、驹泽大学副教授浅田进史等日本学者应邀与会，国内复旦大学、河北大学、山西财经大学、郑州大学、河南行政学院、北京社会科学院、山东社会科学院、河北社会科学院、南开大学、天津师范大学等高校和科研机构的 30 余位中青年学者出席会议。其间，与会学者围绕华北的概念与区域市场、城镇的演变和华北区域史专题研究两大主题展开了热烈的讨论。

一　华北的概念与区域市场、城镇的演变

"华北的概念与区域市场、城镇的演变"是将要参加世界经济史年会分组会的学者共同关注的议题，因而成为本次会议的主题之一。

华北的概念及其空间范围，是开展华北区域史研究首先要面对和解决的重要问题之一。对此，国内学者张利民等已有专文论述。在此次会议上，日本学者又分别从新的角度对华北的概念进行了阐释，一位学者从华北概念的形成与日本这一角度，通过检索、统计和分析日本国会图书馆日文图书书名中含有"北支""北支那""北清""华北"等词的图书册数，

指出 19 世纪末至 20 世纪初日文文献中的华北区域概念限于以天津为中心的河北省、山东省的环渤海湾地区，而经济因素则是日本人的华北概念形成的基础。另一位学者试图摆脱"华北"一词的限制，转而通过探讨明清以来"西北"概念的变迁，来从另一个角度关照"华北"的概念。还有的学者利用德文的历史资料，从青岛至山东其他地区和华北等地的经济与政治需求等角度探讨华北概念的形成与演变。

"明清以来华北区域市场和城镇的演变"作为本次会议的主题，理所当然地成为与会学者讨论的中心议题之一。有学者以自己数十年来的学术积累和研究心得为基础，利用商人会馆碑刻和档案资料，提出明清时期城镇大量增加，一部分城市由行政中心为主转向商业功能为主，另有一部分地区性商业中心城市崛起，由此形成了一个以经济功能（市场功能）为主的层级体系。有学者试图从华北城镇市场的税收看政府行为的演变，认为近代以来政府对城市、城镇、集市的管理在逐渐强化，包括征收专门针对城市的捐税、加强治安、城市建设等方面，牙行仍然是政府管理的重要手段之一，但是由于城镇和集镇所在地区的环境、经济、治安等因素的影响，政府税收在城镇各级层次执行时存在差异，这也是清末至民国时期实行分税制的重要原因。有学者以 1736～1937 年的河北省为例，将铁路开通视为影响河北省农村市场体系过渡的重要因素之一，以 1881 年、1911 年、1937 年为时间节点，通过统计各时段河北省各县市镇和集市数量，以图标形式展示了集市与市镇比例关系的变化及其空间分布，分析了铁路在华北农村市场体系过渡中的作用，并就与此相关的一些问题发表了自己的见解。有学者以一个经营粮食为主要业务的商号为例，通过对收集到的能够反映出这个商号与其他商号业务往来的 200 多封信件寄出时间、寄出地点、发往地点、到达时间等的统计分析，从信息传递与市场网络的角度，初步勾勒出了以此商号为中心的市场网络。有学者以收集到的 1903 年、1919 年、1933 年、1935 年发行的《邮政舆图》为基础，运用 GIS 手段，将不同等级的邮局及其邮路的分布情形清楚地展示在地图上，并初步分析了邮局等级与市场层级，邮路与商路之间的关系。也有学者结合自己多年的研究心得，探讨了牙商在华北区域市场中的重要作用，进而总结近代商业群体变迁的某种基本趋势。

值得关注的是，虽然以上学者所涉及的都是华北区域史研究中的"老问题"，但却能够从新的角度进行研究，或者借助其他学科的方法探讨历史问题，尤其是部分年轻学者能够借助经济学、地理学等多学科的研究方法，以量化分析为基础，通过图文并茂的形式，多维度地展示了华北区域市场的演变过程，给人以耳目一新之感。

二　华北区域史专题研究

如前所述，本次会议的主旨之一，在于进一步发掘国内从事华北区域史研究的青年学者。因此会议特意安排多位中青年学者报告关注的研究领域、研究心得和研究设想。

除涉及"华北区域市场和城镇的演变"这一主题的青年学者外，其他学者分别就华北的港口与腹地、商业城镇和集镇发展、乡村工业、"不在地主"，以及运河沿线的聚落与人群等问题，报告了自己的研究心得。有学者在长期研究山东近代商品市场和日资投资的基础上，就近代以后兴起的货栈业在商品流通的作用提出有创见的观点，并阐述了今后利用商人契约和习惯法开展研究的计划。有学者以关于天津与北方经济的现代化为例，报告了自己关于开展华北港口与腹地研究的经验和未来的设想。有学者以自己发表的关于明清时期商业城镇研究的多项论著为基础，回顾了自己的研究路径，总结了关于利用碑刻资料等开展相关研究的心得。有学者结合自己在河南省清化镇收集碑刻资料的经历，结合其与导师合作发表的论文，重现了清化镇在明清时期的商业状况，展示了碑刻资料在经济史，尤其是明清时期商业城镇研究中的独特作用。有学者以清代的河南省集镇为研究对象，通过对集镇"距县里程"等的统计分析，总结了这一时期河南集镇的发展规律，一方面认为清代河南省集镇整体上在康熙末年恢复生气，先后经历了乾隆、道光、光绪年间的三个高峰期和嘉庆、咸丰同治年间的两个低谷期，各区域在集镇数量的增长率、递增率、平均占有率诸方面均存在差异；另一方面，清代河南集镇的距县里程分布呈抛物线状态，横向上各区域中集镇的抛物线走向趋势存在差异，纵向上清末河南集镇的抛物线趋势更加明显，这主要是因为距县里程的中部区间上集镇数量的增加且分布更平均。有学者从铁路与城市发展关系的角度，深入探讨了中原地区的中心城市郑州在铁路通车以后百余年的发展里程，从郑州发展历史、现状和未来定位三个方面，全面地展示了以铁路为代表的现代交通对郑州城市工商业发展和城市空间结构的持续性影响，对于如何打通历史研究与现实之间的隔阂以及从较长时段研究的角度开展单体城市研究等，不无启发意义。有学者发挥自己曾在国外访学，熟悉国外相关研究及其理论观点的优势，结合国内外学者关于华北乡村工业的研究，阐述了自己的基本认识和研究设想。有学者结合自己的研究实践，综合利用中文资料和日文资料，较全面地分析了"不在地主"一词的含义，辨析了"不在地主"与"城居地主"的区别，阐明了"不在地主"在20世纪前期华北乡村社会变迁中所扮演的重要角色，同时介绍了国内满铁资料的收藏情况及其在华北区域史研究中的重要价值。有学者运用历史人类学的理论方法以《运河·聚落·人群：明清时期天津及其周边的地域历史考察》为题，将自己近年来对位于天津周边的杨柳青、霍元甲故居、天后宫等的考察心得串联起来，以考察所得图像为主要资料，通过对与霍元甲和天后宫相关史料和故事的初步梳理，从一个侧面展现了运河、聚落、人群之间的关系，展示了历史人类学对于历史研究，特别是区域史研究的独特意义。

这次讨论会不仅有明清时期华北市场和城镇的研究，而且进一步了解了河南和山西等省的新的研究状况与成果，使得华北区域经济史的研究范围得到拓展。而且，中青年与会者在研究视野、理论方法、资料运用等方面有诸多亮点。如经济学理论和历史人类学方法的引入，满铁调查资料、碑刻资料、口述资料的发掘利用等，都预示着华北区域史研究的光明前景。

三　总结

与以往学术会议不同，本次会议主要是以座谈的形式进行的，老、中、青三代学者关于自己治学心得、经验和设想的交流，使与会者受益匪浅。老一代学者扎实的史料功底，严谨的治学态度，使青年学者深受教益。年轻学者广阔的研究视野、多学科交叉的研究方法和多维的表达手段，也使老一代学者颇受启发。学者们在学术观点、治学经验、研究设想上的交流与碰撞，构成了本次会议的最显著特征。

本次会议的最重要成果，应在于发现了一批富有朝气、年轻有为的从事华北区域史的中青年学者。他们所展示出的良好的学术素养，预示着华北区域史的研究后继有人，大有可为。

（作者：熊亚平，天津社会科学院历史研究所；刘凤华，天津社会科学院历史研究所）

群贤齐聚，共话北洋

——"第一届北洋时期中国社会学术研讨会"综述

张献忠

由于受"左"的意识形态的影响，很长一段时期以来，北洋史都是中国近代史研究的冷门，而且既有的研究大都不同程度地存在偏见和教条化的倾向。近年来，这种状况逐渐有所改变，不仅相关的论著不断涌现，而且大都摒弃了"左"的意识形态的束缚。但是，与其他时段相比，北洋史的研究仍然亟待进一步深入，研究队伍也基本上处于散兵游勇的状态，至今尚无一个以"北洋"为旗帜的学术共同体。正是在这种情况下，2014年12月20～21日，南开大学历史学院、中国社会科学院近代史研究所《近代史研究》编辑部、天津市社会科学界联合会、天津社会科学院历史研究所在天津共同举办了"第一届北洋时期中国社会学术研讨会"。

来自全国高校和科研机构的50余位学者参加了此次研讨会，研讨会共分六个小组，围绕北洋时期的政治、经济、外交、思想文化、社会、日常生活等问题展开了热烈讨论。

一　宏观视野下的北洋史研究

从宏观层面把握北洋时期的政治、经济、思想和文化，有助于给北洋时期的历史一个准确客观的定位。

张华腾的《北洋史研究的几个问题》在对与北洋史相关的概念进行辨析的基础上，阐释了其对北洋社会、北洋政府、北洋时期的国会和宪法以及北洋人物的认识，认为北洋社会处于中国社会的重要转型期，传统性与现代性都表现得淋漓尽致，但现代性总体要多一些，代表了中国社会发展的大方向；主张对北洋史的研究应具有更广阔的视野，不仅要研究北洋军阀，更要研究其他政治势力以及这一时期中国社会的全貌。

侯杰、王晓燕的《北洋军阀史研究中的几个问题》通过梳理黎元洪与北洋军阀的关系，认为北洋军阀不仅是一个历史概念，而且也是一个复杂的社会群体、政治集团，需要深入其中，实事求是地予以审慎辨析。不仅要清楚其群体性历史传承，而且还要在错综复杂的国内、国际形势中通过与这一群体相关的各类人物之差异性表现，及其政治倾向，确认究竟哪些人属于北洋军阀，哪些人被错误地认定为北洋军阀。

王奇生先生的《从"神圣"到"厌弃"：民初国会的尝试与幻灭》以1913年第一次正式国会从建立到解散的过程为切入点，系统探讨了民国初年知识阶层对共和的认知及相关社会舆论，并透过舆论来观察当时的历史情境，指出，"辛亥革命成功之速'前所未有'，革命之后国人失望之速亦令人惊诧"。舆论对民初国会运作的批评也值得关注，他认为学界"不应当将眼光局限于以孙中山为首的革命派与以袁世凯为首的北洋派之间的较量"。

李玉的《北洋政治建设不良对国民党理论转型的促动》认为国民政府之所以取代北洋政府虽然系综合因素作用的结果，但国民党的政治设计及其快速转型，与北洋时期国内政治建设不良的促动与反推有着密切联系。然而是国民党"矫枉"而"亦枉"，在实际执政后，开始逐渐步北洋军阀之后尘，不重"民权"，而重"武力"。虽然如此，作者认为，就政治发展的主流而言，无论是北洋政府还是国民政府时期，民主共和的趋势都越来越强，专制集权的市场越来越小。

二 北洋时期的政治与外交

对于北洋时期政治与外交的研究，参会论文既有个案切入的角度，也有宏观整体的关照；既有区域社会政治映像的静态深描，也有侧重于社会界别和各种力量博弈的动态展示，涉及北洋政府时期政治和外交的方方面面，从对军事集团、武人政治、议会的政治博弈的深入探讨，到对学界与政界竞力互动的动态分析，以及从具体涉外案例展开的相关民初对外关系的不同解析等。

段金生的《政治区域化的流变：西南军阀地域范围辨析》通过梳理关涉民国年间西南军阀的相关史料，大体勾勒出了西南军阀地域范围的复杂变迁过程，认为西南军阀是民国时期政治区域化过程中的产物，它并非一个恒定地域范围的政治集团，他们有整体性的一面，但也随时表现出政治立场的差异性，且随着1927年后国民党以党治国体制的初步确立，作为政治区域团体势力的"西南"事实上已经不复存在，逐步分解为以省域为势力范围的地方实力派。

阎书钦的《武人与政治：吴佩孚驻湘期间的社会映像》以当时《申报》和《晨报》等报纸的相关报道为中心，从吴佩孚1918年驻湘两年间的政治言论及作为、军界相关反应、社会舆论对其评价三个方面探讨了这一时期的社会政治映像，认为吴佩孚之所以由不为社会关注之武人，迅速成为社会公众人物，为社会各界所瞩目，不仅缘于其所拥有的军事实力，更是由于其对社会政治问题的高度关注并由此所发表的政治主张。吴佩孚紧紧抓住时人所关注的实现南北和平，维护《临时约法》所规定的民主制度，旨在维护国家主权的民众运动这三大政治论题，并超然于其他多数军阀、政客，敢于发表具有正义色彩的政治主张，从而迅速扩大了其社会影响力。

承红磊的《朱尔典"劝进"袁世凯考辨》通过对四种不同版本朱袁密谈记录的对勘，辅以英国外交文件、日本外交文书、已刊之中英文著述及相关资料，探讨了朱尔典"劝进"袁世凯之真相，并就不同版本形成过程做出了解释。作者认为，朱尔典通过此次与袁世凯密谈判定袁氏称帝之决心已难改变，袁氏也通过此次密谈取得了朱尔典对帝制运动的谅解，帝制运动因此得以迅速推进，但是支持的程度绝无堂版与刊版所称之大，因此后来日本干预袁世凯称帝时，朱尔典无力给袁世凯以关键支持。

柳德军、岳谦厚的《陆马争督与民国初年甘肃回汉军事集团的博弈》，以《申报》资料为中心，以民国时期特殊的央地关系为视角，对20世纪20年代分别以马福祥和陆洪涛为首的回汉军事集团争夺甘督事件做出了新的阐释，探讨了北洋政府在这一事件中的作用，以及左右甘肃政局的能力，揭示了甘肃回汉集团在面对中央权力干预时的矛盾心态及抵制性服从的态度。

何树远的《北京教育界与1923年中国政局——以驱逐彭允彝运动为

例》以 1923 年因北大校长蔡元培辞职而引发的北京教育界驱逐彭允彝运动为例，深入考察了北京教育界对中国政局和社会的影响，认为此事件是五四运动后中国政局的一个重要转折点。事件发生后，北京政府内阁摇动、国会与北京教育界之间冲突连连，使得北京教育界自 1922 年以来对直系、黎元洪等政治势力的好感逐渐消失，对舆论产生了很大影响力，北京政府统治的正当性亦因此受到质疑。作者认为，丧失了以北京教育界为代表的清流势力的支持，是北京政府走向衰亡的重要原因。

彭南生、李庆宇的《民初省议会贿选与民初澄清省选的斗争——以安徽第三届省议会为例》，依据《民国日报》《申报》等报刊资料并结合相关地方文献，探讨了安徽第三届省议会的贿选及其省内外皖人的反对并提起诉讼的问题，认为皖人的反对使该届议会被判决无效，具有一定的历史意义，为研究民初民众与省议会的关系提供了一个典型案例。

贺江枫的《1921~1922 年厦门海后滩案与中英交涉研究》，在梳理厦门海后滩案缘起的基础上，阐释了厦门公民会如何利用地域乡情和闽籍华侨所具有的地方性和国际化特点，将民族主义思潮与地域观念有效结合，使后滩案由局限于厦门的地方性悬案转为全国性事件，并分析了福建地方当局和北洋政府在对英交涉中的不同作用。文章认为福建当局的默许与支持，为厦门公民会的运作提供了相对宽松的政治空间，而北洋政府外交部的漠视与不作为，使得后滩案悬而不决。此后北洋政府外交部虽然在民众压力下被迫介入后滩案交涉，但由于其在国际外交和国内权威的弱势地位，所能发挥的作用极为有限。

齐春风的《周自齐的涉外活动》从对美外交、对日外交、对外借款活动三个方面详细介绍了民初北洋政府的重要人物周自齐的涉外活动，认为美国退回部分庚子赔款得益于他的交涉。他还利用与外国记者交好的有利条件，将"二十一条"的内容巧妙地透露出去，使日本的企图未能完全得逞，在对外借款方面，坚持原则和底线。

三　北洋时期的经济与社会

经济与社会也是本次会议主要议题之一。经济方面的研究，既有从现代性经济动脉如铁路拉动区域经济的历史性变动展开，也有对民国对外贸易演进变化趋势的分析，还有对北洋时期具体经济现象的解剖。

江沛、李海滨的《京奉铁路与资源型城镇唐山的近代变动》从交通社会史的视野出发，对京奉铁路与近代资源型城镇唐山间的变动关系进行了细致的探讨，认为路矿联动是唐山城镇发展的最大动因，其中京奉铁路对于唐山空间结构与功能的形成和变动意义重大，在城镇功能上，唐山系由传统村落发展而来，缺乏传统政治因素的支撑，也不如沿海通商城市那样强烈地感受到外部刺激，因而其经济功能明显强于政治功能。

毛立坤的《民国前期中国外贸形式刍论》分析归纳了民国前期中国贸易发展的新趋势，认为1921～1928年的外贸总值虽然存在周期性波动，但从长期看呈增长的趋势。进口额和出口额的关系一开始表现为贸易逆差，发展到后来逆差有所缩小，但尚未显示出失控的态势。就内外贸的关系而言，不是国内贸易拉动了对外贸易，而是对外贸易拉动了国内贸易的发展，中国的资源禀赋优势得到了较大程度的发挥。在全球化的冲击下，中国经济找到了自己的竞争力，发挥出自己的一些比较优势。中国的出口贸易从过去那种单一型产品出口转变为多样型产品出口，贸易发展的基础比过去更为稳固。

任云兰的《"永久黄"团体与天津》是对天津永久黄企业集团的个案研究，详细阐述了"永久黄"选择在天津建厂的原因，以及天津在其中的促动作用，在此基础上，从城市社会史的视角，重点探讨了"永久黄"的发展对天津的贡献，认为"永久黄"团体的建立和成长，促成了塘沽地区的城市化，奠定了城市的工业基础，并带动了一批相关企业的建立与发展，同时也满足了当时的天津市场需求，服务了天津的经济。

代雅洁的《1903～1904年天津贴水风潮探析》，详细阐述了1903～1904年的贴水风潮暴发的背景、危害以及商会和政府的应对措施。19世纪末20世纪初，天津贸易的不平衡造成了市面上现银储量的急剧缩水，而币制的混乱、金融信用的缺失、资金融通制度的不健全以及庚子事变之后市场的虚假繁荣将贴水的潜在危险变成了现实的危机，至1903年，终于酿成了天津百余家钱庄、银号接连倒闭的贴水风潮。面对这场20世纪初期天津首次大规模的金融风潮，直隶政府与天津商会积极应对，相互调控，暂时稳定了金融秩序。这次金融风潮的暴发折射出天津金融业在由传统向近代转变过程中的突出问题与复杂面向，对于今天如何保持金融业的良性发展也有重要的启迪作用。

王哲的《北洋及之后时期海关统计的整理与可视化初探》详细介绍了他的近代中国海关贸易数据库的建设项目的工作进展情况，他利用新视角和新方法，将整个海关数据分为时间序列数据、空间数据和专题数据，并通过精密模型和图表实现数据的可视化。其新颖的视角和方法引起了与会学者的热烈讨论。

社会方面的研究论文，既有从国家与社会视角出发探讨宗教社团与政府关系的研究，又有对阶层身份和职业结构的研究，还有对日常生活的社会史研究。

许效正的《社会剧变中的佛教与国家——中华佛教总会与民初政府的关系述评》，系统阐述了中华佛教总会围绕佛教社团地位、佛教寺产的所有权归属及判断标准等问题与国民政府展开的抗争，探讨了其在与政府冲突和互动中由狭隘的僧团向全国性社团发展的历程，认为二者冲突的实质是佛教与政府关系在民主共和历史条件下的重构，对佛教的组织形式和中国的宗教政策都产生了深远影响。在二者冲突和互动中形成的《管理寺庙条例》，不仅符合《临时约法》的基本精神，且也符合当时的实际情况和佛教发展的长远利益，标志着中国宗教管理政策向现代化迈出了关键一步。

宣朝庆的《工厂女工的身份认同与策略实践——基于 1919 ~ 1936 年津沪两地的分析》从社会学的身份认同视角考察了 20 世纪二三十年代京沪两地女工的生存状态与策略实践，认为女工并不仅仅是历史的承受者，且也是创造者，通过分离、连接和制衡，女工为自身的行为模式选择预留了极大的空间，创造出相对自主的处境。女工的策略实践基于日常生活，更多地倾向于关注生活而不是政治，因此更多体现为群体的诉求，而非阶级的运动。女工策略的选择还与角色主体的地位、社会资本有关；在父权体制的监控之下，女工的应对策略有依赖也有技巧性的疏离，在社会组织的技术方面明显滞后，在应对策略中组织性不强。其社会学的视角值得历史研究者借鉴。

付燕红的《近代城市贫民阶层社会流动研究》以 20 世纪二三十年代的天津为中心，深入考察了近代城市贫民阶层的变动情况。在天津早期城市化、现代化进程中，城乡社会结构的变动，是城市贫民流动的前提，工业化、城市化是近代城市贫民流动的主要动因。城市贫民的流动既有省际、城市内部行业间的水平流动，也有通过就业、教育、拜师学艺、当兵入伍等途径实现社会身份的垂直性流动。在制度变迁和社会变革的背景下，借助社会流动的分析路径，通过对近代城市贫民阶层流动的个案分析，作者进一步揭示特定历史时期城市贫民阶层的动态特征和一般情状。

徐国利的《民国时期基层社会传统职业观的革新与保守》，以民国徽州家谱的族规家训为资料考察职业观的变迁，得出了民国时期徽州职业观革新与保守并存，保守多于革新的结论，并深入阐发了其根源，认为民国时期徽州的近现代工商业发展缓慢，传统职业观的革新缺乏社会经济发展的有力基础，传统的农工商业仍是多数人谋生的主要手段，从而使其职业观没有发生根本的改变。徽州是明清时期和中国近现代时期具有典型性的地区之一，通过对民国徽州族规家训中所见职业观变迁的考察和分析，可以推见民国时期基层社会职业观变迁的实态。

李金铮的《众生相：民国日常生活史研究》从与日常生活史有关的整体性研究、日常生活中的时间与空间、不同人群的日常生活、日常的家庭与婚姻生活、日常的衣食住行、生老病死与医疗卫生、休闲娱乐与日常交往、民间信仰与日常意识八个方面系统回顾了民国时期日常生活史的研究状况，在此基础上分析了这些研究的成就和不足，认为虽既有的研究在一定程度上反映了历史学包括社会史领域的研究新动向，改变了以往日常生活史的失语状态，但也存在一些缺憾，主要是对日常生活的描述居多，缺乏个人的生活经历和心灵体验，不少相关成果没有挖掘日常生活表象背后的意义。文章认为，既有研究的不足，根源在于缺乏日常生活史的理论自觉，认为只有将中国日常生活史研究置于国际视野，与欧美日常生活史研究进行对话，做出理论贡献，才能克服不足。

侯亚伟的《社会史视阈下的天津居士林》以天津居士林为个案，从宗教社会学的视角，探讨了民国时期宗教团体如何适应生活、如何维持生存的问题，认为作为一个宗教团体，居士林林友构成、教内关系、社会事业均非其存在的根本因素，而是与政府的关系决定了其生存空间。

四　北洋时期的社会思想与文化教育

北洋时期是思想文化活跃和现代教育形成的重要历史时期，此次会议上，与此相关的论文共有 6 篇。

邓丽兰的《李剑农与北洋时代的立宪思潮与实践》，以李剑农的政治思想及其与湖南省宪的关系为切入点，探讨了民国北洋时代的立宪思潮与实践。在共和危机中，李剑农希望借助于进步党和国民党人中的温和力量，改造不规则政治，维持新派与新派之间的调和状态，建成英国式的责任内阁制度，使特别势力也必须在"宪法假面"下起舞，从而完成国家统一。在希望破灭后，李剑农又随张东荪、章士钊等人，走向联邦救国论。而湖南省宪从草案的拟订到正式文本的出台，体现了学者理想、地方利益、世界宪政潮流的综合作用。

杨瑞的《20 世纪二三十年代农业社会化思潮简述》深入探讨了二三十年代中国农业社会化思潮的发展脉络。从 1917 年左右逐步出现的农业社会化潮流，参与讨论的人士及团体相当广泛，不仅涉及国共两党，而且涉及第三党和其他非党社会人士，讨论的内容不仅涵盖土地、资本、技术等问题，更深入至社会基本经济制度的讨论。中国由于是一个农业大国，因此对于这一时期农业社会化思潮及其变化脉络的研究，有助于深化对近代中国社会整体演进史的认识。

张献忠的《大众媒体、公共舆论与近代民族国家意识》以《益世报》对老西开事件的报道为中心，深入探讨了大众媒体在近代民族国家意识生成中的作用。认为大众媒体自诞生之日起就在公共舆论的生成中扮演着极为重要的作用。在内忧外患频仍、民族危机日益严重的近代中国，大众媒体更是发挥着塑造公共舆论、凝聚社会共识、培育现代民族国家意识的作用，这一作用在《益世报》对老西开事件的报道中体现得尤为显著。《益世报》通过对老西开事件的报道，充分发挥了引领公共舆论、制造抵制话语、建构民族国家意识的作用。在此过程中，民众的民族国家意识初步生成，他们清楚地认识到，民众的社会责任以及民族国家主权完整的重要性。

翁有为的《五四前后社会舆论对军阀成因与特性的认识》深入考察了

五四前后思想舆论界对军阀成因与特性问题的认识。就当时社会舆论对军阀形成原因的讨论看，主要涉及军阀产生的偶然因素和必然因素以及怎样从这些因素中寻找到铲除军阀的方法和道路；从当时对军阀特性的讨论可以看出社会舆论已经认识到了军阀是不合乎现代国家和现代政治要求的军事类群。正是这些认识通过舆论汇聚成社会共识，最终成为打倒军阀的基础。文章通过分析当时社会舆论对军阀成因和特性的论述，不仅有助于深化对军阀统治下中国社会状况的总体把握，而且有助于进一步认识五四前后思想界的发展趋势和状况。

民国初年，归国留学生依旧沿袭着传统知识分子"学而优则仕"的传统，北京政府文官制度的确立以及留学生甄选考试也对留学生归来入仕产生了积极的推动作用，留学生在民初政治舞台上扮演着重要角色，留学是向上的社会流动必经途径之一。刘晓琴的《民初北京政府留学生构成研究——以1916年的分析为中心》以1916年北京青年会编辑修订的《（北京）东西洋留学会员录》资料为基础，从中逐一分析政府各部院留学生总人数及所占比例，并以农商部、陆军部、司法部为例，阐释留学生在各部院中所占重要地位。不同部院中留学生的地位是不平衡的，部院留学生所占比例情况反映着清末民初留学教育的基本样貌。

余子侠、郑刚的《北洋时期研究生教育述论》系统论述了北洋时期研究生教育实施的背景、概况和特点，认为在中国社会大转折的背景下，北洋时期的教育是改革速度最快、改革幅度最大的领域之一，这一时期研究生教育的建立与发展除遵循一般的规律外，其多元化的价值取向、官民之间的互动以及以文史学科为起点使之更有时代特色；同时，由于大学本科教育刚刚开始走上正轨，研究生教育的内驱力不足，发展很艰难。该文对北洋时期研究生教育的探讨，对于今天的中国研究生教育改革亦有重要的启迪。

五　北洋时期的社会治理与法制建设

北洋时期，在社会治理与法制建设方面也开始起步，此次会议上，相关的论文共有7篇。

王林的《论北洋政府时期的救灾行政体制》以1920年北方五省的旱

灾救济为中心，从救灾机构的设立、救灾机构的职能等方面考察北洋政府救灾体制的重建过程及其在救灾中的实践，在此基础上探讨了其在近代救灾体制演变过程中承前启后的作用。

冯剑的《好借难还：1917 年北洋政府对天津水灾的赈济借贷》以 1917 年华北地区的水灾为个案，对近代国家与民间借贷关系进行了探讨，认为北洋时期国家通过立法、行政干预、救济等方式，力图规范民间金融，打击高利贷，维持社会救济的平稳运行，对民间金融的介入呈现深入趋势。但是，国家因为财力有限而不得不借助民间绅商与银行的力量，而国家与民间有着不同的需求和信用文化，因此在围绕赈济借贷的博弈中，双方并未能建立起信任关系。

耿科研的《近代天津英租界土地管理模式述论——以中外当局的互动关系为中心》以天津英租界为个案，系统考察和梳理了近代天津租界的土地管理模式，揭示了近代在华外国租借土地管理模式的深层次矛盾和特征。值得注意的是，作者通过考察天津地方政府自 1920 年代中后期开始的对英租界土地交易管理权的回笼过程，发现其收权的目标不完全是以"争国权"的姿态和激进的革命手段来实现的，而是在制定规则、确立管理权属的同时，还推出了与外方合作的激励性措施。

20 世纪 20 年代，由于社会动荡，天灾人祸不断，大批国内农民涌向东北，流民问题因此成为当时一大社会问题。范立君的《北洋时期东北流民问题的整治——以 1920 年代为中心》，从地方政府、社会团体和慈善机构、铁路交通部门三个层面探讨流民问题救助和调控模式，认为这些措施尽管有着诸多不完善之处，但使大量无家可归的流民得到安置，成效令人瞩目，同时也促进了东北地区人口的增长和社会结构的变化。

自清末以来，无论是国家还是社会层面，都致力于收回治外法权的斗争，但西方列强以改革中国法制为归还治外法权的前提条件。唐仕春的《清末北洋时期收回法权与基层司法制度改革》在前人研究的基础上，系统探讨了清末北洋时期收回法权与法制改革之间的互动，着重探究外力影响如何落实到中国基层司法建设中，认为北洋时期既有收回法权对中国法制改革的推动，又有国内法制改革对收回法权的影响；中国通过法制改革而收回法权取得了一定成绩，但成果并不突出。

直隶高等审判厅就是北洋时期收回法权与法制改革之间互动的结果，

是适应中国收回领事裁判权的需要，伴随中国现代法制化进程而设立的审判机构。赵金康的《直隶高等审判厅的华洋债务纠葛案件审理》论述了直隶高等审判厅的设立情况，并通过其华洋民事判决和民事决定探讨法律适用性问题，为评价领事裁判权提供了新的视角。

北洋时期，基层政权也处在由传统向现代文官制度的转型期，徐畅、朱翠华的《北洋政府时期江苏省县知事述论》从任用制度、出身与构成、回避制度、任期与更迭四个方面，探讨了北洋时期江苏省县知事运行状况：在县知事任用制度上，既有前清"杂徒"的遗影，也有所创新；在人员构成上，虽有新式学堂毕业生和留学生以及其他人员等新型力量的加入，但总体素质上有所下降；回避制度名存实亡；更迭频繁、任期较短。通过这些探讨，可以管窥北洋时期基层政权的变化。

李永胜的《民国初年日美两国在华商标权之争——以1915年凡士林商标侵权诉讼案为例》详细阐述了民国初年日美之间凡士林侵权诉讼案的缘起、经过和结果，认为凡士林的判决结果是美日立场折中妥协的产物，美方的诉求虽然没有得到完全满足，但在一定程度上起到了制止日本商人侵犯美国商标权利的作用。

就每位学者的大会发言，与会学者都进行了热烈的讨论，综合会议的论文和专家的讨论，可以看出本次会议有以下几个特色。

首先，论文所涉及的内容极其广泛，几乎囊括了北洋时期政治、经济、外交、思想文化和社会的方方面面，所有这些都不同程度拓展和深化了北洋史的研究。

其次，思想上进一步解放，基本上摆脱了"左"的意识形态的束缚，突出的表现是超越了单纯以革命话语来阐释北洋历史的研究范式，越来越多的学者开始从社会和政治变迁的角度来阐释北洋时期的历史，近代化话语凸显。另外，新方法，特别是跨学科的研究方法得到较为普遍的应用，一些相关学科的理论，如社会认同理论、底层抗争理论都融入北洋史的研究中。

最后，研讨会充分贯彻了学术平等的原则。按照原来的计划，本来每一个小组除了一名主持，都有一位专家点评，这也是大多学术会议的惯例，但此次会议接受了张华腾先生的建议，取消点评人，把时间留给所有与会学者，共同就会议宣读者的论文进行讨论，这也是这次会议讨论特别热烈、沟通特别深入的一个重要原因。

　　总之，这是一次高水平、有特色的学术研讨会，正如王先明先生在闭幕式上的总结发言中所说，"开端已见特色，起点令人欣慰，高度未来可期"。通过这次研讨会，以"北洋史"旗帜的学术共同体初见端倪，期待着第二届、第三届……"北洋时期中国社会学术研讨会"持续开展下去，相信不久的将来，"北洋史"学术共同体将会最终形成和壮大。

（作者：张献忠，天津社会科学院历史研究所）

外侨与中国口岸城市

——"外侨与近代中国口岸城市"国际学术研讨会综述

万鲁建

2014 年 11 月 28 ~ 29 日，复旦大学上海史国际研究中心、上海社会科学院城市史学科创新团队、上海社会科学院历史研究所上海市研究室三家单位联合在复旦大学召开了"外侨与近代中国口岸城市"国际学术研讨会。来自德国汉堡大学、韩国国史编纂委员会、台北中研院、上海社会科学院、中国海洋大学、华东政法大学、浙江大学、复旦大学、天津社会科学院、武汉市社会科学院、杭州师范大学、上海大学等国内外高校和科研机构的 30 余位专家学者参加了本次会议，提交论文 20 余篇。与会学者围绕外侨与中国城市、外侨与租界、外侨的城市认同、外侨与中外关系、外侨社会、华洋关系等方面进行了深入探讨，在中国城市史、中外关系史、社会史、租界史、侨民史等多个研究领域都取得了新的成绩。

一 关于侨民社会的探讨

本次会议的主题就是围绕"外侨与近代中国口岸城市"主题展开讨论的，因此外侨社会成为与会学者关注的焦点，多位学者从不同视角进行了探讨。

刘海岩的《多舛的命运：天津德租界与德侨社会》，运用大量一手资料，还原了德侨来津的前因后果，以及在李鸿章担任北洋大臣时期，德国是如何通过克虏伯等企业对华出口武器装备，以及如何积极向中国输入德国军事技术和军事思想。因此来津的德国军事工程人员、军事教官也构成了早期的德侨社会。该文认为天津的德租界尽管存在仅有短短的二十余年，但是发展速度非常快，德国俱乐部也非常活跃，德国王室成员也频繁造访天津。一战结束后，德租界被中国政府收回，其侨民也被遣返回国，尽管中德关系不久就恢复正常，但返津后的德侨，盛况不再，也低调了很多。不过在几十年的历史当中，德国文化仍旧在天津城市中留下了深刻的印迹。

张宁的《跳沟越涧：猎纸赛与上海殖民社会》，以在外侨社会中颇为流行的游戏猎纸赛为中心，揭示上海侨民社会的特征。该文对猎纸赛的历史、传入路径、比赛规则的变迁、在沪的演进等做了考察。对于猎纸与赛马的差别，作者认为两者的场地和观众都有所不同，猎纸比赛马更开放、更具运动精神。但是两者也有难以分割的关系，尤其在人员与马匹方面表现得更为明显。会员一般都先在猎纸会担任职务，然后才在赛马会担任董事等职，并以英商平和洋行的立达尔家族为例，说明两者运动的密切关系。该文还认为猎纸虽然属于"洋娱乐、洋人乐"，实际上也与华人社会密切相关，不但有大批华人观众，且也是最早允许华人入会的洋人总会。通过这些考察，她认为猎纸会始终是一项外来的、西人的和租界的精英华人以矛盾心态待之的运动。

王健的《二战期间中国口岸城市的犹太难民》，考察了二战期间逃亡到天津、青岛、哈尔滨、大连、香港等口岸地区的犹太难民。该文认为天津的犹太难民，在天津犹太社团中形成了一个特殊的小群体。他们主要通过两个途径来津，一个是先到上海然后再北上天津；另一个则是通过获得前往某国的临时签证或中转签证而来到天津。但是1941年太平洋战争爆发之后，几乎没有犹太难民进入天津。这些犹太难民建立了自己的组织——欧洲犹太移民协会。青岛在二战期间也接受了71名犹太难民，该文还列出了这些人的出生年月及来到青岛的时间。哈尔滨、大连则成为犹太难民进入东北的门户。对于香港的犹太难民数量，他提出了质疑，认为二战时常住香港的犹太人不会超过千人。

任云兰的《近代天津的外侨俱乐部》，详细介绍了近代天津各类外国俱乐部的历史渊源，并将其做了分类。该文认为外侨俱乐部乃西方社交文化的移植，具有社交、娱乐、心理和力量功能。这些外侨俱乐部既有共同点，也有差异，在近代天津这一国际化都市当中相互碰撞与交流。该文认为外侨俱乐部不仅是外侨的精神家园和娱乐中心，并且其活动也影响和带动了华人圈的娱乐活动和体育赛事。如今，外侨俱乐部已经成为天津城市的一笔宝贵遗产。

何方昱的《上海美国学校与近代美侨社区的形成——以〈密勒氏评论报〉为中心》，考察了 1910 年代末，在沪的美国传教士与商人领袖以《密勒氏评论报》为主要媒介，在美侨社团中展开的一项募捐运动。该运动得到了在沪美国侨民的很多襄助，并在不到两年的时间完成了目标。该文认为这项募捐运动彰显了美侨社区的凝聚力和合作精神，也显示出其他国家民众的国际同情心。

褚晓琦的《万国商团研究的珍贵文献：〈上海俄国队（1927~1945）〉探析》，通过新发现的《上海俄国队（1927~1945）》这一关于万国商团俄国队综合记录的史料，考察了其对万国商团及俄国队研究所具有的文献价值。该文认为这一资料以时编目、仿编年体例铺陈俄国队从成立之初到最终解散的 19 年历史，展现了俄国队基本的发展脉络，编者所搜集和运用的第一手资料，将有助于对万国商团俄国队的研究。

二 关于外侨与租界城市的探讨

近代中国口岸城市的建设与发展，除了中国政府的努力外，还不时能看到外侨的身影，以及他们在其中所起到的作用。对此，不少与会学者都做了探析。

张笃勤的《俄国侨民对近代汉口城市的影响》，通过考察汉口俄侨的人口变迁以及职业构成，分析了俄侨对近代汉口城市的影响。该文认为近代在汉的俄侨主要是两部分人员，即俄国驻汉领事馆以及俄国汉口租界的公职人员和从事贸易及投资办厂的工商业者。其中尤以茶商的势力为大，他们也成为包括俄租界在内的汉口外国租界经济发展、事务决策的重要参与者。同时，俄侨为了工作和生活的需要，在俄租界内进行开发建设，对此后汉口城市的开发与规划都产生了一定的影响。

陆烨的《近代上海城市病治理的法国模式：分类营业制度简论》，认为近代上海城市病不断出现，迫使各方管理者采取应对措施。法租界则企图利用分类营业制度，来消解日益严重的租界城市病。该文从分类营业制度的法国渊源、上海法租界分类营业制度的变迁和特点、分类营业制度的成因与环境、分类营业制度与上海城市文脉等几个方面，论述分类营业制度在治理城市病中所发挥的作用以及存在的不足。

马树华的《日侨街区与青岛的空间去殖民化》，首先考察了日本从德国手中夺取青岛后对城市空间所做的重新布局：一方面去除德国的印迹，另一方面则是塑造具有浓厚日本特色的文化景观。中国政府在收回青岛后，又对日本所建立的城市空间进行了去殖民化。不但对日本街区进行改造和重新命名，还建设仿古建筑及命名具有传统文化意象的名胜。该文认为中国政府通过对青岛城市空间和景观的去殖民化，消解日本殖民主义的痕迹，并逐渐培养了中国的民族自信心。

葛涛的《日本游记中的近代上海——以二十年代为中心》，以20世纪20年代日本普通旅游者对上海的短期印象为分析对象，从他们对租界内的交通状况、商业设施、租界公园等西式风格的观感，来考察近代上海的他者形象。该文认为日本游记里的近代上海，有将华界与租界割裂的现象，也有去中国化的迹象。同时作者通过这些旅游者对上海的观察，反观日本。

金光载的《从外国侨民到中国国民：以上海韩侨玉观彬（玉慧观）的历史经验为中心》，以上海韩侨玉观彬为个案进行考察。玉观彬毕业后因从事国权恢复运动而被捕，"三一运动"后流亡到上海，并开始走上实业家的道路，成为上海知名的韩人企业家。他皈依佛教，并对太虚法师在上海推行的佛教改革给予大力支持，同时还积极参加社会活动，以华侨身份取得中国籍，加入中国国民党，担任各种社会职务，完全融入了上海当地的主流社会。但是他由于与当时上海的韩人社会存在种种恩怨，围绕运动路线以及资金问题的矛盾愈演愈烈，最终遭到韩人的暗杀。该文认为玉观彬虽然活跃于上海的主流社会，但是与韩人社会并没有完全脱离关系，实际上是一种"周边人"的特性，这也是其最后以悲剧结局的一个原因。

周东华的《宁波的女巫或女王：中国通商口岸第一位独立女传教士和她的学校》，考察了近代来华的第一位独立女传教士埃尔德赛。通过档案及一手资料，文章还原了其在宁波创办近代中国最早的女子教育，并以自己的行为影响和改变宁波女性的信仰、命运和生活的事迹。该文认为埃尔德赛既是近代中国的"女学先声"，也是宁波的"女巫"和"宁波的女王"。

　　万鲁建的《郑永昌与天津日租界的设立与开发——基于日本外交档案的考察》利用日本外务省外交史料馆所藏档案资料，并结合其他资料，分析郑永昌与日本外务省的往来电函、郑永昌家族与天津的渊源，考察了郑永昌在中日两国交涉天津日租界开设过程中所发挥的作用，和他在义和团事变中力主扩张日租界的建议和方法，及其在日租界开发经营过程中所发挥的重要作用。该文认为郑永昌以其特殊的归化人身份，在天津日租界设立、扩张及开发建设中发挥了不可替代的作用。

　　牟振宇的《近代上海城市发展中的外籍市政工程师：以法国工程师邵禄为例》，以法国工程师邵禄为个案，通过他对租界发展的贡献、建筑业的贡献以及在办报、开设洋行等方面所做贡献的论述，认为市政工程师在近代上海城市发展中扮演着极为重要的角色。他们不仅是城市规划的制定者、建筑许可证的审批者、城市基础设施的建设者，而且在城市土地测量、工程估算以及相关城市建设工作中，发挥着举足轻重的作用。

三　关于外侨与中外关系的探讨

　　外侨在各国的出现，本身就是一种国际关系的呈现。在近代中国，外侨是一种特殊的存在，他们的一举一动，经常会牵动中国与西方各国的外交，甚至影响着国际关系。不少与会学者从这一视角做了研究。

　　王敏的《论近代外国侨民的"上海情结"——以"上海问题"争论为中心》，以 20 世纪 20 年代后期关于"上海问题"的一场国际性讨论为研究对象，围绕上海外侨对此问题的态度和基本观点，来考察近代外国侨民的"上海情结"。"上海问题"的核心是上海公共租界的未来政治地位问题。之所以该问题出现在 1927 年前后，与当时的国际、国内环境变化有直接关系。围绕这一问题，国际人士、上海外侨和中国人展开了长达 5 年的争论，但是并未达成一致意见。该文分析了这场争论发生的广阔而复杂的背景，认为"上海问题"的争论实际上也是外侨以自由贸易理念、中国的反帝式民族主义和国际上的反殖民主义的交锋，但是对于外侨来说，这场争论是得理不得势。

　　孙安石的《围绕 1922 年上海港改修国际顾问技术会议的国际关系》，以 1922 年上海港改修国际顾问技术会议为个案，探讨当时围绕上海港湾建设而形成的国际关系。该文认为这次会议确立了上海港湾整备的三项原则，其一是规定停泊船舶的大小为 33 英尺，保持扬子江水深为 600 英尺；其二是为了改建上海港，必须确定稳定的财政计划；其三是作为港湾内的设备，须设置商用与邮政用新码头。围绕上述三原则，英国、美国、日本以及中国都从各自的立场提出了主张。

屈文生的《近代中英关系史上的小斯当东——〈小斯当东回忆录〉译后余语》，以曾经将《大清律例》翻译成英文的小斯当东为个案进行考察，对于小斯当东的人生历程，与中国的不解之缘，翻译《大清律例》的前因后果等情况做了分析。该文认为《小斯当东回忆录》记载了很多历史细节，具有重要的史料价值和研究价值，值得学界重视。

魏兵兵的《一战后北京政府之遣返德侨与对英交涉》，考察了北京政府遣返德侨的决策和实施经过，特别关注了北京政府与英国就德侨问题交涉的情形，认为遣送德侨是战争的结果与延伸。该文认为在北京政府遣送德侨的过程中，英国政府及其侨民扮演了极为重要的角色，他们不仅积极推动中国做出遣返敌侨的决定，还直接或间接干涉中国当局的遣返工作，其目的乃扫除德国在中国的势力和影响，也因此增加了德侨仇恨英国的心理。而北京政府遣送德侨是在协约国压力下的无奈之举，在遣送过程中对德侨多给予同情和帮助，因此德国后来迅速恢复了在中国的地位与实力，并与国民党政府建立了密切的合作关系。

饶玲一的《李佳白与"〈北京晚报〉事件"再探》，利用一批新的档案重新对这一问题进行了考察，试图在厘清史实的基础上，进一步探讨北京政府在一战期间对于参战问题的立场和态度。李佳白一贯反战，对日本尤其痛恶。在美国放弃中立态度参战之后，他劝告中国应保持中立态度，表达了盼望和平的愿望和主张。后来李佳白被美国领事馆逮捕并押解到天津受审，最后被驱逐出境。针对过去学界认为英美等国是驱逐李佳白的主要因素，中国政府仅是作为执行者角色出现的观点，该文认为这具有一定程度的误读，实际上中国政府在处理李佳白事件时是强硬而主动的，即北京政府试图通过加入第一次世界大战来改变当时的国际体系和外交格局。该文还认为李佳白并非一位以传播教义为唯一旨归的传教士，而是一个"上层传教"路线坚定的拥护者，与各界人士有着千丝万缕的关系，并因此成为中国国内府院之争的牺牲品。

徐涛的《黄勋伯大出丧与20世纪初叶上海的华洋关系》，以一个小人物黄勋伯的大出丧为个案，借助当时的中西报刊，如《申报》《新闻报》《时报》等的报道，考察当时上海的华洋关系。该文认为进入20世纪以后，中国的民族主义日渐高涨，华人多有驱逐外人出上海的观念，洋人的不安全感也愈来愈强，上海的华洋关系进入以对抗为主的时代。在这一历史大背景下，黄勋伯大出丧，并得到租界当局的默许，乃西方社会为缓解日益紧张的华洋关系所做的一个姿态。

四　结语

总之，本次学术研讨会虽然规模并不算太大，但围绕上述几个主题，也展开了深入和富有成果的讨论。本次会议有德、法、日、韩等国的专家学者与会，具有鲜明的国际化色彩。从研究视角上看，既有宏观论述，也有个案考察。研讨会的主题由于是"外侨与中国口岸城市"，因此史料运用显得尤为重要。本次研讨会提交的每篇论文大都使用了大量的外文档案及一手资料，显示了与会学者开阔的视野和搜集、驾驭各种资料的能力。

当然，本次会议也存在一些不足，如个案研究过多而宏观论述较少，这说明在侨民史、租界史等方面还需要加强理论构建。从研究对象的范围来看，涉及的地方主要集中在上海、天津、青岛、武汉、宁波等几个口岸城市，其他口岸城市如大连、威海、广州等较少涉及。这些不足与缺憾，也是学者们今后努力的方向。

（作者：万鲁建，天津社会科学院历史研究所）

Abstracts

Municipal Administration & Planning and Construction

The Analysis of Ancient Chinese Fortification

Wang Maohua   Yao Jiangen / 1

Abstract: The ancient Chinese fortification is numerous. A large number of city wall and moats was built in every period. The evolution from Earth Wall to Masonry Wall is an important phenomenon, also a historical processes from pre – Qin period to Ming – Qing dynastied. Untill Ming – Qing Dynasties, when cold weapons and firewarms were used together, the defense system of city wall existed continually, developed steadily, improved increasingly. The main factors affecting the distribution and evolution of Chengchi are natural factors, including rainfall, earthquakes, topography etc; the human factors, such as war, especially the changes in attack and defense skills appliances, civil commotion, political struggle, economic status and urbanization and so on. In the same production level, the cost of Bamboo Wall is lower than Earth Wall, Brick Wall, Stone Wall. The Stone Wall is highest cost performance, but subject to supply constraint of stone.

Keywords: Fortification; Statistical Analysis; Spatial and Temporal Distribution; Prokinetic ; Cost

Regional System & Economic Development

Evolution Characters and Motive Mechanism of Shanghai Aquatic Market in Late Qing and the Republic of China   *Wu Zhenhua* / 35

Abstract: The wholesale fish brokerage firms and food retail markets, cured fish stores and freshwater fish stores supported the prosperity of Shanghai aquatic market before the founding of Shanghai fish market in 1936. Overall, it showed the trend of aggregating distribution by optimizing the spatial selection continuously. In the spatial selection process, fish brokerage firms generally persisted in the traditional trading mode. But its spatial distribution developed in the process of "centralization – decentralization – centralization". The major reason was the high reliance on water transportation, especially piers. The spatial distribution of modernization food market showed the trend that urban interior space was increased and expanded to west and northeast gradually. The principal motivating factor of the evolution was aggregate population, followed by the impact of urban construction. The spatial evolution of the spatial aquatic retail stores including cured fish stores and freshwater fish stores was highly related to the commercial centers.

Keywords: Shanghai; Aquaculture products market; Spatial evolution; Motive Mechanism

Rise and Decline of Forwarding Businesses in Modern Shanghai with
Railway Transportation   *Gao Hongxia   Yin Qian* / 49

Abstract: Forwarding business in modern Shanghai was the industry that agented travelling merchants to go through the formalities of railway goods traffic as the main business, and it with the customs clearance service of Shanghai which developed in the late 19th century one overland and the other overwater provided the required services for cargo to ingress and egress Shanghai port at that time. But few studies of forwarding business and transfer companies in modern Shanghai has been mentioned by academic circles, which were only mentioned in relevant railway phylogeny studies, historical data and some descriptive text in the local chronicles. This article utilized archives, magazines and newspapers in the period of the Republic of China, and was assisted with the cultural and historical data, and so on, and investigated the relationship between the forwarding business in modern history and the railway transportation, and analyzed the causes that forwarding business flourished because of the emergence of railway transport then declined as the standardized management of railway transport.

Keywords: Shanghai; Forwarding Business; Modern Companies; Railway Transportation

Economic Function of Huzhou City from Ming Dynasty to Modern Times
—Also on the Proverb "whole Huzhou city is just half of
Nanxun town" *Huang Jingbin* / 68

Abstracts: From Ming Dynasty to Modern times, Huzhou city was a manufactural and trading center of silk in Jiangnan. Based on the modern times' records, Huzhou city had a higher market grade in the local economic system than market towns in the surrounding area like Nanxun, Shuanglin and Puyuan. The proverb "whole Huzhou city is just half of Nanxun town" only reflected that, the merchant group of Nanxun played an outstanding role in the regional economy centered by Shanghai, it shouldn't be interpreted as "Nanxun town is much more important in economy than Huzhou city".

Keywords: Huzhou; Market Town of Jiangnan; Silk Trade

Spatial Structure & Environment Transition

A Tentative Historical and Geographical Research of
Mizhou City *Gu Shuai   Wang Shangyi* / 85

Abstract: Mizhou City can date back to the Dongwu City, which later expanded into the Ancient city of Dongwu on the Dongwu Mount. About in Han Dynasty, the Ancient City of Dongwu moved to the foot of the Dongwu Mount because of the shortage of water, which was known as the South City for the later generations. In the Yong An 2nd year of North Wei (529), the North City was constructed on the basis of the South City and the two cities combined into the

Jiao Zhou City, which made up the basic framework of Mi Zhou City. In Kai Emperor 5th year of Sui Dynasty, Jiao Zhou City changed its name into Mi Zhou City, when its park and garden constructions and culture reached a peak. When Su Shi, a very famous litterateur in Chinese history, worked in Mi Zhou City as a magistrate of a prefecture, the construction of the city was further improved.

Keywords: the Ancient City of Dongwu; the South City and the North City in the North Wei Dynasty; Mizhou City

On the Characteristics of the Social Structure of the Cities along
Beijing – Hangzhou Grand Canal during Ming and
Qing Dynasties   *Wang Mingde* / 99

Abstract: The Cities along Beijing – Hangzhou Grand Canal during Ming and Qing Dynasties were an open, complex and dynamic system in essence, with open, complex and variable urban social structure. The large – scale population movement along the Canal led to the population flow between urban and rural area, and the flow between different social strata along the canal, which results in the open characteristic of its social structure. As the economic function growing with the water transport and commerce, business status played more important roles in the urban social structure. Because of the Canal City population composition, the diversiform occupation composition and the large amount of public or secret social organizations, the Canal City social structure was determined to be complex.

Keywords: the Cities along Beijing – Hangzhou Grand Canal; Social Structure; during Ming and Qing Dynasties

The Interaction of Railway and the Shanghai Urban Space under
War Influence   *Yue Qintao* /109

Abstract: In the late 1920s Shanghai municipal authorities' railway reconstruction planning which carried out to eliminate the negative impact of railway route, was completely terminate by twice Songhu wars and the war also led to many train stations, railways were destroyed and the spread of shantytown. After the founding of the PRC, with the rapid expansion of urban space, the railway transportation layout has not been a fundamental change, So "wasp waist" problems have become increasingly prominent. At the same time, the behavior of new residential on the railway outboard is further exacerbated the problem that railway route cut the urban space. In a word, Affected by war factors, Shanghai space is not along the railway line direction development and the railway also failed to become development axis of the urban space

Keywords: Songu War; Railway; Shanghai; Under Space

Social Stratum & Culture Education

Theory of City Pariah
  —the Origin of the Duomin in Jiangsu Zhejiang
  Shanghai Area   *Xie Yibiao* / 124

Abstract: The academic research on city pariah is rare, Especially the pariah in Jiangsu Zhejiang Shanghai area untouchable – Duomin. The most controversial issue about the problem of the of city's origin is the origin of Duomin. According to local history, literary notes, Duomin legends and genealogical records, This paper thinks that Duomin should initially be depreciated from the rebel officer and soldiers surrender in Southern Song Dynasty. On the occasion of the change dynasties of yuan and Ming Dynasty, the vanquished have been demoted to the pariah groups and some offense minister and slaves also reduced to the Duomin group.

Keywords: Soldiers surrender; Offense minister; Slaves

The Circumstance of Widows' Remarriage and the Social Relief During the Period of Republic of China
  —A Research of *Social Welfare*   *Zhao Xiuli* / 141

Abstract: During the period of Republic of China, because women could not achieve economic independence, the maintenance function of marriage is particularly prominent. Subject to the limitations of social relief conditions, remarriage was one way to make a living for the widows who could not obtain social assistance. Although the moral force had gradually weakened about the widow remarriage in the society, however, the interference of clan still existed which causedby property disputes. The *Social Welfare Tiensin* focused on the lower people's lives, exposed the widow's destiny of be – remarriage and the experienee during the remarriage. The *Social Welfare Tiensin* became the bridge of social contributions and promoted the development of social relief in Tianjin.

Keywords: the Remarriage of Widow; *Social Welfare*; the Social Relief of Widow

Overseas Research

Discovering City Modernity from Cityscape
   —A Book Review of *Between Heaven and Modernity: Reconstructing Suzhou, 1985 – 1937* by Peter J. Carroll   *Zhang Xiaochuan* / 150

Abstract: Peter Carroll's book is not only the newest book of Suzhou urban history but also the newer one of Chinese urban history in America. In this book , the author discovered how city modernity was made in Suzhou from the view of cityscape. He said that although the cityscape in Suzhou hadn't changed very much, but modernity had come into Suzhou's city life and dominated Suzhou city's development through the construction of new cityscape and the reform and reinterpretation of old cityscape. Simultaneously, the author also tries to rethink the pluralism and complexity of Chinese city modernity by Suzhou's case. The novel research view and rich resources of the book are very impressive. But as a book of local history, it is relatively absent of the sense of place, that means the book ignores to analyse not only the power structure and elites action but also the society and economy of Suzhou during that time.

Abstract: By examining the environmental havoc suffered by Hebei – the grain basket of North China, which was caused by the floods of Yellow River during the period of 1048 – 1128 from the aspects of hydrology, vegetation, soil, etc., Chang with the Yellow River: An Environmental History of Hebei, 1048 – 1128 has seeked to explain the roots of decline of the Hebei Region from the ecological perspective, and hence from the perspective of North China responded to the significant propositions and assumptions of the Tang – Song transition and the shift of economic center from north to south. This paper provides a new perspective in the studies of North China Region in ancient times and the difference between the South and North in the Tang – Song Transition. However, as an article of considerable value of environmental history and regional history, it also leaves some space for further discussion, such as the continuity, political factors and multiplicity at the course of environment shift, which is up to fuller and deeper explanation.

Keywords: Environmental History; Disaster History; Tang – Song transition; Shift of Economic Center from North to South

Abstract: This article has made a full – around analysis on the industrialists. Firstly It outlines the history of the development of foreign trade in Tianjin, pointing out the role of foreign investors to trade in Tianjin. secondly it analysis the investment characteristics of different types of China investors. At last, cotton textile as an example, it explains the complex relationships between the modern industrial development and political events in Tianjin, and this is significant character of Tianjin economic development.

Keywords: Tianjin; Industrialists; Investment; Cotton Textile

Academic Review

稿　约

　　《城市史研究》创刊于 1988 年，是目前国内唯一的城市史研究专业刊物，由天津社会科学院历史研究所主办，现为中国城市史研究会会刊，一年两期，由社会科学文献出版社出版发行。

　　一、本刊欢迎具有学术性、前沿性、思想性的有关中外城市史研究的稿件，涉及的内容包括城市政治、经济、文化、社会及与之相关的地理、建筑、规划等多学科和跨学科课题。对视角新颖、选题独特、有创见、有卓识的文稿尤为重视。另设有硕博论坛、新书评论、国外研究、研究动态、学术述评和会议综述等栏目。

　　二、文章字数一般应控制在 15000 字，优秀稿件可放宽至 3 万字，译稿则须附原文及原作者的授权证明，由投稿人自行解决版权问题。

　　三、来稿除文章正文外，请附上：

　　（一）作者简介：姓名、所在单位、职称、学位、研究方向、邮编、联系电话、电子邮箱；

　　（二）中英文摘要：字（词）数控制在 150～200 字；

　　（三）中英文关键词：限制在 3～5 个；

　　（四）文章的英文译名；

　　（五）注释：一律采用脚注，每页编号，自为起止。具体格式请参见《社会科学文献出版社 2012 年学术著作出版规范》第 17～25 页，下载地址：http：//www. ssap. com. cn/pic/Upload/Files/PDF/F6349319343783532395883. pdf。

　　四、本刊有修改删节文章的权力，凡投本刊者被视为认同这一规则。不同意删改者，请务必在文中声明。

　　五、本刊已加入中国学术期刊（光盘版）全文数据库，并许可其以数字化方式在中国知网发行传播本刊全文，相关作者著作权使用费与稿酬不再另行支付，作者向本刊提交文章发表的行为即视为同意我刊上述声明。

六、为方便编辑印刷，来稿一律采用电子文本，请径寄本刊编辑部电子邮箱：zhanglimin417@ sina. com，或 chengshishiyanjiu@ 163. com。来稿一经采用，即付样刊两册，因财力有限，没有稿酬；翻译外文文章，酌予翻译费。未用稿件，一律不退，一月内未接到用稿通知，可自行处理。文稿如有不允许删改和做技术处理的特殊事宜，请加说明。

需要订阅本刊的读者和单位，请与《城市史研究》编辑部联系。联系方式：电子邮箱 chengshishiyanjiu@ 163. com。

本刊地址：天津市南开区迎水道 7 号天津社会科学院历史研究所

邮编：300191；电话：022 - 23075336

《城市史研究》编辑部

图书在版编目（CIP）数据

城市史研究. 第 32 辑/张利民主编. —北京：社会科学文献
出版社，2015.4
ISBN 978 - 7 - 5097 - 7239 - 3

I. ①城⋯　II. ①张⋯　III. ①城市史 - 文集　IV. ①C912. 81 - 53

中国版本图书馆 CIP 数据核字（2015）第 052936 号

城市史研究（第 32 辑）

主　　编/张利民

出 版 人/谢寿光
项目统筹/李丽丽
责任编辑/李丽丽

出　　版/社会科学文献出版社 · 近代史编辑室（010）59367256
　　　　　　地址：北京市北三环中路甲 29 号院华龙大厦　邮编：100029
　　　　　　网址：www. ssap. com. cn
发　　行/市场营销中心（010）59367081　59367090
　　　　　　读者服务中心（010）59367028
印　　装/三河市东方印刷有限公司

规　　格/开　本：787mm × 1092mm　1/16
　　　　　　印　张：15.75　字　数：258 千字
版　　次/2015 年 4 月第 1 版　2015 年 4 月第 1 次印刷
书　　号/ISBN 978 - 7 - 5097 - 7239 - 3
定　　价/65.00 元